作者简介

陈伟伟　男，北京师范大学经济学博士，中国社会科学院研究生院管理学硕士，现任国家发展和改革委员会经济体制与管理研究所助理研究员。主要研究领域为经济增长、经济体制改革、房地产市场。先后参与或主持国家发改委、国家统计局、国务院扶贫办等国家级和省部级课题10多项，在CSSCI核心期刊和报纸上发表学术论文和时评20余篇。

陈伟伟◎著

我国房地产市场
发展影响因素研究

人民日报学术文库

人民日报出版社

图书在版编目（CIP）数据

我国房地产市场发展影响因素研究 / 陈伟伟著 . --
北京：人民日报出版社，2019.1
ISBN 978 - 7- 5115 - 5808 - 4

Ⅰ. ①我… Ⅱ. ①陈… Ⅲ. ①房地产市场—经济发展
—研究—中国 Ⅳ. ① F299.233.5

中国版本图书馆 CIP 数据核字（2019）第 017198 号

书　　名：我国房地产市场发展影响因素研究
著　　者：陈伟伟

出 版 人：董　伟
责任编辑：梁雪云
装帧设计：中联学林

出版发行：人民日报出版社
社　　址：北京金台西路 2 号
邮政编码：100733
发行热线：（010）65369509　65369527　65369846　65363528
邮购热线：（010）65369530　65363527
编辑热线：（010）65369526
网　　址：www.peopledailypress.com
经　　销：新华书店
印　　刷：三河市华东印刷有限公司

开　　本：710mm×1000mm　1/16
字　　数：280 千字
印　　张：16
印　　次：2019 年 4 月第 1 版　　2019 年 4 月第 1 次印刷

书　　号：ISBN 978 - 7 - 5115 - 5808 - 4
定　　价：85.00 元

序

在中国人的脑海里，深深地镌刻着"老有所养、住有所居"，"有恒产者有恒心"，"安得广厦千万间，大庇天下寒士俱欢颜"等与房子有关的文化符号。在中国人眼里，房子绝不仅仅是一项固定资产，还包涵一种对安定生活的渴望和对家的归属感，因此，房地产是一个经济问题，更是一个民生问题。

新中国成立以来，我国房地产市场的发展总的来说可以以1998年房改为标志分为两个阶段，1998年房改之前以福利分房为主，1998年结束福利分房制度之后政府全面启动商品房市场。从1998年到2017年的20年，可以说是我国房地产市场发展的黄金时期。1998年我国城市人均住宅建筑面积18.66平方米，到2008年时提高到30.60平方米，到2012年已经达到32.91平方米。由此可见，随着房地产市场的启动和快速发展，人民的居住条件得到了极大改善。但是房价在此期间也在不断上升，1999年全国商品房平均售价2053元/平方米，2016年底上涨到7476元/平方米，而北上广深等一线城市的房价更是芝麻开花节节高。因此房地产市场的功过是非实际上很难评说，房地产市场蓬勃发展的正外部性和负外部性就像硬币的正反两面。

就房地产市场发展对经济社会的影响来看，一方面，房地产业通过大规模的固定资产投资，有力支撑了中国经济的长期高速增长。在房价攀升的情况下，地方政府通过"土地财政"获得大量城市建设资金。由于房地产业广泛的行业关联性，在行业上升期，房地产企业及相关上下游企业蓬勃发展，带动就业增加。城市人均住宅建筑面积的翻倍增加使人民的居住条件得到极大改善，购房家庭和房地产投资者在房地产市场快速发展的大趋势中财产收入快速翻倍。但是另一方面，政府长期依靠大规模固定资产投资促进经济增长，这种增长方式是粗放的、不可持续的。政府促进经济增长的思路逐渐形成路径依赖，既然可以通过简单的卖地和房子涨价的方式快速获取收入，那么相对而言周期更长、不确定性更高的高新技术研发、成果转化及产业化等经济发展思路就可能会被高高举起，然后轻轻放下，这种路径依赖对我国的产业转型升级，进而突破"中等收入陷阱"是非常不利的。随着房价和地价的快速攀升，房地产业开始挤占制造业等实体经济的利润空间，此消彼长下资本的流向呈现出"脱实向虚"的特征，实体经济发展举步维艰，而且从就业看，房地产及相关行业带动的是建筑工人等劳动密集型就业的增加，制造业等实体经济带动的是研发、技术型工人等知识密集型和技术密集型就业的增加。房价的快速上涨使有房家庭受益巨大，却加重了无房家庭的购房负担甚至破灭了年轻一代的购房梦想，同时加剧了居民收入分配不均及城乡二元结构。

房地产市场对民生、经济和金融的影响与其自身特点是有很大关系的。一是从产品和市场角度看，房地产与其他商品的不同之处在于它的不可移动性，不像其他商品可以通过运输的方式从价格低的地方销往价格高的地方，房地产在哪里开发，它就固定在哪里，因此房地产市场具有很强的地域性，不同区域的房地产市场可能呈现完全不同的冷热态势，有的区域房子供不应求，房价节节攀升，有的区域房子无人问津变成"鬼城"。二是从供给角度看，房地产开发具有3~5年的建设周期，这就决定了房地产的供给在短期内是缺乏弹性的，房价易受到市场需求的影响，而且在土地一级市场，土地的供给主体目前由政府垄断，使房地产市场易受政策的影响。三是从需求角度看，由于房地产具有居住和投资双重属性，对房地产的需求表现为"追涨杀跌"，而且无论是房地产开发商还是末端购房群体，在房地产交易中都具有明显的杠杆属性，由此导致房地产投资的顺周期行为和泡沫，同时房地产市场与金融体系的联系就越紧密，房地产市场的周期就会影响整个金融体系的健康。

我国房地产市场经过二十多年的高速发展，早已与经济社会的方方面面紧密交织在一起，房地产市场已经成为我国经济社会发展中牵一发而动全身的关键因素。当前，我们面临的国际经济环境并不乐观，美联储加息缩表、欧洲经济复苏缓慢，再加上美国政府挑起贸易争端，对我国这样的外向型国家来说影响是较大的。外需下降，首当其冲受到影响的就是制造业，如果制造业再受到房地产市场对其利润空间的挤压，那么我国制造业的生存环境真可谓是雪上加霜。推动制造业加快转型升级，房地产市场问题一定要得到妥善解决。在鱼和熊掌之间，我们面临着艰难的抉择，对于风险的掌控也正考验着政府的施政智慧。正如本书开篇中提到的"如何处理好房地产市场与产业转型升级的良好衔接，寻找有效化解房地产市场对经济和社会可能带来的风险，成为了考验当前中国经济的一个重大问题。"

陈伟伟博士在本书中从供给和需求的角度出发，系统而全面地分析了影响我国房地产市场发展的因素，并通过计量方法甄别和检验，为进一步分析和解决房地产市场问题提供了重要参考。

银温泉

2018年10月9日

（作者系国家发展和改革委员会经济体制与管理研究所 所长、研究员）

自　序

　　房地产市场发展对我国经济增长具有重要意义。1998年住房制度改革之后，我国房地产市场得到了快速发展，与此同时由于房地产业广泛的行业关联性，房地产开发投资有效促进了中国经济的快速稳定增长，房地产业也逐渐成为中国国民经济的支柱产业之一，房地产开发投资逐渐成为推动中国经济增长的重要方式。2008年受国际金融危机的影响，中国经济增长速度趋缓，为了稳定经济增长，中国政府从需求侧着手实施4万亿经济刺激计划，房地产投资再一次得到了爆发式增长。但是到2014年之后中国经济增长进入三期叠加的新常态，经济增速换挡，经济结构转型升级，前期刺激政策带来的影响逐渐显现，房地产市场也面临比较严重的供需失衡和区域分化等问题。如何处理好房地产市场与产业转型升级的良好衔接，寻找有效化解房地产市场对经济和社会可能带来的风险，成为考验当前中国经济的一个重大问题。

　　为了找到解决问题的途径，本书系统梳理与房地产市场发展研究相关的几种基础理论并进行评述和分析，在此基础上对经济增长的动力和促进经济增长的关键点进行重新理解。本书认为通常所说的消费、投资、出口这"三驾马车"实际上属于经济增长的需求侧动力，可以更准确地称之为需求侧的"三驾马车"；而劳动、资本、技术这三方面则属于经济增长的供给侧动力，可以形象地称为供给侧的"三驾马车"。但是无论是需求侧分析还是供给侧分析，实际上都只是针对经济增长的单边进行分析，其假设前提是需求决定供给或者供给决定需求。因此本书认为在进行经济分析或者宏观调控的时候应该将需求侧和供给侧结合起来通盘考虑。另外，通过对理论的辨析，本书认为实现经济持续稳定增长的关键点在社会再生产四个环节的相互衔接和良性循环，而供给侧和需求侧仅分别对应了社会再生产四个环节中的生产环节和消费环节，因此想要使社会再生产的四个环节形成闭环并良性循环，还需要考虑分配环节和交换环节。

在将经济增长动力区分为需求侧和供给侧两个侧面之后，这并不意味着两个侧面的"三驾马车"就会自动地促进经济增长，因为需求侧和供给侧两个侧面仅涉及社会再生产四个环节中的两个环节。通过对我国房地产市场发展历程和制度建设的系统梳理可知，我国房地产市场的发展始于房地产市场制度改革。正是因为持续的制度变革，经济增长的动力才得以释放。因此，本书认为制度变革就像"三驾马车"之上的"车锁"或者"油门"，需求侧"三驾马车"和供给侧"三驾马车"想要转化为经济增长需求侧的拉动力和供给侧的推动力，还需要与制度改革相配套。而制度变革之所以能起到释放经济增长动力阀门的作用，主要是因为制度改革可以通过收入增加的激励措施激发消费者和生产者从事生产活动的热情。

回顾我国房地产市场发展的历史并分析房地产市场的发展现状可知，在制度改革的促进下，需求侧"三驾马车"和供给侧"三驾马车"转化为经济增长的动力，我国房地产市场得到了快速发展，并带动国民经济快速增长，但是随之而来的问题是房地产市场的波动性也在增加。波动性增加的原因通俗地讲可以认为是供需不均衡，从本质上来看实际上是经济增长需求侧动力和供给侧动力两者之间的不平衡。在这种情况下需要政府对房地产市场进行干预，平衡需求侧动力和供给侧动力，而且政府在平衡需求侧动力和供给侧动力的过程中需要高超的政策干预能力，否则反而可能会加剧市场的波动。

对以上分析进行总结：经济增长的动力可以区分为需求侧动力和供给侧动力，而两个侧面的经济增长动力想要发挥作用还需要制度改革的配套。在需求侧动力和供给侧动力促进经济增长的过程中，有可能因为两个侧面动力的不平衡导致经济增长的波动，在这种情况下就需要政府的介入以平衡需求侧动力和供给侧动力，从而实现经济的平稳较快增长。

基于以上分析和理解，本书以理论梳理和评述的结论为依据，选择从房地产市场发展的影响因素入手进行研究，研究包括房地产市场的供给侧和需求侧。另外，本书通过对房地产市场的特征、运行规律进行定性分析发现房地产市场的垄断性、信息不对称等特点，由此得出房地产市场存在市场失灵的情况，因此将本书的计量分析分为市场部分和市场失灵部分，市场部分主要根据供给和需求理论从供给侧和需求侧研究房地产市场发展的影响因素，市场失灵部分主要研究政策变量对房地产市场发展的影响。

本书首先对我国房地产市场运行环境和利益相关方做定性分析，可知房地产市场复杂的运行环境决定了房地产市场的影响因素同样相当复杂，这些影响因素包括基本面因素、微观主体因素、政策因素等。如何从众多影响因素中识别出对房地产市场发展有显著影响的因素，剔除不显著因素。本书在定性分析的基础上，利用分省面板数据，运用探索性计量分析方法识别我国房地产市场发展的显著影响因素。

通过对我国房地产市场发展现状的统计分析可知，我国房地产市场存在较大的区域分化，而且鉴于我国疆域辽阔，不同省（区、市）在经济、社会的发展等方面存在较大差距，因此房地产市场存在较强的地域性特征，不同省（区、市）的房地产市场可能相互存在差异。由此可以推测空间因素已经成为房地产市场发展的一个重要影响因素。因此，在传统的影响因素分析基础上，需要更进一步考虑空间因素对房地产市场发展的影响。本书在探索性分析的基础上，引入空间权重矩阵利用空间计量方法，测算我国房地产市场需求侧和供给侧的空间自相关性，并检验我国房地产市场需求侧和供给侧的空间聚集效应。

为了实证检验税收等财政政策变量对房地产市场需求侧和供给侧的影响，本书利用面板数据向量自回归模型（PVAR 模型）进行脉冲响应分析和方差分解；为了实证检验利率等货币政策变量对房地产市场需求侧和供给侧的影响，本书利用时间序列数据进行实证检验。

经过研究发现我国房地产市场发展需求侧代理变量住宅销售面积的显著影响因素包括住宅销售价格的增长速度、城镇居民收入水平、个人按揭贷款情况和人口规模四个指标；供给侧代理变量住宅新开工面积的显著影响因素包括当年住宅销售面积和上一年住宅销售面积、房地产开发企业资金来源小计的增长、房地产开发企业自筹资金比例、土地购置面积、土地购置价格六个指标。

在此基础上通过空间权重矩阵将空间因素纳入需求侧模型和供给侧模型，研究结果表明我国房地产市场无论是需求侧还是供给侧均存在显著的空间正自相关。需求侧空间面板模型的拟合结果表明我国住宅销售面积受到周围区域销售情况正向影响；供给侧空间面板模型的拟合结果表明我国住宅新开工面积不仅受周围区域住宅新开工面积的正向影响，而且还受到周围区域销售面积的影响。这表明房地产市场不仅具有广泛的行业关联性，而且具有空间关联性。房地产市场的外部性较强，可以通过空间溢出效应影响周围地区的房地产市场。

通过研究宏观经济基本面和税收等因素对房地产市场的影响可以发现国内生产总值和房产税增量两个指标对房地产市场需求侧和供给侧均存在正向的显著影响，房产税的变动会导致房地产市场需求侧和供给侧的波动。通过研究货币金融政策相关变量对房地产市场的影响可以发现广义货币供应量M2对房地产市场需求侧和供给侧均存在正向的显著影响，M2是住宅销售面积和住宅新开工面积的格兰杰因，而且M2与住宅销售面积之间存在长期协整关系，因此房地产市场需求侧和供给侧的变动在一定程度上可以说是一种货币现象。

本书最后以理论为指导，结合定性和定量分析结果，提出未来我国房地产市场发展的思路和政策建议。对于房地产市场未来发展的总体思路，本书认为首先应该转变将房地产市场作为促进经济增长手段的思路；其次要让房地产市场发展的功能重新回归到民生上。

目 录
CONTENTS

第1章 引言

1998年住房制度改革之后，我国房地产市场得到了快速的发展，为国民经济的持续稳定增长做出了重要贡献，同时也极大地改善了我国人民群众的居住水平和条件。但是房地产市场作为国民经济的支柱产业，其波动对国民经济的影响较大，同时房地产价格的持续上涨对人民群众的生活水平和消费能力也产生了较大影响。由此可见，房地产市场的重要性不言而喻，对房地产市场的发展需要特别关注。本书以房地产市场发展的影响因素为研究对象对我国房地产市场进行研究。本书的第一章是引言：首先从世界经济形势、中国经济现状、房地产市场重要性等方面阐述了本书的选题背景和选题意义，梳理房地产市场发展研究的几个理论基础和国内外学者在房地产市场发展相关领域的研究成果，在此基础上提出研究问题；其次对本书的研究思路、研究方法、本书技术路线和研究框架结构进行说明；最后对本书可能的创新之处和不足之处进行总结。

1.1 选题背景与研究意义

1.1.1 选题背景

本书的选题背景包括三方面：一是全球经济形势的新变化；二是中国经济基本面的新变化；三是中国房地产市场的现状。

1.1.1.1　2008 年国际金融危机后中国经济受到外部需求下降的影响

问题的起源：受 2008 年国际金融危机的影响，中国经济增长速度趋缓，为了稳定经济增长，中国政府从需求侧着手实施 4 万亿经济刺激计划，在政府的推动下房地产市场投资在 2009 年到 2010 年间再一次得到了爆发式的增长。

2001 年中国加入世界贸易组织（WTO）之后，全球分工格局进行了调整，全球经济循环形成了生产国、消费国、资源国三个主要类别。中国充分利用其劳动要素优势与资本和技术相结合形成强大的生产力，成为生产国，即"世界工厂"；消费国则包括美国、南欧各国等；资源国包括中东产油国、俄罗斯、委内瑞拉等国。全球的分工格局可以概括为中国向资源国购买资源，生产出产品提供给消费国消费。生产国、消费国和资源国的分离使各国的比较优势得到充分发挥，生产效率得到极大提升，2001 年到 2008 年全球 GDP 迅速增加，2001 年全球 GDP 为 33.08 万亿美元，到 2008 年全球 GDP 达到 62.98 万亿美元，七年间增长了近一倍[①]。

生产国和消费国的分离极大地提高了生产效率，同时也为全球经济失衡埋下了伏笔。生产得以继续的关键是循环，而经济循环顺畅的表现则在交换环节，即供给侧和需求侧要均衡。但是在 2008 年国际金融危机之后，作为全球经济循环中重要一端的消费国出现了问题，受次贷危机影响，消费国的消费能力被削弱，中国的出口随之受到影响，而为消费国的消费规模设计的中国的生产规模随之出现了产能过剩。全球经济循环的生产和消费两个环节均出现问题，全球经济受金融危机的影响开始进入收缩期。

全球经济进入收缩期，对中国出口的影响较大，2008 年金融危机之后，中国出口金额的当月同比增速从 2008 年 11 月到 2009 年 11 月均为负值，最低值出现在 2009 年 5 月，出口金额同比增速为 -26.51%。2010 年 2 月反弹到 45.63%，此后，中国出口金额月度同比总体呈下降趋势，到 2016 年 2 月，出口金额同比增速下降到 -25.3%[②]。

在出口受影响的情况下，为了避免中国经济受到较大的影响，政府在 2008 年从需求侧着手推出了总投资量高达 4 万亿元的经济刺激计划以扩大内需，在政府的推动下，我国房地产市场在 2009 年到 2010 年再次得到了爆发式

---

① 数据来源于世界银行网站的数据库 http://data.worldbank.org/indicator
② 数据来源于国家海关总署网站

的增长，经济的下行趋势得到了暂时的缓解。但是经济增长的问题并没有得到解决，反而因为房地产市场的过度投资和非理性产生了房地产市场供需失衡和房地产价格高涨等问题。

另外，截至2016年10月，全球对美联储的加息预期越来越明确，全球资本向美国流动的动力越来越大，在此背景下房地产等资产价格面临着下跌的风险。由于房地产市场与金融系统之间的关系密切，同时房地产市场发展关系到经济增长和民生改善等问题，因此对房地产市场的调控和研究需要进一步深入。

1.1.1.2 中国进入经济发展新常态

问题的显现和深化：2014年之后中国经济增长进入三期叠加的新常态，经济增速换挡，经济结构转型升级，前期刺激政策带来的影响逐渐显现。另外，在经济增长动力转换的过程中，以投资促进经济增长的房地产市场不可避免地要受到较大影响。

在2008年全球金融危机之后，中国经济受到全球需求萎缩的影响，出口下降，经济增长动力不足。为了确保经济的稳定快速增长，中国政府从需求侧发力，增加了4万亿的财政支出计划，以投资来拉动经济增长。但是这种方式只是治标不治本，对中国经济增长所起到的作用只是延缓经济增速下降的到来。考察我国国内生产总值同比增速变化情况（见图1所示），在2007年之前，GDP增速处于持续上升态势，2007年GDP增速为14.2%。2008年和2009年受国际金融危机影响增速下降，2008年中国GDP同比增速9.6%，2009年同比增速9.2%。2010年中国经济增长速度在固定资产投资的促进下略有回升，达到10.6%，此后逐年下降。到2012年跌破8%，到2015年已经下降为6.9%[①]。

因为中国是出口导向的生产国，其生产能力是按照美国等消费国的消费规模进行设计的，在美国等消费国的消费能力出现萎缩的情况下，中国国内的内需并不能消化中国的产能，在2008年金融危机之后中国的生产能力实际上已经出现了产能过剩，如果在这种情况下继续通过投资来拉动经济增长，带来的问题一方面是产能的进一步过剩；另一方面是资产价格的上涨。因为在有效需求不足和产能过剩的情况下，实体经济中的投资机会并不多，投资实体经济变相地等于亏损，因此财政支出带动的投资有很大一部分进入资产

---

① 数据来源于国家统计局网站

领域，包括房地产市场、资本市场等。

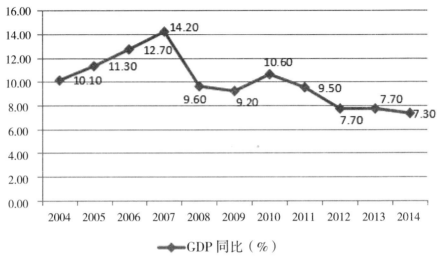

图 1　我国国内生产总值同比增速变化

对我国宏观经济进行分析，可知我国国内生产总值年度同比增速在2010年之后处于持续下降态势。与此同时表现出来的特点是我国三次产业结构出现了以下几方面的质的变化：一是第一产业在国内生产总值中的比重持续缓慢地降低，从2004年13.01%降低到2014年的9.17%，下降了3.84个百分点；二是第二产业在国内生产总值中的比重略有波动，最高值出现在2006年，比重达到47.4%，但是在2010年之后持续下降，到2014年降低至42.72%，从2006年到2014年累计下降了4.68个百分点；三是第三产业在国内生产总值中的比重稳步上升，由2004年41.24%上升到2014年的48.11%，累计上升了6.87个百分点；四是在2012年我国第三产业的比重首次超过第二产业的比重，使三次产业结构的比重发生了本质的转变（见图2所示）。

对我国三次产业对国内生产总值增长的贡献率进行分析可以发现：第一产业对国内生产总值的贡献率略有波动，11年的贡献率均值为4.41，其中2007年的贡献率最低，仅为2.7%，2014年第一产业对国内生产总值的贡献率为4.8%；第二产业对国内生产总值的贡献率以2007年和2010年为分界线，2004年到2007年之间，基本处于平稳状态，2008年到2010年处于上升态势，2010年之后处于持续下降态势，其中2010年贡献率达到最高值57.2%，2014年贡献率已经降至47.1%；第三产业对国内生产总值的贡献率同样以2010年为分界线，不过与第二产业不同的是，第三产业对国内生产总值的贡献率在2010年之前处于下降状态，在2010年之后处于上升状态，2010年的最低值为39.2%。到2014年，第三产业对国内生产总值的贡献率首次超过第二产业对国内生产总值的贡献率。

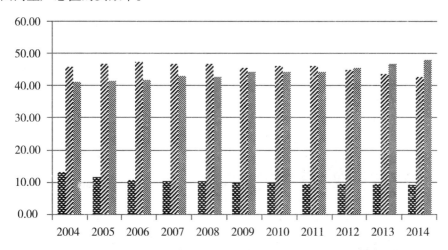

图2　我国国内生产总值三次产业结构变化

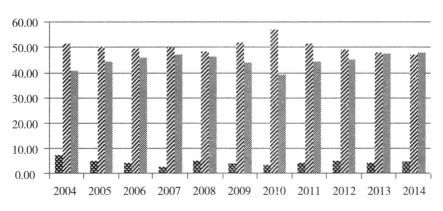

图3　三次产业对GDP增长的贡献率变化

进一步分析利用年度数据对比分析我国工业生产者出厂价格指数和购进价格指数之间的走势可以发现我国工业企业产成品的利润逐年收窄，这在一定程度上降低了工业企业扩大再生产的积极性。另外，我国工业企业利润总额累计增长率同样呈现逐渐下降的趋势。2013年10月，利润总额累计增长率为13.7%，2014年8月，下降到10%，之后跌破10%，降为个位数增长，从2015年2月开始，工业企业利润出现负增长。根据国家统计局公布的数据计算，截至2015年9月，我国规模以上工业企业中亏损企业比例达到15.71%，并且自2015年以来，亏损企业数量同比增速迅速增加，从2015年2月的0.6%上升到2015年9月的15%（见图4所示）。

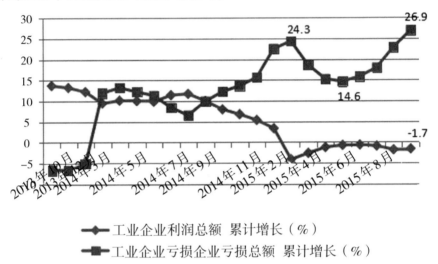

图4　工业企业利润总额累计增长率和亏损企业亏损总额累计增长率

　　在2014年，中央对中国经济的形势判断是经济增长进入三期叠加的新常态，即经济增速换挡、经济结构转型升级，同时还需要消化前期刺激政策带来的影响。对中国经济形势从需求侧进行分析，受消费国消费能力萎缩的影响，出口已经下降，而内需又无法消化中国巨大的产能，在投资边际效率下降的情况下，中国经济产能过剩的问题从需求侧已经无法解决；从供给侧进行分析，中国的劳动要素成本逐渐上升，人口红利逐渐消失，在投资边际效率下降的情况下，解决中国经济问题的出路实际上只有转型升级这一条路可走了。因此，中国开始进行经济增长动力的切换，即从投资拉动经济增长切换到创新驱动经济增长上，而在经济增长动力切换的过程中，不可避免地就会涉及以房地产投资拉动经济增长的模式。对房地产市场未来的发展方向应该如何选择，对房地产市场的调控应该从哪些方面着手，这些都需要进一步的研究。

1.1.1.3 当前中国房地产市场出现供需失衡和区域分化等问题

问题的现状：截至2015年12月，中国商品房待售面积达到7.2亿平方米，房地产市场面临着较严重的供需失衡问题。到2016年情况略有好转，但是区域分化的情况随着一二线城市房地产市场升温和三四线城市房地产市场冷淡逐渐凸显出来。

在2008年全球金融危机之后，中国出口导向型经济的外部环境恶化，为了稳定经济增长速度，固定资产投资被寄予厚望。因此，受金融危机影响中国房地产市场投资同比增速在2009年已经下降到16.15%之后，于2010年重新飙升到33.16%，增长速度直接翻了一倍。在投资推动的情况下，房地产市场繁荣，商品房价格持续上升。

但是到2014年，房地产投资对经济增长的贡献开始下降，此时房地产市场面临的问题已经是投资规模普遍过大，房地产市场供需失衡问题，经济基本面不同的城市和区域之间房地产市场开始出现分化。根据国家统计局公布的数据可知，2014年我国房地产开发投资同比增幅出现持续下滑；房地产施工面积和新开工面积两个指标的累计增幅均呈现总体下降趋势，其中新开工面积的累计增幅呈负增长；商品房销售面积和销售额、商品住宅销售面积和销售额四个指标的累计增幅也呈负增长；作为我国房地产市场晴雨表的国房景气指数处于持续下降的趋势，从2014年6月开始低于95，一直处于较低水平。与以上数据相对应的是我国商品房库存面积呈现持续上升的态势，截至2015年12月，中国商品房待售面积达到7.2亿平方米，房地产市场面临着较严重的供需失衡问题。

进一步比较分析我国不同区域或者不同城市房地产市场发展的情况可知，东部区域以及一线城市和部分二线城市的房地产市场持续火热，2016年北京、上海、深圳等一线城市的房地产市场出现强烈的反弹，从而带动杭州、郑州等二线城市的房地产市场开始升温，但是与此同时，东北地区、西部地区以及三四线城市的房地产市场则库存居高不下，去库存周期过长，我国不同区域之间的房地产市场开始出现分化。国家统计局数据显示，截至2016年9月，70个大中城市中一线城市新建商品住宅价格指数当月同比增长31.9%，二线城市新建商品住宅价格指数当月同比增长16.8%，三线城市新建商品住宅价格指数当月同比增长仅为3.8%。

1.1.2 选题意义

本书的研究点选择从我国房地产市场发展的影响因素入手，主要从研究的必要性、研究的紧迫性和研究的意义三方面进行考虑。

1.1.2.1 研究的必要性

房地产市场由于广泛的行业关联性，其健康发展对于国民经济的健康稳定发展尤其重要；同时由于国家发展房地产市场的初衷是为了改善人民的居住水平和企业的生产条件，因此房地产市场的健康发展对于民生改善也非常重要。另外，房地产市场的变化和表现都跟其影响因素密切相关，是影响因素与房地产市场相互作用产生的结果。

第一，房地产市场健康发展对我国经济增长具有重要的促进作用

从1998年我国住房建设实行市场化改革之后，我国房地产行业得到了持续高速的发展，对我国经济增长的贡献也不断增加。从前面的数据可知，1997年我国房地产行业增加值占 GDP 的比重为3.7%，到2015年这一比重达到6.1%，由此可见，经过十几年的发展，房地产市场在我国国民经济中已经占据了非常重要的地位。房地产市场的稳定发展为我国经济的稳定起到了重要的作用，如在2008年的国际金融危机中，房地产市场的长足发展就为我国的经济稳定提供了足够的缓冲。

房地产市场除了对经济增长有直接推动作用之外，还因为其广泛的行业关联性，可以通过对其他行业的刺激进而推动国民经济的增长。如房地产开发的前向效应可以带动建材、冶金、金融等行业的发展，房地产开发的后向效应则可以带动家电市场、家装市场、金融保险等行业的繁荣。有研究表明，房地产行业的发展能够带动建筑、冶金等相关生产部门近2000种产品的生产。而世界银行的研究报告指出，房地产投资增加1美元可以带动相关部门增加产出2美元，房地产行业的一个就业机会能够创造出其他相关部门的两个就业就会。

第二，房地产市场健康发展有助于改善人民的居住条件和生活水平

发展经济和国家富强的目的之一就是提高人民生活水平，改善民生，而对当前我国来说"衣食住行"中的住房问题就是其中最重要的民生问题，中国人"居者有其屋"的传统观念决定了每个人都想拥有属于自己的住房，因此

房地产市场的健康发展直接关系到我国人民生活水平的提高和民生的改善。

1998 年之后，我国房地产业的市场化快速发展，住房供给增加，居民的居住条件得到了极大改善。根据国家统计局公布的数据显示，1978 年改革开放之初我国居民的住宅人均居住面积只有 6.7 平方米，到 1998 年"房改"时我国居民的住宅人均居住面积翻了接近三倍，提高到 18.66 平方米，截至 2012 年，该指标已经达到了 32.91 平方米 [①]。在居住面积得到改善的情况下，我国城乡居住条件还存在进一步提高的空间，如 2000 年以前建造的房屋，其建筑结构水平不太高，抗震性较差，安全系数不高。同时，随着收入水平的提高，人们也存在进一步改善居住条件的需求。

第三，影响因素研究是房地产市场健康发展的重要基础

根据经济学中的均衡理论可知，房地产市场价格的波动是因为供给和需求的动态变化导致的。供给和需求处于动态均衡过程中，当供给大于需求的时候，均衡价格会逐渐下降，供给方因为价格下降导致利润下降，增加供给的动力下降，供给会逐渐减少；当供给小于需求的时候，均衡价格会逐渐上升，供给方因为价格上升导致利润上升，增加供给的动力上升，供给会逐渐增加。由此可见房地产市场的均衡价格和均衡量是房地产市场上的供给和需求相互影响相互作用产生的结果。根据经济学中的供给和需求理论可知，供给和需求分别受到不同因素的影响。其中供给会受到产品销售价格、产品生产成本、替代品价格等因素的影响，需求会受到产品销售价格、消费者收入、消费者对价格增长的预期等因素的影响。

根据以上两个理论的梳理可知，对房地产市场进行研究大体有两种不同的思路，第一种思路是依据均衡理论对房地产市场均衡价格和均衡量进行研究，这类研究包括对房地产市场价格波动的分析，如对房地产市场价格波动的谱分析、价格泡沫等；第二种思路是依据供给和需求理论从房地产市场供给侧和需求侧的影响因素进行研究。

如果将这两种研究思路与证券市场上的研究思路进行类比就可以发现，第一种研究思路更像证券市场分析中的技术流派的研究思路，以市场的交易价格和交易量为研究对象进行分析；第二种研究思路更像证券市场分析中的

---

① 数据来源于国家统计局网站

基本面流派的研究思路，以交易价格和交易量的各种基本面影响因素为研究对象进行分析。两种研究思路并没有对和错，或者是哪一种方法更优秀的区分，但是就房地产市场健康发展来说，从促进经济增长的角度或者从宏观调控的角度来看第二种分析思路是基础。

1.1.2.2 研究的紧迫性

房地产市场发展影响因素研究的紧迫性需要从房地产市场发展对经济增长的作用，对民生改善的意义等角度出发进行理解。一方面，近年来我国房地产市场投资对经济增长的贡献在逐渐下降；另一方面，居高不下的房价已经成为城市居民满足基本居住需求的沉重负担，房价过快上涨也在加剧居民收入分配的不平等；另外，房地产市场与金融系统联系紧密，房地产市场下行的风险可能会通过杠杆传递给金融系统。

第一，2014年以来房地产市场对我国经济增长的贡献在逐渐下降

房地产市场的健康发展有助于国民经济的持续稳定增长，但是通过国民收入法[①]测算中国不同区域房地产投资对经济增长的贡献率和贡献度可以发现2014年以来，房地产市场对我国经济增长的贡献在逐渐下降。

根据国民收入法测算中国四大区域[②]房地产投资对经济增长的贡献率和贡献度。第一步通过计算不同区域可比价房地产业固定资产投资完成额的增量以及区域可比价GDP增量，然后用前者除以后者，计算房地产投资对经济增长的贡献率。四大区域中房地产投资对经济增长的贡献率测算结果见表1所示。

---

① 国民收入法，这种方法的思想本质是在国民收入支出法的基础上，利用固定资产形成总额来测算固定资产投资对经济增长的贡献。国民收入法的计算分两个步骤，首先利用可比价的固定资产形成总额的增量和可比价的国内生产总值增量来计算固定资产投资对经济增长的贡献率，方法是用可比价的固定资产形成总额的增量除以可比价的国内生产总值增量，测算出来的结果一般表述为投资对经济增长的贡献为百分之多少；在这个基础上，进一步用计算得到的贡献率乘以国内生产总值实际增长率，可以计算固定资产投资对经济增长的贡献度，计算结果一般表述为投资拉动了国内生产总值多少个百分点的增长。

② 四大区域指东部地区、中部地区、西部地区、东北地区，其中东部地区包括北京、天津、河北、上海、江苏、山东、浙江、福建、广东、海南；中部地区包括山西、河南、湖北、湖南、安徽、江西；西部地区包括重庆、四川、广西、贵州、云南、内蒙古、陕西、甘肃、宁夏、青海、西藏、新疆；东北地区包括辽宁、吉林、黑龙江。另外，西藏由于部分数据缺失，所以在计算西部地区各个指标的时候西藏没有纳入。

表 1　不同区域房地产投资对经济增长的贡献率（单位：%）

	2006	2007	2008	2009	2010	2011	2012	2013	2014
东部	13.79	16.29	10.3	19.64	27.45	21.9	25.23	28.01	24.32
西部	20.63	24.86	15.91	35.53	31.35	29.37	46.51	52.8	35.21
中部	21.86	23.72	20.81	32.09	24.38	17.92	32.74	42.77	30.44
东北	23.21	22.49	17.96	29.49	28.32	29.95	29.74	23.38	−54.37

注：计算结果保留两位小数

第二步通过第一步计算得到的贡献率乘以不同区域的实际 GDP 增长率来测算房地产投资对经济增长贡献度。四大区域中房地产投资对经济增长的贡献度测算结果见表 2 所示。

表 2　不同区域房地产投资对经济增长的贡献度（单位：%）

	2006	2007	2008	2009	2010	2011	2012	2013	2014
东部	1.91	2.38	1.15	2.13	3.4	2.29	2.34	2.54	1.98
西部	2.71	3.69	2.07	4.79	4.46	4.14	5.8	5.66	3.18
中部	2.79	3.46	2.59	3.79	3.39	2.3	3.58	4.16	2.7
东北	3.13	3.21	2.42	3.74	3.86	3.77	3.04	1.96	−3.21

注：计算结果保留两位小数

根据表 1 中的测算结果分别绘制成线形图，四大区域的房地产投资对经济增长贡献率见图 5 所示。

从图 5 中四大区域的房地产投资对经济增长的贡献率线性图可以发现：（1）除 2010 年和 2011 年之外，2013 年以前东部地区房地产投资对经济增长贡献率低于其他三个区，由此可见，东部地区的经济增长对房地产投资的依赖低于其他三个区域；（2）中部地区的特点表现为相对其他地区来看，其房地产投资对经济增长的贡献率波动较大；（3）西部地区的贡献率在其他四个地区中相对较高，一方面说明房地产投资对经济增长的贡献较大，但是同时也显示出西部地区经济增长对房地产投资的依赖要高于其他三个地区，尤其在 2009 年之后，西部地区的房地产投资对经济增长的贡献率基本排第一名；（4）2013 年以前，东北地区房地产投资对经济增长的贡献一直比较稳定，但是进入2014年之后，东北地区房地产投资对经济增长的贡献率急剧下降，从贡献率的值来看，东北地区的房地产投资对经济增长起到了负作用，成为经济增长的负担；（5）对四大区域在2008年的贡献率分析发现，在金融危机之后，中央进行了4万亿的刺激政策，在房地产市场得到了相应的表现，2009年和2010年四大区域的房地产投资对经济增长的贡献率均高于2008年，另外，进入2014年之后，由于房地产市场去库存的严峻，房地产投资对经济增长的贡献率在四大区域的表示是普遍呈下降趋势。

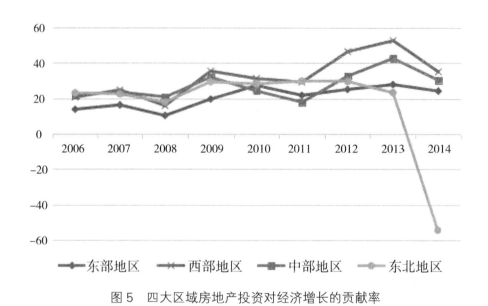

图5　四大区域房地产投资对经济增长的贡献率

第二，近年来过高的房价成为居民的沉重负担，而且房价的过快上涨在扩大居民收入差距

我国房地产市场的快速发展促进了经济的增长，改善了人民的居住条件，但是随之而来的是房价也在节节攀升，房价的上涨速度超过了人民群众的收入增长速度。根据国家统计局数据显示，截至2015年12月，我国50个大中城市中一线城市的房价收入比已经达到19倍，50个大中城市中二线城市的房价收入比为8.34倍，50个大中城市中三线城市的房价收入比为7.51倍。从房价收入比的角度来看，一线城市过高的房价已经逐渐成为当地人民群众满足基本居住需求和改善居住需求的沉重负担，在一线城市生活的年轻人为了能够在一线城市购买一套住房，大部分需要父母的支持，甚至花光父母毕生的积

蓄，然后还需要向银行贷款由此背上沉重的债务负担。

　　居民家庭的收入主要来自三方面，一是工资性收入，二是资产价格上涨带来的增值收入，三是政府转移支付或者捐赠所得的收入。其中工资性收入是居民作为劳动要素参与生产所获得的报酬；资产价格上涨带来的增值收入指的是居民家庭所拥有的证券、房产等资产因为价格的上涨所带来的收入增加。

　　由于房地产的价值普遍较高，因此大部分中国家庭最主要的财产就是住房，住房的价值占据了大部分居民家庭财富的多数。在这种情况下，对于城市居民来说随着我国房地产市场快速发展和房价的节节攀升，有自有住房的家庭和没有自有住房的家庭之间的财富差距会随着房价的过快上涨快速扩大，对于农村居民来说，由于我国城乡二元结构的存在以及土地政策的城乡差别，农村居民很难享受到房价上涨的成果，房价的过快上涨加剧了城乡居民家庭之间收入差距。

　　第三，房地产市场发展与金融支持密切相关，同时又因为杠杆作用加大金融系统的风险

　　房地产行业是资金密集型行业，房地产市场的发展与金融系统的支持密切相关，房地产开发商通过银行等金融机构筹措资金进行房地产开发投资，消费者通过按揭贷款购房，而很多中小型企业则通过不动产抵押贷款的方式来进行融资。由此可见，房地产市场的繁荣与发展离不开金融系统的支持，房价的上涨在一定程度上可以说是银行信贷扩张的一种外在表现。

　　正是因为房地产市场通过信贷融资等渠道与金融系统紧密联系在一起，房地产市场的繁荣与金融系统的稳定密切相关，房地产市场的下行可能会给我国金融系统带来较大的风险。2008年国际金融危机的起源就来自美国房地产市场的次贷危机，即美国房地产市场价格下跌，导致消费者房地产信贷违约增加，进而导致整个金融系统风险急剧增加。

　　2008年国际金融危机之后，我国通过4万亿元的财政投入刺激房地产市场，在一定程度上避免了美国房地产市场次贷危机带来的负面影响，保证了中国经济的持续稳定增长。但是经济增长的根本问题没有得到解决，在进入2014年后中国经济进入"三期叠加"的新常态，即经济增速换挡、经济结构转型升级，同时还需要消化前期刺激政策带来的影响。与此同时，受宏观经济基本面的影响，中国房地产市场的投资增速下降，房屋待售面积持续增加，

截至2015年年末，中国商品房待售面积达到7.2亿平方米，房地产市场同时面临着下行和区域分化的压力。而房地产市场下行的压力可能会将风险传导到金融系统，从而使整个中国经济面临金融危机和经济危机的风险。

1.1.2.3 研究的意义

基于以上分析，在明了了研究的必要性和紧迫性之后，可以很清楚地理顺本书研究的意义。

第一，有助于理顺房地产市场发展与经济增长之间的逻辑关系

当前房地产市场发展促进经济增长的逻辑思路是根据房地产行业与国民经济其他行业之间广泛的关联性，通过房地产市场投资从需求侧拉动房地产行业的上下游的共同发展。这种逻辑思路的出处是凯恩斯的宏观经济调控理论，他认为在社会总需求不足的情况下政府可以通过增加投资来增加社会总需求，从而促进经济增长。根据供给学派的理论，凯恩斯的这种通过政府增加投资来增加社会总需求的逻辑思路导致的后果可能是无效的供给和社会产能的过剩。

根据上述的分析可知，通过房地产市场投资促进经济增长的思路实际上只是从需求侧着手。政府通过刺激房地产投资促进经济增长，在短期内看对稳定经济增长有一定的效果，但是从中长期来看导致的后果很可能是无效的供给。在2008年国际金融危机之后，我国政府为了稳定经济增长，在2009年开始实施4万亿的经济刺激计划，这在当时确实避免了我国经济增速的快速下滑，但是问题并没有得到根本的解决。到2014年，我国进入经济新常态，前期刺激政策带来的影响逐渐显现，由于在2010年进行了大规模的开发投资，房地产市场的库存开始显著增加，房地产市场的结构性矛盾开始呈现出来。这些结构性矛盾主要体现在几方面：一是供给和需求的总量出现失衡；二是区域分化开始显现；三是产品的类型结构开始出现失衡。我国房地产市场的这些结构性矛盾实际上就是一种无效供给。

根据经济增长理论，促进经济增长除了从需求侧着手之外，还可以从供给侧着手。本书从供给和需求两个不同的侧面研究我国房地产市场发展的影响因素，从"基本面"的角度研究我国房地产市场需求侧和供给侧的驱动因素，有助于理顺我国房地产市场发展与经济增长之间的逻辑关系，避免将着眼点仅仅局限在房地产市场的需求侧或者供给侧某一个侧面。

第二，有助于为平衡房地产市场发展中出现的效率与公平问题提供思路

房地产市场发展的本质是为了改善居民的居住条件，但是在1998年房改之后，房地产市场的发展逐渐被赋予了促进经济增长的使命，地方政府利用土地财政获得财政收入，并将房地产投资作为促进经济增长的特效药，一旦经济增长出现问题，就通过增加房地产投资和固定资产投资的方式对经济增长进行挽救。这种宏观经济调控思路和经济增长方式为中国经济堆积了越来越多的问题，这些问题既包括经济方面的也包括社会民生方面的。

在经济方面，长期依赖房地产市场投资刺激经济增长，使经济增长的动力单一，应对风险的能力下降，同时也使经济增长对房地产投资产生依赖。在社会民生方面，当房地产市场发展与促进经济增长的目标结合在一起之后，房地产市场的重要性越来越大，居民家庭财富中房地产价值占据越来越高的比例，同时，房价不断上涨加剧了居民收入差距，尤其在城乡二元结构的条件下，中国房地产市场价格的上涨加剧了城乡之间的收入差距。

根据理论分析，中国房地产市场当前出现的很多问题实际上是因为在发展的过程中没有处理好效率与公平的关系，在前期充分发挥房地产市场投资对经济增长的促进作用，而在收入分配上没有很好的协调，尤其在近几年来，房价上涨速度已经逐渐超过了居民收入水平增长速度，通过房地产市场投资稳定中国经济增长实际上是在透支未来的消费能力。

本书在理论的指导下，对我国房地产市场发展的现状进行分析并从供给侧和需求侧入手实证检验房地产市场的影响因素，从实证检验结果中寻找平衡房地产市场发展中出现的效率和公平问题的思路。

第三，有助于为房地产市场宏观调控政策的制定提供研究支撑

经过上述分析可知中国房地产市场的繁荣发展与经济增长密切相关，但是在2014年之后房地产市场对经济的贡献逐渐下降；1998年房改之后，中国房地产市场的快速发展改善了人民群众的居住条件，但是房价的过快增长加大了我国居民收入分配的差距，尤其是在城乡二元结构以及土地政策的城乡差别基础上，农村居民很难享受到房价上涨的成果，城乡居民收入差距会随着房价的过快增长不断增加；房地产行业是资金密集型行业，房地产市场的繁荣与金融系统的支持密切相关，但是由于房地产市场投资的非理性和房价泡沫的存在可能会提升我国金融系统的风险，尤其是2016年以来全球对美联

储加息的预期越来越强烈，美国以外的其他国家的房地产等资产价格面临着下跌的风险。

　　而中国房地产市场当前的现状则是供需失衡与区域分化并存，一线城市和部分二线城市房价高涨，三四线城市房屋库存增加，出现供需失衡问题。因此在这种情况下，对房地产市场的调控和引导干预必不可少，一方面统一的房地产市场调控政策是不可行的，必须因地制宜地制定不同的区域政策应对房地产市场问题；另一方面房地产市场的调控指导思路必须兼顾效率与公平的问题，才能有效解决问题。

　　想要对房地产市场进行有效的调控和干预，就必须"对症下药"，找到问题的"症结"所在，因此本书从我国房地产市场发展影响因素的角度切入进行研究，通过深入的分析，为我国房地产市场的宏观调控政策和区域调控政策的制定提供研究支持，为正确处理房地产市场与经济增长之间的关系、房地产市场与收入分配之间的关系，以及房地产市场与金融系统之间的关系提供思路和可行的抓手。

1.2 国内外文献综述

　　本小节对房地产市场研究的几个主要关注点以及房地产市场影响因素研究的相关文献进行整理和评述。房地产市场研究中与本书相关的几个点主要集中在以下几方面：一是对房地产市场供给和需求的研究；二是对房地产市场影响因素的研究；三是对房地产市场调控的研究等。

1.2.1 对房地产市场供给和需求的研究

　　对房地产市场供给和需求的研究包括供求总量和供求结构的研究。Ioannides（1997）对房地产市场的需求研究从房地产市场需求的种类划分着手，他认为房地产市场的需求包括两方面：一是居住性需求；二是投资型需求。通过对两类需求的研究发现低收入家庭主要侧重于居住性需求，高收入家庭具有投资性需求。Dipasquale（2002）将房地产市场的供给分为存量市场和增量市场，并建立了"存量－增量"模型。Dennis J.Mckenzie、Richard M.Betts（2003）研究了存量房市场与房价之间的关系，他的研究结论表明房价主要受存量房市场的影响。Knight、John（2009）通过分析房地产市场中买方行为和卖方行为对房价的敏感程度来研究房地产市场的供给方和需求方对房地产市场的影响力度，研究结论表明房地产市场供给方对房价的灵敏度要高于需求方对房价的灵敏度，这从另一个角度反映了房地产市场中的房价主要反映的是供给方的信息，而需求方则是作为价格的被动接受者。另外，JD Fisher、S Hudson-Wilson、CH Wurtzebach（1993）分析了房地产空间市场与资本市场之间的相互作用，房地产空间市场由租户代表，资本市场中由房地产投资者代表，本书在房地产空间市场与资本市场之间建立均衡模型从而揭示房地产市场的运行。

国内的学者对房地产市场供给和需求也进行了深入研究，如王金明和高铁梅（2004）利用可变参数模型对我国房地产市场的供给和需求进行动态计量分析，研究结果表明影响房屋需求的因素主要包括收入弹性、价格、利率弹性等，影响房屋供给的因素包括价格和利率弹性等。王胜和卢盛荣（2008）通过实证研究的方法，探讨了我国房地产市场发展中的驱动因素，研究结果表明需求是拉动我国房地产市场发展的重要因素，而影响需求的因素主要为住房抵押贷款，影响供给的因素则是成本因素，包括建材成本和资金成本。龚强和许蔓（2010）从房地产投资型需求、地方政府治理、保障性住房制度等角度研究我国房地产市场价格居高不下的原因及其后果，研究结果表明我国对房地产市场供给和需求改革的不同步是各种矛盾的根源，地方政府在财力不足和GDP考核导向的情况下有持续推动房价高涨的动力，另外房价居高不下对我国其他行业的发展产生不利的影响。

除了以上研究之外，对房地产市场供给和需求的研究还涉及房地产泡沫等方面。如杨帆、李宏谨和李勇（2005）综合地租理论、市场非均衡观、房地产市场泡沫等理论研究如何衡量我国房地产市场的泡沫，他们的研究结果表明我国房地产市场确实存在一定程度的价格泡沫，并且发展速度很快。张红利（2013）运用供给需求理论、弹性理论和均衡价格模型分析房地产市场泡沫的形成机理，研究表明在房地产市场供给一定的情况下房价上涨预期会极大地刺激消费者增加对房地产市场的投资需求。但是因为中国房地产市场存在垄断因素，在居民对房价的上涨预期消失的情况下，房价并不会迅速下降导致泡沫的破灭，而是表现为房屋空置率上升和成交量萎缩。冯燮刚（2008）对中国房地产市场的健康发展进行了理论分析，认为地方政府应该从经营城市和经营土地转向经营市场和经营企业，只有这样房地产市场的自循环和自稳定机制才能得以最终形成，房地产市场软着陆和健康发展才能最终得以实现。

1.2.2 对房地产市场影响因素的研究

对房地产市场影响因素的研究主要涉及四方面：一是经济基本面因素；二是收入因素；三是土地因素；四是信贷因素。

1.2.2.1 经济基本面因素

房地产业作为国民经济中的一个重要产业，与其他行业具有广泛的关联性，房地产市场的发展与经济增长之间的关系密切相关。房地产市场与国民经济增长的研究主要从以下几方面进行：一是房地产业增加值占 GDP 的比重，这一类研究从投入产出表等角度进行分析，得到的结论一般显示中国房地产业的增加值占 GDP 的比重越来越高，如果考虑房地产业的产业联动性，对 GDP 的拉动作用将更加明显；二是从房地产投资与国民经济之间的角度进行研究，这一类研究一般通过省级面板数据、大中城市面板数据等进行，研究角度涉及房地产投资与国民经济增长之间的因果关系，以及拉动作用大小等；三是从房价的角度进行分析，研究房价的变化对国民经济的影响等；四是从房地产泡沫的角度分析房地产市场泡沫的程度以及对经济增长的影响等。

M.Ball（1995）对房地产市场供给的研究从房地产市场投资与 GDP 之间的关系着手，研究表明住宅投资与 GDP 之间密切相关，而且住宅投资与 GDP 成正向关系，即住宅投资会随着 GDP 的增加而增加。在此基础上，M.Ball 进一步研究了住宅投资与人均 GDP 之间的关系，研究表明人均 GDP 为 5000 美元是一个分界点，人均 GDP 低于 5000 美元时住宅投资占 GDP 的比重同向增加，人均 GDP 超过 5000 美元住宅投资占 GDP 的比重会有所下降。Coulson 和 Kim 研究了住房投资短期波动与 GDP 短期波动之间的关系，他们的研究表明住宅投资短期波动会影响 GDP 的平稳运行，导致 GDP 出现波动。Gottlieb

（1976）研究了房地产市场价格与国民经济增长之间的关系，他的研究结论表明从长期来看房地产市场的价格与国民经济增长之间应该保持一致，但是短期来看这个趋势并不明显。Brown（2000）利用房地产市场价格和 GDP 等指标研究房地产市场的周期，研究结论表明房地产市场存在明显的周期性，并且与经济波动存在显著的相关性。Grebler 和 Burns（1982）利用美国住宅市场的数据研究房地产市场周期与经济周期之间的关系，研究结论表明美国住宅市场的周期滞后于经济周期。

皮舜和武康平在 2004 年通过 1994 年到 2002 年之间省级面板数据对中国不同省（区、市）房地产市场与经济增长之间的关系进行研究发现，中国区域房地产市场与经济增长之间存在双向因果关系。孔煜在 2009 年将中国房地产市场分成东中西三个区域，运用面板数据研究了房地产投资与经济增长之间的格兰杰因果检验和协整检验等，发现东部和中部地区房地产投资与经济增长存在格兰杰因果关系，而西部地区则不明显。况伟大在 2011 年的研究表明虽然经济增长和房地产投资之间存在双向因果关系，但是经济增长对房地产投资的影响要高于房地产投资对经济增长的影响。陈湘州和袁永发在 2013 年运用面板数据建立固定效应模型，发现房地产投资与经济增长之间存在长期协整关系，而且房地产投资对经济增长的作用随区域不同而不同，东部和中部地区的影响显著高于西部地区。潘涛和李敏在 2015 年研究发现房地产投资对经济增长的影响在各省（区、市）之间差别较大。国家统计局的许宪春、贾海、李皎等综合各方面考虑，从房地产开发投资、房地产的生产和消费三个角度进行研究，他们的研究结论表明房地产经济的发展需要控制在合理范围内，这样才会对国民经济的发展具有较好的作用，否则过高或者过低的房地产经济均会影响国民经济的健康发展。

1.2.2.2 收入因素

从房地产市场的需求侧进行研究，收入因素则是房地产需求的主要因素之一，因为，根据供给需求理论，有效需求取决于购买欲望和购买能力两方面：收入因素则是决定购买能力的关键因素之一。对房地产与收入因素的研究则侧重于从以下几方面进行：一是研究房地产价格与国民收入分配，房价的上涨对居民收入财富效应等；二是从税收的角度分析房地产税收制度对收入分配的影响等；三是从房地产泡沫的角度研究房地产泡沫的形成、房地泡沫的测算、房地产泡沫的程度等。

Bartik（1991）研究了收入增长与住宅价格之间的关系，他的研究建立在就业增加带动收入增加，收入增加带动住宅价格增加的逻辑上，他的研究结论表明收入增长是住宅价格的一个主要因素。MC Chen、IC Tsai 和 CO Chang（2007）研究了中国台湾地区房价和家庭收入之间的平衡关系，通过向量自回归模型（VECM）进行检验，可以发现收入的缓慢增长可能只是维持房价长期趋势，货币供应的变化则可以解释房价与收入之间的偏差和房价收入比的变化。徐中生（2009）利用我国2000年到2007年的分省面板数据实证研究了我国房地产价格与居民可支配收入之间的关系，研究结论表明居民可支配收入与房地产价格高度相关，不同的省（区、市）居民可支配收入对房地产价格的影响程度不同，另外随着时间的推移居民可支配收入对房地产价格的影响程度增加。梁斌（2011）利用动态随机一般均衡模型（DSGE）研究收入分配差距对我国房地产价格的影响，他的研究结论表明收入分配差距是我国房地产价格上涨的主要因素之一。

Skimier（1989，1996），Campbell（2007），Case（2001）等学者研究了房地产价格变动造成的财富效应，他们的研究表明房地产价格如果剧烈波动，居民家庭的财富水平将受到显著影响，从而影响整个宏观经济水平。鞠方、周建军、吴佳在2009年以1991年到2007年的数据，研究中国房价和股价波动的财富效应差异，研究发现房价波动的财富效应弱于股价波动的财富效应。颜色、朱国钟在2013年通过生命周期动态模型进行研究，发现房价在永久增长的情况下会带来家庭财产增值，并进而促进消费增长，即具有财富效应，而如果房价无法持续增长，就会造成房奴效应。马国强、李晶在2011年的研究认为房地产税具有调节资源配置和收入分配的功能。范子英、刘甲炎在2015年的研究发现房产税试点分化大户型住房和小户型住房的价格，大户型住房价格下降的同时小户型住房价格反而上升，而且低收入群体为了买房，是通过减少衣着、交通、通信等方面的支出提高储蓄率。李永刚在2014年通过对比分析2003年到2012年中国和21个国家房价增长率等指标发现，中国的房价与国外相比增速过快，房地产泡沫明显。高波、王辉龙、李伟军在2014年运用1999年到2011年30个大中城市的面板数据对中国的房地产泡沫进行分析，发现大部分城市的房价都出现了泡沫，而且区域差异明显，东部地区的泡沫高于中部和西部。

1.2.2.3 土地因素

房地产市场的开发和建设建立在土地市场的基础上，房地产市场包括房屋市场和土地市场，而且土地市场是房地产市场发展的基础，一般称为土地一级市场，由此可见土地因素在房地产市场发展和房地产开发过程中具有重要的影响。

Ruijue Peng 和 Willian C.Wheaton（1994）实证研究了中国香港的房价与土地供给量之间的关系，研究表明土地供给减少会导致房价上涨，然而土地供给减少与房价上涨之间的传导机制则是心理预期，即土地供给量通过心理预期影响房价的变动。Segal 和 Srinivasan（1985）通过对美国房地产市场的研究表明土地供给量与房地产价格之间存在反比关系，即土地供给量的减少必然会带动房地产价格的提高。Paul Cheshire（2004）对英国房地产市场的研究表明英国房价的上涨主要来源于两方面的原因：一是居民收入水平的提高；二是对土地供应量的限制。Hanah、Kim 和 Mills（1993）研究了20世纪80年代韩国的房地产市场，他们的研究表明韩国住宅价格在20世纪80年代快速上涨的原因也有两方面：一是住宅市场土地供给缺乏弹性；二是土地供给量有限。以上研究都表明房地产价格和土地供给之间存在着紧密的联系。也有不同的研究表明房地产价格与土地供给之间并不存在显著的关联性，如 Raymond Y.C.Tse（1998）、Eddie Chi-man Hui(2004）的研究均表明房地产价格和土地之间并不存在因果关系。Neng Lai 和 Ko Wang（1999）的研究表明开发商储备土地并不能显著地增加房屋的供给，因而土地供给和房屋供给之间并不存在显著关系。

况伟大（2005）利用中国数据检验房屋价格与土地价格之间的因果关系，况伟大的研究结论表明从短期来看我国房屋价格和土地价格互为因果并相互影响，从长期来看地价是房价的格兰杰因。宋勃、高波（2007）利用我国1998年到2006年房价和地价的季度时间序列数据检验我国房价和地价之间的格兰杰因果关系，他们的研究结果表明在短期内地价是房价的格兰杰因，在长期内房价和地价之间存在双向因果关系。王良健、颜蕾等（2015）通过四象限模型和存量–流量模型实证检验土地供应计划对房价的传导机制，研究结果表明土地供应计划与房价之间呈负向关系，而且两者之间的传导机制是开发商的心理预期。

1.2.2.4 信贷因素

信贷因素既对房地产市场的需求侧有重要影响，也对房地产市场的供给侧有重要影响。这主要是因为房地产行业是资本密集型产业，房地产的开发和房地产的购买均需要大量的资金，无论是开发商开发房地产还是消费者购买房地产普遍都需要融资。因此，信贷因素对房地产市场的发展有着重要的影响。

Lanmont 和 Stein（1999）研究了融资水平与房价之间的关系，发现融资水平较高的城市房价随收入的变化较快，但是在融资水平较低的城市房价比较平稳，由此可见融资水平的高低对房价的波动存在重要影响。David 和 Zhou（2004）研究银行贷款与房地产价格之间的关系，研究表明房地产价格快速上涨会促使银行扩张信贷。Liang（2007）研究了房地产价格与银行信贷之间的因果关系，他的研究结果表明银行信贷与房价之间存在长期的双向格兰杰因果关系。Andre K. Anundsen 和 Eilev S. Jansen（2013）通过结构向量修正模型(SVECM) 研究房地产价格和房地产信贷之间的关系，他的研究表明两者之间存在互相促进的关系，房地产价格的上涨会带动房地产信贷的扩张，而房地产信贷的扩张又会进一步促进房地产价格的上涨。Adam 和 Fass（2010）通过15个国家的数据研究房地产价格的影响因素，他的研究表明利率是影响房地产价格的主要因素之一，研究发现长期利率上涨会降低房地产投资需求，从而影响房地产价格。

孔煜（2009）利用我国分省面板数据建立方程模型，研究我国房价波动、银行信贷与经济增长之间的关系，研究结果表明三者之间联系紧密，各区域房价的上涨与金融支持密切相关，我国中东部地区因为过度的金融支持使得房地产价格偏离了经济基本面，中西部地区的房地产价格上涨则促进了银行信贷的扩张。李健飞、史晨昱（2005）在我国房地产业持续升温的背景下实证检验了我国银行信贷与房地产市场价格波动之间的关系。肖本华（2008）运用2003年到2007年的数据，对我国房地产信贷与房地产价格之间的关系进行研究发现房地产信贷的扩张是导致房地产价格快速上涨的原因，而信贷扩张的原因来自两方面：一是货币供给的快速增加；二是较低的利率政策。梁斌（2011）根据我国实际情况引入首付约束，运用动态随机一般均衡模型研究房地产价格，研究发现银行首付比例的变动对房价的冲击持久性更强，而且首付比例的正向变动会抬高房地产价格。

1.2.3 对房地产市场调控的研究

房地产市场的发展关系国民经济和民生改善等诸多问题，因此政府需要对房地产市场进行必要的干预和调控，国内外学者对房地产市场的调控进行了多方面的研究，研究涉及政府对房地产市场调控的手段、措施、效果等。

Susan M.Wachter（2002）研究了政府对房地产市场进行过度干预的后果，他的研究发现如果政府对房地产市场过度干预会造成房地产市场供给渠道不畅通，从而导致房地产价格的上涨，而且正是因为政府对房地产市场的过度干预造成了房地产市场价格的剧烈波动。Pogodzinski 和 Sass(1989) 研究了土地供给机制的变化对土地价格的影响，研究发现土地供给约束机制的建立会造成已经开发的土地价格上涨，同时会造成未开发土地的价格下降。Yan S（2014）等人研究了政府干预土地市场对房地产市场产生的影响，这项研究调查了政府加强干预中国土地市场的过程，并检查政府干预土地市场对住宅土地供应，进而对中国城市新房供应的影响，他们的研究结果表明，中国政府加强对土地市场的干预之后，土地供应的下降给新建住宅供应带来下行压力，同时，政府加强土地市场的干预之后，住房供应弹性显著下降。H Zhang（2008）研究了城市土地供应政策对中国房地产市场的影响，研究结论表明随着中国城市土地制度改革的深入和土地市场的发展，土地供给政策对房地产市场产生重要的影响，主要体现在土地供应配额和市场驱动的供给对房地产市场的影响。Goulder（1989），Hendershott 和 Won（1992），Skinner（1996）等学者研究了房产税对房地产市场的影响，研究表明房产税政策对房地产市场具有显著性的负面影响。

蔡继明、韩建方（2011）认为限购限贷等政策并不能促进房地产市场的健康发展，而解决问题的根本途径在于增加保障房供给，在限制出售和限定出租年限等情况下提供大量的廉价自住房和改善性住房。陈建东、程树磊、姚涛（2014）通过我国40个大中城市的数据研究房地产市场调控、地方政府行为和房地产价格之间的关系，研究表明房地产市场调控和地方政府行为对房地产价格均有很大的影响，因此在没有约束地方政府行为的背景下进行房地产市场调控，调控效果并不是很好。

1.2.4 研究述评

一个学科领域的研究是与该学科在实际情况中的发展紧密联系的，房地产市场在国外发展得比较早而且比较成熟，因此国外学者对房地产市场的研究要早于我国学者。1998年房改之后我国房地产市场得到了长足的发展，房地产领域的研究也较多，尤其是关于中国房地产市场与宏观经济之间关系的研究，取得了大量的研究成果。但是通过对已有文献的梳理发现我国对房地产市场的研究还可以在以下几方面进一步深入。

一是对房地产市场影响因素的分析，大部分研究主要集中在各种因素对房地产价格的影响上，这些因素包括收入因素、人口因素等。但是大部分研究主要集中在房地产市场价格影响因素的需求侧，对房地产市场供给侧的影响因素研究较少。对房地产市场的研究实际上需要对需求侧和供给侧进行综合考虑。

二是由于我国经济发展水平的区域不平衡，我国房地产市场也存在较严重的区域分化。而现有的大部分研究是将我国房地产市场作为一个整体进行研究，并没有考虑到其中的区域差异，或者对区域差异的研究存在于描述统计分析的层面上，对区域差异的影响因素没有进行精确的计量分析。

三是从实证研究角度来看，很多研究因为收集数据的困难以及为了收集数据的方便，往往采用全国年度时间序列数据，但是这在很大程度上无法分析房地产市场的区域差异。因此，对我国房地产市场的研究应该尽量考虑使用面板数据。

1.3　研究的问题、范围界定和方法

本书从实际问题出发，以理论为指导，提出选题和研究思路，在研究选题的基础上，以理论与实际结合，定性与定量结合的思路为指导，对研究框架进行设计。本小节阐述本书的研究思路、研究方法和本书框架结构安排。

1.3.1 研究的问题

房地产作为我国国民经济的支柱产业，房地产市场并不是孤立存在的，

而是与国民经济的其他行业相互联系和相互影响的。由此可见，房地产市场发展的影响因素非常复杂，会受到各种因素的影响，同时，房地产市场的发展也会对这些因素产生反作用。如果按照各种因素的属性进行分类，房地产市场的运行环境可以概括为以下几方面，分别是政治环境、经济环境、社会环境、金融环境、法律制度环境、国际环境等。

房地产市场复杂的运行环境决定了房地产市场的影响因素同样相当复杂，这些影响因素包括宏观因素、微观因素、政策因素等。如何从众多影响因素中识别出对房地产市场发展有显著影响的因素，剔除不显著因素，国内外学者针对不同国家、地区和不同时期的房地产市场影响因素进行了各种卓有成效的研究，但是仍然存在较大的分歧。具体哪些因素在房地产市场发展中起到关键性作用，对哪些影响因素应该特别关注，还需要进一步分析和研究。

由于当前我国房地产市场供需失衡与区域分化并存，一线城市和部分二线城市房价高涨，三四线城市房屋库存增加。由此可见，空间因素在我国房地产市场发展中的影响越来越明显。因此，在传统的影响因素分析基础上，需要更进一步考虑空间因素对房地产市场发展的影响。那么在传统的影响因素分析的基础上引入空间因素之后，各种影响因素对房地产市场的影响又会出现什么变化？

另外，由于房地产市场存在垄断竞争、信息不对称等市场失灵的情况，因此政府有必要对房地产市场的发展进行干预，以弥补市场失灵。由此可见，房地产市场的发展与政府的房地产政策密切相关，房地产市场发展会受到政府实施的政策因素的显著影响，那么进一步的问题是政府的政策变量对房地产市场发展产生的影响又是什么样的？政策变量的变动会对房地产市场的需求和供给产生什么样的影响？深入地思考和研究这些问题有助于促进我国房地产市场的健康发展，对这些问题的研究结果还可以为我国房地产市场发展的宏观调控政策制定提供研究支持。

因此，本书从三方面着手研究我国房地产市场发展的影响因素，这三方面分别是：一是从众多影响因素中识别出对我国房地产市场发展存在显著影响的因素；二是在传统影响因素的计量识别基础上，更进一步将空间因素纳入模型，研究各种影响因素对房地产市场的影响，即房地产市场影响因素的空间自相关性和空间聚集效应；三是研究政策变量对房地产市场的影响。

1.3.2 研究范围界定

研究范围的界定是为了将研究点进行聚焦，并在后续研究过程中根据研究范围的界定收集数据，提升数据收集的针对性和目标性。为了对研究范围进行界定，首先需要明晰房地产市场的不同分类方式，根据不同的分类标准进一步确定本书具体的研究对象。

1.3.2.1 房地产市场的几种不同分类方式

房地产市场实际上包括土地交易市场和商品房交易市场，土地使用权的交易市场一般被称为一级市场，因为土地使用权是房地产开发的基础，在此基础上可以进行土地使用权的转让和商品房开发，所以将商品房增量市场和土地使用权转让市场称为二级市场，新开发的商品房出售之后即成为房地产市场的存量，所以将商品房存量市场称为三级市场。

在对房地产二级市场和三级市场进行分析的过程中，可以运用很多不同的分类方式，如按照房地产市场的不同区域、房地产的用途、增量存量、交易方式等对房地产市场进行细分，为分析房地产市场的宏观市场环境提供思路，为房地产市场研究提供更具针对性的研究对象。

第一，按照不同区域进行划分。按照区域对房地产市场进行划分，可以根据省份或者城市的行政区划来进行划分，如北京房地产市场、湖南房地产市场等，也可以根据大区域进行划分，如东部沿海地区房地产市场、东北地区房地产市场、中部地区房地产市场、西部地区房地产市场等。按照行政区域的界限为依据对房地产市场进行区域划分并以此为基础进行分析可以研究不同区域房地产市场的发展程度和状况。另外，一般的商品在生产出来之后可以通过运输运往消费地，消费者购买商品。房地产则与此不同，这是因为房地产具有一个重要的特性，即房地产具有不可移动性。因此，购房者购买房屋则只能到房屋所在地进行购买，对于投资型房屋购买者来说，他们关注的是房屋所在地的房地产市场前景，如果该区域的房价具有较快的增长速度，他们可以对该地区的房屋进行投资；但是，对于自住性房屋购买者来说，他们购买房屋的目的是为了居住，所以房屋所在地必须与其居住地一致，其他区域的房屋对他们没有太大的吸引力。

第二，按照商品房的使用功能和用途进行划分。商品房可以根据其使用功能和用途的不同分为住宅、商业地产、工业地产等不同类型。不同用途的房地产在设计，建造，施工等方面都不同。房地产开发商一方面需要根据不同用途的大类设定公司开发项目的主攻方向，另一方面，也可以根据不同用途房地产市场的发展情况调整公司的发展战略等。

第三，按照增量和存量的概念对房地产市场进行划分。从土地市场到商品房的交易可以将房地产市场分为三级市场，一级市场是土地使用权的出让市场，因为土地使用权是房地产开发的基础，而且房地产开发商需要在获得土地使用权的基础上才可以进行土地使用权的转让和商品房开发，所以土地使用权转让市场和商品房增量市场被称为二级市场，新开发的商品房出售之后即成为房地产市场的存量，所以将商品房存量市场称为三级市场。由此可见，土地市场可以根据其使用权的获得和转让分为两个不同层级的交易市场，一级土地交易市场实现的功能是土地使用权的出让，二级土地交易市场实现的功能是土地使用权转让市场；同样的房屋交易市场也可以分为两个不同层级的交易市场，一级商品房交易市场是增量房屋的交易市场，二级商品房交易市场是存量房屋的交易市场。对房地产市场的研究，一般侧重于房屋的交易市场。房屋的增量市场和存量市场两者之间是相互依存的，房地产的存量市场就像"大海"，增量市场则就像流向"大海"的"河流"。房地产的存量市场活跃一方面可以配置存量房地产资源，另一方面也可以带动增量市场的蓬勃发展。

第四，按照交易方式对房地产市场进行划分。在房地产市场中房地产的交易方式包括三种，分别是买卖、租赁和抵押。例如土地交易市场按交易方式可以划分为土地买卖市场、土地租赁市场、土地抵押市场，其中由于我国土地所有权属于国家，因此土地买卖市场实际上成交的是土地使用权；住宅交易市场按交易方式可以划分为住宅买卖市场、住宅租赁市场、住宅抵押市场。

以上是按照不同的分类依据对房地产市场进行细分，在实际分类中可以将不同的分类依据结合在一起进行划分和分析。例如北京的增量住宅市场就包括了区域、增量存量、用途三种分类依据，如上海二手住宅的买卖市场就包括了区域、增量存量、交易方式三种分类依据。

1.3.2.2 研究范围的界定

根据上述对房地产市场的分类标准，本书根据研究需要将研究对象界定为我国房地产二级市场中商品住宅增量市场中的买卖市场。本书范围的确定包括四个分类标准的组合，一是土地市场与房屋交易市场的区分，本书研究的对象是房屋交易市场，而不是土地交易市场；二是商品房按照使用功能和用途的区分，本书研究的对象是商品住宅，而不是商业地产和写字楼等商品房；三是从增量和存量的角度进行区分，本书研究的对象是增量市场，而不是存量房市场；四是从交易方式进行区分，本书研究的是房屋买卖市场，而不是租赁市场和抵押市场。

本书选择这个研究范围是因为：一方面商品住宅的增量市场反映了当前的投资增量情况，另一方面商品住宅的增量市场和存量市场紧密联系，增量市场是存量市场的源头，而存量市场的交易活跃度又反过来促进增量市场的增加，而且目前我国房地产市场中某区域的商品住宅定价主要还是由新开楼盘的销售价格决定。

1.3.3 研究方法

本书采用的方法包括文献研究法、实证研究法，其中实证研究法包括探索性计量分析、空间计量、面板数据向量自回归模型（PVAR）等。本书将学术研究与实际问题紧密结合，以学术研究方法为手段，寻找实际问题的解决方法。

1. 文献研究和理论梳理。本书根据研究需要系统梳理国内外学者的相关研究成果，包括对房地产市场供给和需求的研究、对影响因素的研究、政府对房地产市场调控的研究，并在此基础上提出本书的研究问题；本书系统梳理与房地产市场发展相关的理论基础并进行评述，在此基础上结合房地产市场调控及改革等方面进一步设计本书的研究框架和思路。

2. 数据搜集与描述统计分析。本书通过统计年鉴、国家统计局网站、海关总署网站等，及其他途径搜集中国房地产市场相关的大量指标的年度数据、月度数据以及分省的年度数据，在此基础上对中国房地产市场的现状进行深入而细致的分析。

3. 定性分析。本书的定性分析包括以下几方面：一是对我国房地产市场的发展历程、市场特征、运行规律等方面进行定性分析；二是在对我国房地产市场现状分析的基础上结合相关数据和理论，对我国房地产市场存在的问题及其原因进行定性分析；三是对我国房地产市场发展的影响因素从基本面因素、微观主体因素、政策因素三个层面进行基本分析。

4. 类比分析。为了将各种理论或者主体之间的关系串联起来，本书多次使用类比分析方法。如在构建本书理论框架时，本书借鉴"三驾马车"的概念对经济增长需求侧动力和供给侧动力，以及制度改革、政府调控等均通过类比的方法将概念形象具体化（见小节1.4.1本书的理论框架和技术路线）。

5. 定量与实证检验分析。本书充分利用搜集到的各类数据，在房地产市场发展影响因素基本分析的基础上，通过探索性分析识别影响我国房地产市场发展的显著因素；在识别影响我国房地产市场发展的显著因素的基础上，利用空间计量的理论和方法研究在传统影响因素基础上纳入空间因素之后，房地产市场发展影响因素的变化；最后本书对我国房地产市场发展影响因素中的政策因素进行计量分析。

1.4 技术路线和框架结构

本书根据研究需要，在文献综述和研究问题的基础上设计本书技术路线、研究框架，安排本书的研究结构。

1.4.1 理论框架和技术路线

本书通过对世界经济形势、中国经济现状和房地产市场对经济发展和民生改善的重要性等背景内容进行分析提出研究问题，界定研究范围。

为了搭建本书的研究框架，通过梳理房地产市场发展研究的几个理论基础并进行评述，由此提出对房地产市场发展的分析既需要对需求侧进行分析，同时也需要对供给侧进行分析，二者缺一不可。通过对房地产市场的发展历程和制度建设进行梳理，可知改革是释放经济增长动力的阀门（见图6所示）。

通过对房地产市场的特征、运行规律进行定性分析发现房地产市场的垄断性、信息不对称等特点，由此得出房地产市场存在市场失灵的情况，因此将本书的计量分析分为市场部分和市场失灵部分，市场部分主要根据供给和需求理论从供给侧和需求侧研究房地产市场发展的影响因素，市场失灵部分主要研究政策变量对房地产市场发展的影响。本书通过进一步梳理我国房地产市场发展历程并对发展现状进行描述统计分析，发现房地产市场区域分化严重，可能需要在传统影响因素的基础上将空间差异纳入考虑。

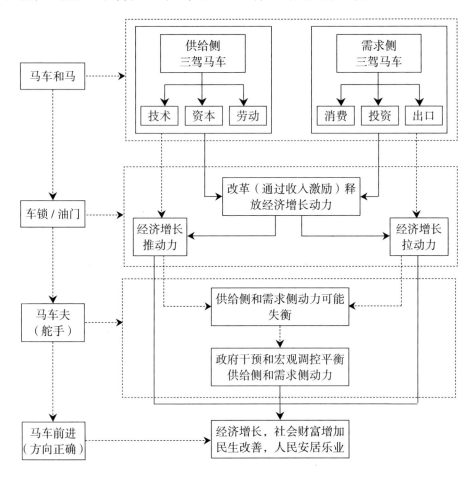

图 6　本书理论框架图

为了研究房地产市场发展的影响因素，本书通过对房地产市场的运行环境和利益相关方进行定性分析可知，房地产市场运行环境复杂，涉及的利益相关方众多，由此可知其影响因素也很复杂。在此基础上，本书结合西方经济学中的理论对房地产市场发展的影响因素进行基本分析。

在影响因素基本分析的基础上，本书对影响因素进一步进行计量分析，计量分析分为市场部分和市场失灵部分。在市场部分，本书首先通过逐步回归分析法，利用分省面板数据对房地产市场的传统影响因素进行显著性识别，剔除不显著性影响因素。在此基础上，考虑到房地产市场的区域分化和地域性的特征，本书进一步在传统显著性影响因素的基础上引入空间因素，将房地产市场发展的空间差异性纳入模型进行分析，实证检验房地产市场影响因素的空间效应。在市场失灵部分，本书利用分省面板数据，运用面板数据向量自回归模型（PVAR 模型）研究宏观经济基本面和税收因素对房地产市场发展的影响；利用时间序列数据，检验货币发行量、利率等因素对房地产市场的影响（见图 7 所示）。

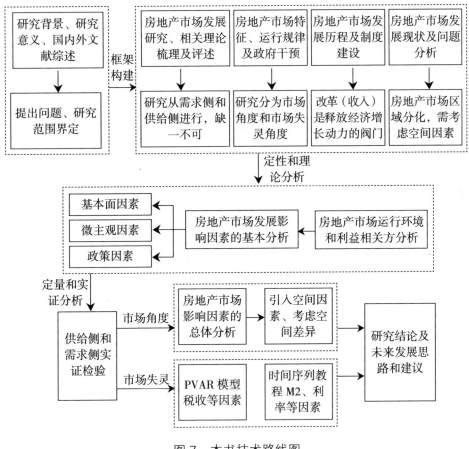

图 7　本书技术路线图

1.4.2 章节框架和章节内容

1.4.2.1 章节框架

本书的研究框架如图 8 所示，本书以定性和定量相结合的方式，将理论与实际相联系，对我国房地产市场进行深入分析，本书定性部分包括理论梳理与评述、结合理论和现状对房地产市场存在的问题和原因进行定性分析，对房地产市场发展影响因素的基本分析；本书定量部分包括房地产市场影响因素的探索性分析以及空间计量分析等方面。

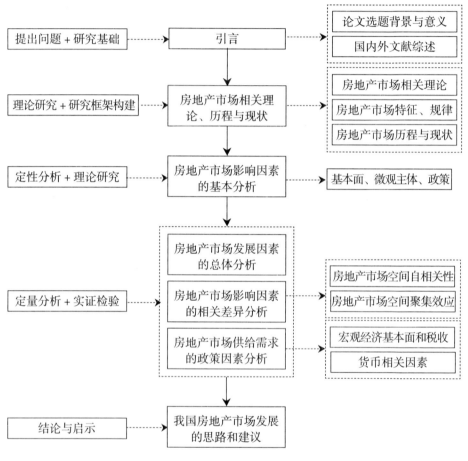

图 8　本书研究框架结构图

本书主体内容具体可以分为四部分：第一部分是研究框架搭建，通过对我国房地产市场的相关理论进行梳理和评述，结合对房地产市场特征、运行规律和政府干预的分析搭建研究框架，并进一步总结和分析我国房地产市场的发展历程和现状，提出在传统影响因素的基础上需要考虑房地产市场发展的空间差异性；第二部分是影响因素的定性分析，对我国房地产市场的影响因素从基本面因素、微观主体因素、政策因素三个层面进行基本分析；第三部分是影响因素的计量分析，在房地产市场发展影响因素基本分析的基础上，利用计量方法从需求侧和供给侧实证探索我国房地产市场的显著性影响因素，并进一步通过空间计量的方法研究我国房地产市场影响因素的空间差异性，最后利用分省面板数据和时间序列数据分别对我国房地产市场影响因素的政策因素中的税收因素和货币因素进行计量分析；第四部分是结合本书前面的定性和定量的研究结论，对我国房地产市场未来发展提出总体思路和政策建议。

1.4.2.2 章节内容

根据本书的研究思路和框架设计，本书的内容分为七章。

第一章为引言部分。引言主要阐述本书的选题背景和研究意义，国内外文献综述与评述、研究的问题和方法、技术路线和框架结构，研究创新与不足五个小节内容。

第二章是本书研究框架的构建部分。首先对我国房地产市场研究的相关理论进行梳理和评述，其次对房地产市场的特征、运行规律和政府干预进行分析，随后对我国房地产市场的发展历程进行分析和梳理，最后从描述统计的角度利用房地产市场景气指数、投资、销售等相关指标分析我国房地产市场发展的总体情况和区域差异。

第三章对我国房地产市场发展的影响因素进行基本分析。本章首先对房地产市场的运行环境和利益相关方进行分析，在此基础上从基本面因素、微观主体因素、政策因素三个层面对我国房地产市场发展影响因素进行基本分析。其中基本面因素包括经济因素、人口因素、城镇化水平；微观主体因素包括居民收入与财富、价格因素、成本因素、企业资金实力；政策因素包括土地政策、财政税收政策、货币金融政策、人民币汇率等。

第四章对我国房地产市场发展影响因素进行总体分析。本章主要运用计量方法识别影响因素的显著性，在本章的计量识别过程中，在第三章房地产市场发展影响因素基本分析的基础上选定变量，分别从供给侧和需求侧建立模型，利用全国分省的年度面板数据对模型进行逐步回归分析，逐步剔除不显著因素，最后识别出影响我国房地产市场发展的关键影响因素并对模型进行检验。

第五章对我国房地产市场发展供求影响因素进行空间差异分析。首先利用区域房地产市场的相关指标对我国房地产市场供给和需求的区域差异进行描述统计分析，从描述统计分析的结果可知，我国不同区域的房地产市场发展存在较大的区域分化。在此背景下本书引入空间权重矩阵并利用莫兰指数 I（Moran's I）、吉尔里指数 C（Geary's C）和 Getis-Ord 指数 G 测算我国房地产市场供给侧和需求侧的空间自相关性，三个质数的测量结果显示我国房地产市场的供给侧和需求侧均存在空间自相关性。因此本书进一步在第四章影响因素识别的基础上，利用空间计量方法检验我国房地产市场供求的空间聚集效应。

第六章对我国房地产市场发展供给和需求的政策因素分析。政策因素包括税收因素和货币供应量与利率、汇率等因素，对税收因素建立基于分省面板数据的向量自回归模型（PVAR 模型）进行计量分析，对货币供应量与利率、汇率因素利用相关指标的时间序列数据建立模型并进行计量分析。

第七章我国房地产市场发展的思路和政策建议。本章根据上述定性分析、定量分析，对我国房地产市场从宏观发展思路及具体政策两个层面提出自己的建议。

1.5　可能的创新点与未来的研究思考

房地产市场对我国的经济发展和民生改善都有至关重要的作用，当前我国房地产市场出现了区域分化的现象，一线城市和部分二线城市房地产市场火热，三四线城市的房地产市场则比较冷淡。这给国家调控房地产市场带来了一定的难度，本书从我国房地产市场发展的影响因素的角度出发进行研究，从立意上将理论与实际问题紧密结合，同时在研究过程中力图有所创新。本小节总结了本书可能的创新之处和不足，以及对未来研究的思考。

1.5.1　可能的创新点

本书可能的创新之处可以从理论、运用的方法和实践意义三个不同方面进行总结，主要体现在以下几方面。

第一，在理论上，梳理经济增长动力、改革、政府调控之间的逻辑关系。区分经济增长需求侧"三驾马车"和供给侧"三驾马车"，而改革则是通过收入激励从而释放经济增长动力的阀门。政府干预和调控则是平衡供给侧动力和需求侧动力，防止两侧动力失衡。在此基础上本书提出需求侧分析和供给侧分析结合，并将收入相关因素纳入考虑的分析框架，并从市场和市场失灵两个不同角度进行研究。

本书系统梳理房地产市场发展相关的几个基础理论，并对理论进行评述，认为经济增长的动力需要区分需求侧"三驾马车"和供给侧"三驾马车"，并提出供给侧和需求侧需要结合起来统筹考虑。通过对房地产市场发展脉络和制度建设的梳理发现制度变革是释放经济增长需求侧动力和供给侧动力的阀门，因此供给侧和需求侧分析还需要将收入因素纳入分析框架。通过分析我国房地产市场的特征和运行规律，可知房地产市场存在市场失灵，其健康运行需要政府的干预，在此基础上本书从市场的角度和市场失灵的角度分别用计量方法研究我国房地产市场需求侧和供给侧的影响因素。

第二，在方法上，本书综合运用逐步回归、空间计量、面板数据向量自回归模型（PVAR）、时间序列等计量方法对房地产市场发展的影响因素进行计量分析。尤其在传统影响因素的基础上将房地产市场的空间差异纳入模型进行计量分析，检验我国房地产市场的区域分化。

本书在房地产市场发展影响因素基本分析的基础上，利用分省年度面板数据构建模型，从建立多元线性模型入手，对面板数据平稳性进行检验，根据过度识别检验选择面板数据模型，通过逐步回归方法识别房地产市场发展的显著影响因素；由于房地产市场的地域性以及当前我国房地产市场的区域分化情况，本书在影响因素显著性计量识别的基础上，在传统的显著性影响因素上，通过引入空间权重矩阵进一步将空间因素纳入模型，分析我国房地产市场发展的影响因素。最后本书利用面板数据向量自回归模型（PVAR）研究宏观基本面和税收因素对房地产市场的影响，利用时间序列数据分析货币相关因素对房地产市场的影响。

第三，在实际意义上，本书的研究结论可以为房地产市场宏观调控政策的制定提供目标变量，为房地产市场区域调控提供研究支撑。

本书从需求侧和供给侧实证检验我国房地产市场发展的显著性影响因素，通过计量识别得到的显著性影响因素可以为我国房地产市场发展宏观调控政策的制定提供目标变量；在影响因素计量识别的基础上测算我国房地产市场的空间自相关性，检验房地产市场的空间聚集效应，为房地产市场的区域调控政策制定提供研究支持。

1.5.2 不足和未来的研究思考

在本书的研究和写作过程中，还有很多遗憾之处，最大的遗憾在于相关指标的统计数据没有办法获得。本书在描述性统计分析和计量分析过程中涉及的指标众多，而使用的数据不仅包含十多年的全国总体数据，还包括十多年的分省面板数据，虽然尽了最大努力，但是个人财力和精力限制，有些数据还是没有获得，这使研究过程倍感艰难。如在进行供给侧和需求侧分析的时候，本书最初的设计是准备通过建立房地产市场供给和需求联立方程组模型进行计量分析，但是在研究和数据收集过程中发现，由于指标的统计口径问题，很难建立一个比较精确的房地产市场供给与需求之间的恒等式。因为在模型的设计中，将房屋销售面积作为需求指标，而将房屋新开工面积作为供给指标进行分析，由于房屋销售存在预售的情况，即销售的房屋并不等于竣工面积，而是包含竣工面积和施工面积的其中一部分；此外，房屋竣工面积、房屋新开工面积和房屋施工面积三个指标之间也互有交叉的情况。因此，最后本书在对供给和需求进行研究的时候，退而求其次选择了次优方案，将供给侧和需求侧分别进行研究，最后在结论分析的时候综合考虑两方面的情况。另外，考虑到各省（区、市）辖区内房地产市场分化也很大，因此数据的精度有待进一步提高，如果条件允许使用县级数据是比较理想的。

本书在传统影响因素基础上将空间因素纳入模型对房地产市场的空间差异进行分析，未来进一步的研究可以分阶段研究不同历史阶段房地产市场供给需求影响因素的演变逻辑。另外，在本书的研究过程中发现，对于中国房地产市场的研究未来还可以从两方面着手：一是政府从城市运营的角度如何提升城市竞争力，从而促进城市的房地产市场发展；二是研究商业地产的运营模式，这也是房地产开发企业的核心竞争力，商业地产的运营做得好，不仅房地产开发企业可以很好地生存，同时也可以带动当地的经济发展。

第2章 我国房地产市场研究相关理论、历程与现状分析

若要对房地产市场发展的影响因素进行深入分析，首先需要在相关理论的基础上理顺思路，搭建分析框架并选择研究角度；其次需要对我国房地产市场发展的历程和现状有总体的认识。

因此，本章为了搭建分析框架和选择研究角度，首先对我国房地产市场发展的相关理论进行系统梳理，在此基础上提出了区分经济增长供给侧动力和需求侧动力的思路，并认为对房地产市场发展影响因素的研究既需要对需求侧进行分析，也需要对供给侧进行分析，两个侧面缺一不可。其次，本章对我国房地产市场的特征、运行规律进行分析，由此可知房地产市场存在市场失灵的情况，为了促进房地产市场的健康发展，政府需要对房地产市场进行干预和调控。在此基础上，本书将计量部分分为市场部分和市场失灵部分分别进行分析。第三，为了掌握我国房地产市场的发展脉络和现状，本章系统梳理了我国房地产市场的发展脉络和制度建设情况，并从总体情况和区域差异两个角度对我国房地产市场发展的现状进行描述统计分析。

2.1 房地产市场发展研究的几种基础理论

房地产市场的发展与经济增长和民生改善密切相关。就经济增长来说，房地产市场与国民经济的各个行业存在广泛的关联性；就民生改善来说，房

地产市场与居民收入分配，以及居住条件改善等密切相关。因此本小节系统梳理了与房地产市场发展相关的几种基础理论，包括效率与公平理论，经济增长理论、收入分配理论、社会再生产理论、供给和需求理论，在此基础上进一步对以上理论进行评述。

2.1.1 效率与公平理论

效率和公平关乎经济和社会的各方面，效率与经济领域相联系，公平与社会领域相联系，而对公平和效率研究争论最多的是两者之间的关系，即公平优先还是效率优先。

对效率和公平的研究很多，国外对效率和公平的认识有几个不同流派，比较早的是功利主义流派，功利主义认为一种社会制度应该要能使绝大多数人的社会福利得到最大化，这也成为功利主义者衡量一种社会制度优劣的标准，其代表人物是19世纪的英国哲学家和经济学家约翰·穆勒；到了20世纪之后，美国哲学家约翰·罗尔斯在其《正义论》中认为社会最重要的是正义，他认为一个社会中如果容忍牺牲少部分人的利益，来让绝大多数人的福利最大化是不正义的，而且他认为一个社会通过让绝大多数人的福利最大化实际上是没有办法补偿少数人承受的痛苦的，因此他主张对收入、财富等平等地分配。但是在三年之后，同样是美国哲学家的罗伯特·诺齐克对罗尔斯的观点提出了不同意见，他反对罗尔斯这种将收入、财富等都要平等分配的分配正义，洛齐克认为一种社会制度应该保护个人的私有财产，这样才能有效促进社会进步，而不是所谓的分配正义，他由此提出了持有正义的观点。这些人无论其讨论的是绝大多数人的福利最大化，还是分配正义或者尊重私人财产，他们都是从公平优先的角度来看的。此外，对于公平和效率之间关系的认识，比较有代表性的人物是美国经济学家奥肯，奥肯认为效率和公平是可以兼顾的，但是在不同的领域其侧重点不一样，如在经济领域就应该更加注重效率，而在社会领域就要更加注重公平。

国内学者对公平与效率的认识也各有不同的看法，第一种观点认为效率优先，这一类学者认为生产决定分配，没有生产就无从谈起分配，更不要说公平了，如果不谈效率优先，即使公平，那也是一起受穷。第二种观点认为应该公平优先，这类学者认为社会在发展的同时应该让全部人共同享受发展的成果，尤其是当前中国社会问题越来越复杂的情况，更应该注重公平优先。第三种观点是效率与公平兼顾，这一类学者认为效率和公平是可以兼顾的，他们认为适当的收入差距能刺激人们工作的积极性，从而推动经济的增长和效率的提高，但是如果收入差距过大，又会反过来影响经济的进一步增长。

关于公平和效率谁优先以及由此带来的结果，实际上在中国的改革开放过程中得到了体现。在中华人民共和国成立之后的较长一段时间，对公平的理解出现偏差，出现了"吃大锅饭"的局面，由这种分配方式最后导致的问题是人们的工作积极性不高，经济增长缓慢或者停滞。之后中国开始进行改革开放，进行市场化改革，转为奉行效率优先，并且允许一部分地区和一部分人先富起来，中国经济的活力得到了激发，经济增长速度提高，经济规模增大，东部地区和一部分人快速富裕起来，但是由此也产生了一系列问题，如区域经济发展不平衡，东中西部呈现出不同的经济发展水平，居民收入差距拉大等。

到了 21 世纪之后，中国经济规模已经跃升到世界第二，人均可支配收入也得到了较大提高，现在面临的问题是经济增长速度下降，社会问题越积越复杂，只有重新平衡效率与公平之间的关系，才能进一步激发中国经济内生增长动力，推动经济继续前行，逃离中等收入陷阱。

2.1.2 经济增长与效率

关于经济理论的研究实际上一直在围绕经济增长的驱动力进行，在古典经济学派的理论中，亚当·斯密（Adam Smith）和大卫·李嘉图（David Ricardo）认为通过资本积累和加大劳动力投入可以增加国民财富，李嘉图在斯密的理论基础上提出了劳动价值论，认为商品的价值是由耗费的劳动决定的。

经济增长理论发展到新古典经济理论时期，对于经济增长的驱动因素有了新的认识，其代表人物罗伯特·默顿·索洛（Robert Merton Solow）认为在资本积累和劳动力投入之外，技术也是经济增长的动力之一，并将技术因素引入模型，成就了著名的索洛模型，所以到了新古典经济理论时期，经济增长的驱动因素由过去的资本和劳动力两个要素增加到资本、劳动力和技术三个因素。索洛模型在古典经济增长理论的基础上虽然将技术因素纳入了模型，并指出技术因素是经济增长的决定因素之一，并由此将人均产出增加的原因分为由技术进步导致的以及由资本和劳动要素投入导致的两种，但是其缺陷是技术因素是外生变量。

在新古典经济理论基础上，经济增长理论进一步发展，研究方向转变为研究技术进步的原因，以期将技术进步内生化。如早期的技术进步内生化模型，即阿罗的"干中学"模型和日本经济学家宇泽弘文(Hirofumi Uzawa)的经济增长模型，其中阿罗的"干中学"模型认为技术进步来源于资本积累，通过实践经验的积累可以促进技术进步，而且这种技术具有正的外部性；宇泽弘文模型则在阿罗的基础上更进一步，认为通过对技术进步部门投入劳动，可以促进技术进步并促进经济增长。到了20世纪90年代，以罗默和卢卡斯为代表的新增长理论开始将人力资本作为技术进步的原因。

经济增长理论一直在围绕经济增长的驱动力进行研究，自亚当·斯密之后长达二百多年，最终形成了几个比较一致的看法，认为经济增长的动力来源于三方面：一是生产要素的积累，即资本要素的积累和劳动要素的增加；二是在技术外生的条件下，资源配置的优化使用；三是技术进步。所以，从经济增长理论的发展脉络可以看出研究经济增长问题，实际上就是在研究效率问题，效率的概念表达的是以一定的投入得到尽可能高的产出，其核心就是如何优化配置资源和有效地利用资源。对资本和劳动的使用有资本要素生产率和劳动要素生产率；资源的优化配置有配置效率，对于资源配置效率，最经典的表述是帕累托最优，即资源配置不能在不减少任何人福利的情况下，让至少一个人的福利变得更好，那么资源的配置就达到了最优；而由技术进步产生的效率则是全要素生产率。

2.1.3 收入分配与公平

经济增长与效率联系在一起，专注的是国民财富的增加和人均收入水平的增加，但是经济增长并不代表发展。经济增长在将国民财富这块"蛋糕"做大的同时面临着分配问题，各种要素应该如何参与社会财富的分配，这实际上就是通常所说的效率与公平中的公平一面。如果公平的一面没有处理好，就会出现收入差距过大的问题，而收入差距过大则会削弱低收入群体的消费购买能力，同时高收入群体因为边际消费倾向递减，增加的收入并不会等量地增加消费，随着时间的积累生产出来的产品无法实现其货币转化，生产的下一个环节就无法有效衔接，从而反过来阻碍经济的进一步增长。

对于收入分配的研究实际上是与经济增长理论相伴生的研究领域。古典经济学的开创者亚当·斯密就曾对分配理论进行过论述，他认为资本产生的利息和土地产生的地租两者与工资一样是商品价值的组成部分，并且认为这三者都是商品价值的源泉。亚当·斯密对于商品价值源泉的这种论述遭到了他的追随者大卫·李嘉图的反对，李嘉图提出了劳动价值论，他认为只有劳动才能创造价值，并进一步对劳动如何决定商品的价值进行了论述，也正是根据劳动创造价值的理论基础，李嘉图得出资本主义社会存在阶级矛盾的结论。而同是古典经济学理论时期的萨伊、巴师夏等人对资本主义社会存在阶级矛盾的问题持有相反的观点，他们认为资本家得到的利息和地主得到的地租都是他们付出相应牺牲之后得到的报酬，在本质上与工人通过劳动获得工资收入是没有任何差别的，因此他们认为资本主义社会内部体系和谐，不存在阶级矛盾。到新古典经济学时期之后，经济增长理论将技术引入模型从而使经济增长理论有了很大的突破，但是在收入分配领域的研究却没有取得实质性的突破性进展，门格尔将资本要素视为与劳动要素同等的生产要素，资本要素和劳动要素一起创造价值，对于他的这种观点，庞巴维克认为资本要素在生产过程中所起到的作用是将劳动力与自然资源结合起来，提高劳动生产效率，实际上并不创造价值，从而也就认为资本要素并不是商品价值的源泉。

以上对收入分配的讨论都是从初次收入分配的角度研究各种要素参与收入分配的问题，与之相对应的还有收入再分配的问题。市场能很好地解决效率的问题，即资源优化配置的问题，但是在收入分配的公平上则并不让人满意。在凯恩斯政府干预理论出现之后，政府开始有意识地通过税收、转移支付等手段开始对国民收入进行再分配。

对于收入分配的分配公平研究显示分配的公平表现在三个环节，即起点、过程和结果。起点公平实际上就是通常所说的机会公平，在利用资源、获取报酬等方面不同的主体具有相同的机会；过程公平主要是指在经济活动的中间环节，各方主体要受到同样的规则约束，即大家面对的外部制度条件是同等的；结果公平则表现在最后的成果上。一般所说的公平主要指起点公平和过程公平，结果公平则体现在相对公平上，即在结果上保持各主体之间适当的差距，并不要求完全意义上的平等，如果在结果公平上走到极致，实际上就是平均主义。

2.1.4 社会再生产理论

马克思再生产理论实际上是一套理论体系，马克思通过使用价值和价值将产品的物化形式与内在价值区分开，然后又根据使用价值的不同将产品分为生产产品和消费产品两种，生产产品和消费产品的加总为社会总产品；根据价值的产生不同分为不变资本（c）、可变资本（v）和剩余价值（m）三部分。社会再生产的形式又可以根据规模的变化分为简单再生产和扩大再生产。简单再生产是指规模不变的社会再生产，生产出来的剩余价值均被消费掉了；而扩大再生产则是通过资本积累扩大规模进行社会再生产。因此，再生产理论体系包括六方面的内容：一是社会总产品原理；二是社会再生产总过程；三是社会再生产形式；四是简单再生产；五是扩大再生产；六是国民收入的形成和用途。

马克思研究社会再生产理论，实际上其目的是研究有效需求问题。市场经济条件下生产产品的生产，即第 I 大部类实际上相当于凯恩斯国民收入理论中的投资，而消费产品的生产，即第 II 大部类实际上相当于凯恩斯国民收入理论中的消费。只有两大部类之间均衡才能持续实现社会再生产，否则最终会因为有效需求不足导致生产过剩，从而产生经济危机。而马克思根据简单再生产和扩大再生产的平衡条件，推论出资本主义条件下的生产和消费实际上不可能达到均衡，均衡只能存在于理论设想中。对于为什么在两大部类即生产和消费之间产生不均衡，即为什么会造成有效需求不足，马克思认为这主要是因为在市场经济条件下，尤其是用货币衡量价值的条件下，生产的目的不是为了消费，而是为了追逐利润。因此，为了避免出现有效需求不足的问题，对收入分配的重视和有效解决就显得非常重要，政府应该通过行之有效的收入分配政策缩小居民收入差距，以此来有效刺激消费。

马克思再生产理论中将整个生产消费过程划分为四个环节，分别是生产、分配、交换、消费。通过他的论述，这四个环节实际上互为前提，相互影响，四个环节组成一个完成的链条，任何一个环节出现问题，社会再生产都面临着难以为继的风险。其中，马克思从货币经济的角度出发，认为交换是商品实现其价值的惊险的一跃，如果交换环节不能实现"惊险的一跃"，导致的后果就是生产过剩和资本主义的经济危机。马克思的这一论断表现在市场经济上，就是供给和需求之间匹配问题，也就是西方经济学中的市场均衡理论。

有学者将马克思的再生产理论与凯恩斯的国民收入理论等进行了比较研究，得到的结论显示两者之间实际上是有共通之处的，而且马克思的再生产理论实际上更早于和优于凯恩斯的国民收入理论。对于马克思再生产理论的结论，实际上得到了西方经济学家的肯定和承认，如英国剑桥学派的代表人物，凯恩斯的学生罗宾逊夫人（Joan Robinson）就认为马克思的再生产理论要比凯恩斯、卡莱茨基、哈罗德等人的研究超前。

2.1.5 供给与需求理论

供给问题和需求问题从表面上看是所有经济问题的一个外层总包，无论是经济增长还是收入分配等问题最后都可以在供给和需求两个不同的侧面表现出来。梳理经济学对供给和需求的研究脉络可以发现研究的主线是谁决定谁的问题，即是供给决定需求还是需求决定供给的问题。针对这个问题进行研究，产生了供给理论和需求理论，以及与之相对应的用于促进经济增长的各种思路和政策措施。

在人类社会发展到资本主义制度之前，也就是在封建社会，没有成体系的关于供给和需求的理论，当时的社会主基调是生产力不发达，生产效率低下，因此在资本主义社会之前一般的政策是以刺激生产为主，如鼓励农业生产，抑制工商业，在中国的表现是士农工商阶层的划分，农民虽然经济实力没有商人强，但是其社会地位是比商人要高的。

在人类社会进入资本主义社会之后，最早对供给和需求理论有过论述的亚当·斯密和大卫·李嘉图，这两位古典经济学家都认为劳动是商品价值的构成部分和源泉，而因此劳动是社会财富的源泉，他们鼓励生产，认为只有这样才能增加社会财富总量。另外，李嘉图还通过对分配的目的进行研究认为资本主义不存在生产过剩的经济危机。法国经济学家萨伊的观点与李嘉图比较一致，他认为社会分工和商品生产的目的最终是为了交换自己需要的产品，商品的生产能自动创造与之相对应的需求，资本主义社会不存在生产过剩危机。萨伊之所以认为生产不会过剩，实际上是因为在他的分析框架中，将货币的作用仅仅局限在交换媒介上，对货币的支付功能、储蓄功能等方面没有重视，而正是货币支付功能和储蓄功能的存在扩大了供给和需求之间相匹配的时间差。

萨伊的供给决定需求在20世纪早期之前一直都处于经济学主流地位，他们被誉为早期的供给学派。供给决定需求的理论虽然在此之前一直受到质疑，但是没有一个新的理论能将其彻底推翻，因为新的理论产生的社会环境没有出现。这种情况一直持续到20世纪30年代，在资本主义出现严重的经济萧条之后，李嘉图和萨伊认为资本主义不会存在经济危机的论断不攻自破，凯恩斯的需求理论出现，凯恩斯认为经济危机的出现是因为有效需求不足，如果任由经济自由地调整经济危机，这个时间是漫长的，期间人们的感受是相当痛苦的。因此，凯恩斯认为政府在生产的产品出现过剩的情况下，应该扩大政府支出，增加社会总需求，从而促进供给和需求平衡。

供给学派在经济危机和凯恩斯的政府干预理论出现之后，一直没有突破性进展，原因还是和前面一样，理论突破的社会环境没有出现，这种情况一直到了20世纪资本主义出现经济滞胀的时候。凯恩斯的政府干预理论没有办法解决经济滞胀的问题，即为什么在经济停止增长的情况下产品会过剩呢？至此，新供给学派的新供给理论得到了重视，萨伊的供给决定需求的理论被重新拿出来进行新的阐释。新供给学派认为通过政府支出等手段扩大总需求，在短期内是可以维持供给和需求的平衡，但是造成的问题是供给方因为有政府为他们保底，所以缺乏转型升级和创新的动力，产品生产实际上只是在量上的重复扩大，因此造成的问题就是再生产的产品实际上是无效供给。

通过对供给理论和需求理论的研究脉络梳理发现，对供给和需求的研究实际是和当时的社会条件相适应的，在萨伊时代，生产力同样比较低下，交换的产品一般也局限在消费品方面，生产的产品供不应求，生产当然就不会出现过剩；而到了凯恩斯时代，生产力有了极大提高，生产效率增加，产品的多样性也极大丰富，同时因为受收入分配和边际消费倾向下降的影响，想要在这种情况下让生产出来的产品自动找到对应的需求，似乎是一件很困难的事情。

2.1.6 对几种基础理论的评述

在比较系统地总结了效率与公平理论、经济增长、收入分配、社会再生产理论、供给需求理论之后，有必要对以上几种理论之间的关系进行梳理，对经济增长的动力和关键点重新理解。

2.1.6.1 几种理论之间的辩证关系

通过对效率与公平理论、经济增长理论、收入分配理论、社会再生产理论、供给和需求理论进行梳理，可以知道效率与公平理论的关键点在两者之间的辩证关系上；经济增长理论的关键点则在研究经济增长的驱动力上；收入分配理论则是研究要素参与初次分配以及再分配；社会再生产理论研究经济循环和扩大再生产；供给和需求理论虽然是从供给和需求两方面进行分析，但是其最终目的是寻找市场均衡点。

通过上面的梳理，可以将上述几种理论用社会再生产理论和效率与公平理论串联起来。社会再生产理论指出社会的再生产包括生产、分配、交换、消费四个环节。

经济增长理论研究经济增长的驱动力，根据理论梳理发现，经济增长的驱动力包括劳动要素、资本要素、技术三个大的方面。从这里可以看出实际上经济增长理论研究的环节就是社会再生产理论中的生产环节，例如，如何提高资源利用效率，如何提高生产率等。

收入分配理论研究劳动、资本、土地等各种要素参与收入的初次分配以及社会再分配。从这里可以看出收入分配理论研究的主要是社会再生产理论的分配环节。

供给和需求理论虽然分别从供给和需求两方面进行了分析，包含的因素包括了生产，也包括了消费，但是将两者进行综合寻找市场均衡点的时候，实际上研究的是社会再生产理论的第三个环节，即交换环节。

马克思说交换环节是商品实现其价值的"惊险的一跃"，交换环节无法完成，社会再生产就难以为继，而交换环节之所以出现问题，则在于其他三个环节之间的协调出现了问题。通过对供给和需求理论的分析可知商品能否实现其货币价值包括两方面：一是量的因素，量的因素还包括总量和结构两方面；二是价的因素，而价的因素与购买力联系在一起，更深层次的问题是收入分配问题，与公平密切相关。因此，上述任何一方面没有协调好，在货币经济条件下，交换环节都可能会出现问题，"惊险的一跃"无法完成，商品无法实现其货币价值，最终导致整个社会再生产链条难以形成闭环。

2.1.6.2 对经济增长动力和关键点的重新理解

通过将几种理论之间的关系进行串联，可以发现一个问题，所谓的经济增长理论并不能从根本上解决经济增长的问题，因为根据经济增长理论的研究方向，实际上是一门研究生产效率提高的理论，而经济增长涉及四个环节，即社会再生产理论中的生产、分配、交换、消费。因此，有必要对经济增长的动力和经济增长的关键点进行重新理解。

第一，供给侧"三驾马车"和需求侧"三驾马车"

对经济增长动力的重新理解需要从理论和理论之间的辩证关系出发。经济增长理论对经济增长动力的研究表明劳动、资本和技术是经济增长的动力，从这里可以看出实际上经济增长理论研究的是如何提高资源利用效率，提高生产率，因此这三个动力因素可以将其理解成为生产发展的动力，在这里可以命名为供给侧的"三驾马车"。而根据凯恩斯经济学发展出来的宏观经济学国民收入核算理论，其四部门模型包括四方面，即消费、投资、政府购买、净出口，将政府购买合并到消费和投资里面，剩下的三个部门即我们通常所理解的"三驾马车"，这三驾马车实际上都是需求方面的，所以应该命名为需求侧的"三驾马车"。

第二，实现经济持续稳定增长的关键点在社会再生产的良性循环

通过分析可知，无论是经济增长理论还是国民收入核算理论，他们的研究前提都是基于一个假设，即假设供给决定需求或者需求决定供给，所以无论是供给侧的"三驾马车"还是需求侧的"三驾马车"实际上都只是单边研究。根据社会再生产理论可知，只要经济循环无法继续，经济就会出现问题，所以最重要的还是要形成良性循环。所以，根据马克思的社会再生产理论可知，社会简单再生产或者扩大再生产包括生产、分配、交换、消费四个环节，促进经济增长需要四个环节相互衔接并良性循环。

经济增长出现各种问题实际上可以形象地理解成为经济生了病，病因就在于经济循环不畅通。经济循环不畅通表现在生产、分配、交换、消费四个环节上就是交换环节无法顺利完成，在这个环节商品要通过交换实现其货币价值，经济循环才能得以继续。根据前面对几种理论关系的辩证分析，可知供给和需求延伸出来的市场均衡理论实际上就是研究交换环节的理论，供给和需求的均衡需要量的均衡和价格均衡，其中量的均衡包括总量均衡和结构

均衡，而价格的均衡涉及的是消费者购买力问题，更深层次的问题是收入分配问题，即效率与公平问题。

所以如果换一个角度思考，以马克思的社会再生产理论为指导，就会发现想要实现经济持续增长实际上应该从促进经济循环的角度综合考量。一方面无论是经济增长理论还是国民收入核算理论，他们的研究前提都是基于一个假设，即假设供给决定需求或者需求决定供给，所以无论是供给侧的"三驾马车"还是需求侧的"三驾马车"实际上都只是单边研究，因此从以上理论分析可知，对房地产市场影响因素的研究应该从供给侧和需求侧两方面同时着手，两个侧面缺一不可。另一方面，供给侧和需求侧仅分别对应了社会再生产四个环节中的生产环节和消费环节，想要使社会再生产的四个环节形成闭环并良性循环，还需要考虑分配环节和交换环节。

2.2 房地产市场的特征、运行规律与政府干预

根据西方经济学理论，市场优化配置资源的作用总会因为外部性、信息不对称等各种因素的影响存在市场失灵的情况。本小节对房地产市场的特征和运行规律进行分析，可知房地产市场同样存在市场失灵的情况，因此，为了促进房地产市场的健康发展，政府需要对房地产市场发展进行干预和调控。根据本小节的分析并结合上一小节理论梳理和评述的结论，最终构建出本书的分析框架。

2.2.1 房地产市场的含义

房地产市场中的产品，即房地产是一种特殊的商品，这种商品具有双重属性，一是居住属性或者商业属性，二是投资属性。同时房地产还有一个重要特点，即房地产产品不可移动，这是房地产与资本和劳动等要素的最大不同点。相同点是房地产同样可以被个人或者单位拥有，并为所有者带来收益。

房地产市场是指房地产交易进行的固定场所，但是随着信息技术和通信手段的进步，房地产的交易双方不一定要到固定场所进行交易，因此房地产

市场的概念进一步扩展为对房地产交易活动的各种安排。房地产经济学中关于房地产市场的概念就是指房地产潜在的买方和卖方以及相关的活动安排。房地产市场包括参与房地产买卖的交易双方，进行买卖的标的资产，在买卖活动中提供服务和支持的各种机构和参与人，最重要的是还包括交易相关的制度安排。房地产市场的各种组成要素影响着房地产市场的运行。

2.2.2 房地产市场的特征

房地产市场是我国市场体系的一个重要组成部分，因此房地产市场与其他商品市场一样，同样受到价值规律、竞争规律和供求规律等普遍规律的影响。同时由于房地产和房地产市场具有自己的独特特性，比如房地产产品具有不可移动性，房地产产品同样具有较强的外部性等，所以房地产市场与其他一般商品市场具有不同之处，这些不同的特征体现在房地产市场的垄断性、外部性、信息不对称等方面。

2.2.2.1 房地产市场的垄断性

市场结构反映的是一个市场中各个要素或者参与者之间的关系和特征。根据某个行业中企业的个数、产品的差别、进入和退出市场的难易程度等方面可以对市场结构进行分类。一般来说可以将市场结构划分为四种类别：第一是完全竞争市场，第二是垄断竞争市场，第三是寡头垄断市场，第四是完全垄断市场。完全竞争市场的特征是市场上企业的数量很多，产品完全无差别，企业进入和退出市场非常容易，因此企业对产品的价格没有控制力。垄断竞争市场上企业的数量较多，因此企业对价格的影响不是很大，但是企业可以通过产品差别对产品价格形成一定的影响力。寡头垄断的特征是市场上的企业数目较少，各个企业所占市场份额较大，每个企业都可以对市场产生较大的影响力。完全垄断市场市场是指某种产品的生产企业只有一家，而且该企业生产的产品在市场上找不到其他产品进行替代，因此该垄断企业可以通过控制产品的生产数量对产品的价格进行很强的控制。

根据以上四种市场结构的划分以及其特征分析，可以对房地产市场的市场结构进行总结。对于房地产的增量市场来说，房屋的供给方是房地产开发商，由于房地产市场上的房地产开发商较多且市场集中度较低，但是房地产本身具有不可移动性和异质性，不同的房地产开发商开发的房地产在地域、面积、档次、附加值等方面都具有较大的差别，因此房地产市场可以说是一个垄断竞争市场，而且垄断的程度高于竞争的程度，房地产开发商对其开发的房地产的销售价格和销售数量具有一定的控制力和影响力。对于房地产的存量市场来说，房屋的供给方是分散的房屋所有者，这一类供给者数量较多，但是同样由于不同的房屋具有不同的区位优势、面积、附加值等区别，因此房地产存量市场的市场结构同样是垄断竞争市场，与房地产增量市场不同的是房地产存量市场的竞争程度高于垄断程度。

经过上面的分析可知，房地产市场是属于垄断竞争市场，房地产市场的垄断性主要是从供给侧来讲的。在房地产增量市场上房地产市场供给的垄断程度高于竞争程度，在存量房市场上房地产市场供给的竞争程度高于垄断程度。

由于房屋的建设具有较长的周期性，因此在短期内新建商品房的供给是缺乏弹性的，即房地产市场上新建商品房的供给在短期内难以有较大的增减。根据前面的分析可知商品房最大的一个特点是不可移动，商品房的交易实质是所有权或者使用权的交易，所以房地产市场实际上具有较强的地域性，同时由于不同的开发商开发的房地产商品在用途、面积、档次等各方面均存在差异，所以不同区域房地产市场中的房地产开发商具有一定的价格影响力。另外由于土地供给的有限性、土地的稀缺性以及土地使用权的排他性，使得具有较大土地储备的房地产开发企业在该区域具有较强的竞争力。一般来说，对于具有垄断影响力的企业，它们更倾向于减少供给，提高价格以获得更高的收入和利润。

2.2.2.2 房地产市场的外部性

外部性是指一个经济主体的活动对其他经济主体的影响不能通过市场得以体现，外部性包括正的外部性和负的外部性。正的外部性是指经济主体的活动对其他经济主体产生了正向的影响，但是前者并没有获得相应的补偿，后者没有为得到的利益进行对等的付出，对于具有正的外部性的行为来说，其给社会带来的收益大于经济主体所得到的收益；负的外部性是指经济主体的活动对其他经济主体产生了负向的影响，但是前者并没有为他们的行为给其他经济主体带来的损失给予赔偿，对于具有负的外部性的行为来说，其给社会带来的成本大于经济主体所承担的成本。

对于房地产市场来说，房地产市场的发展既具有正的外部性也具有负的外部性。房地产市场正的外部性主要体现在增加了地方政府的财政收入，地方政府可以利用增加的收入进行基础设施建设，改善当地的经济发展环境。另外，房地产行业与国民经济中的其他行业具有较强的广泛的行业关联性，他们通过产业链的方式相互联系，因此房地产市场的发展可以带动国民经济的其他行业共同发展，为当地的经济增长做出贡献，同时促进当地就业的增加。

房地产市场负的外部性主要体现在高房价和房价的过快增长对实体经济的不利影响和对居民福利造成的损失。房地产市场过热会对实体经济产生较强的挤出效应，一方面高房价会侵蚀实体经济的利润，另一方面房价的过快增长会吸引资金流向房地产市场而不是实体经济。另外，过高的房价增加了居民的购房负担，为了购买住房大部分家庭背上了沉重的债务负担，这对增加居民的消费从而促进经济的发展不利。房价的过高和对房地产投资的追捧会增加房地产市场泡沫，因为房地产市场运行与金融系统紧密相关，房地产价格的过快上涨会导致泡沫的增加，从而增加金融系统的风险，如果受到外界因素的干扰导致房地产泡沫破灭，可能会引发金融危机，进而对整个社会经济发展造成较大的伤害。

2.2.2.3 房地产市场的信息不对称

信息不对称是指在市场交易过程中，产品的买方和卖方各自掌握的信息是不一样的，信息掌握多的那一方在交易过程中会占有比较大的主动权。一般来说，由于产品是由卖方生产，卖方所掌握的关于产品质量和性能等的信息均要多于买方。信息不对称是市场失灵的一种表现，需要政府的介入以弥补市场失灵。

对于房地产市场来说，房地产本身具有不可移动性，流动性也较差，对于个体家庭来说房地产的交易是零散的、私密的，房地产开发商对房屋的建造情况，比如建筑用材料、房屋结构、建筑质量、配套设施等方面掌握的信息要远高于消费者。同时由于房地产的价值较高，房地产市场的信息不对称可能会给消费者造成较大的损失。为了弥补房地产市场的信息不对称，政府需要在房地产交易过程中制定不同的法律和政策，加强房地产市场的信息透明度，同时发展房地产服务业，如房地产估价服务。多管齐下以保护消费者利益，防止房地产开发商因为信息不对称出现"逆向选择"和"道德风险"等问题，保证房地产市场的健康运行。

2.2.2.4 房地产市场的区域性

房地产和土地具有不可移动性，因此不同区域的房地产价格具有较大的差异，经济发达地区的房地产价格较高，比如我国东部沿海省（区、市）的房地产价格就要高于中西部的房地产价格。因为不同区域的教育、交通、医疗等基础设施建设存在较大的差异，与这些配套设施相联系的房地产就会因为基础设施的差异体现在价格上。对于同一个城市来说，城市中心区的房地产价格一般也会高于郊区的房地产价格，这主要是因为同一城市内部的公共资源配置不均衡，即教育、医疗等基础设施存在差异导致的级差地租不同。

另外，从长期来看，人口的增加与土地的稀缺性都会导致房地产价格的长期上涨，现实中的房地产价格存在起伏是因为房地产市场，还受到经济周期、市场预期等因素的影响。

2.2.3 房地产市场运行规律

根据前面的分析可知房地产市场的运行并不是孤立的，而是与其他行业相互联系和相互影响的。本小节从房地产市场与资本市场之间的关系、房地产市场的周期性以及与经济周期之间的关系、房地产市场的泡沫与过度开发三方面分析房地产市场的运行规律。

2.2.3.1 房地产市场与资本市场

房地产具有居住属性和投资属性，一方面房地产既可以满足消费者对居住空间的需求，另一方面房地产也可以作为一种投资品进行投资。因为房地产具有满足消费者的居住需求和进行投资获取资金增值的双重属性，房地产市场就具有空间市场和资本市场两个不同层面的特性。

对于房地产的空间市场特性来说，房地产首先作为一种耐用消费品是为了满足人们的居住需求或者企业的生产需求。家庭消费者或者企业可以在房地产市场上通过租赁或者购买的方式获取房地产空间的使用权或所有权，满足其生活需要或者生产需要。他们在房地产市场中的角色是房地产空间使用权的需求方。

对于房地产的资本市场特性来说，房地产可以作为一种投资品进行投资，投资者可以通过租赁的方式获取租金，或者通过出售房地产赚取差价的方式获取投资收益。为了获得房地产的投资收益，必须拥有房地产物业，即拥有房地产的所有权而不仅仅是使用权，这与房地产的空间市场是不同的。从上面的分析可知，房地产空间市场的供给方，即来自房地产的资本市场。

房地产空间市场和房地产资本市场两者是紧密联系在一起的，房地产空间市场是基础，对房地产空间的供给和需求会通过收益预期等途径影响房地产资本市场的收益。房地产空间市场的供求关系首先影响到房屋的租金水平，进一步传导到房屋的价格上，房地产价格的变化，尤其是房地产价格的上涨会决定房地产资本市场上的收益水平。反过来看，房地产空间市场的供给和需求又来源于房地产资本市场。

2.2.3.2 房地产市场的周期性

任何商品的需求和供给都处于动态均衡之中，静态的均衡只是暂时现象。由于经济水平的持续发展，人口规模和素质的增加以及人们生活水平的提高，人们对房地产空间的需求会增加，但是由于房屋建筑周期的存在，从土地使用权的获取到房屋建筑完成一般需要几年的时间，所以短期内房地产市场上的房屋供给不可能因为需求的增加而迅速增加，从而造成供不应求的局面。

在房地产供给逐渐增加的过程中，一定会存在一个临界点，使得供给与需求相等。但是由于房地产开发商做出投资决策一般是根据房地产市场过去的销售情况进行预测，这种预测与实际情况不可能完全吻合。因此，在供给与需求相等的临界点状态下，房地产开发商还会根据以前的销售情况继续增加投资，从而增加房地产的供给，由此产生的结果是房地产市场上房屋的供给会逐渐高于需求，房地产市场逐渐出现供过于求的状态。随着房地产市场上房屋供给的逐渐增加，房地产市场供过于求的情况会越来越严重，房地产价格会受到影响，房地产市场步入下行趋势。随着房地产市场的下行，房地产开发商会根据市场情况逐渐减少投资，这样就会造成供给逐渐减少。

以上分析了房地产市场周期性运动的一个大概循环状态，从上面的分析可知房地产周期会受到经济周期的影响，房地产周期与经济周期之间并不一定保持完全同步。在经济开始复苏的初期，由于房地产市场还存在冗余的供给，一方面企业可以通过提高空间利用效率来提高经济效率，另一方面房地产投资的收益率还没有出现快速增长，大部分人的关注点还没有转移到房地产市场上，人们对房地产市场的投资热情还没有提升起来。因此，在经济复苏的前期房地产市场的活跃度会滞后于经济的复苏。在经济繁荣的顶点，房地产市场同样会迅速地到达繁荣状态，此时因为房地产价格的过快上涨会导致房地产投资收益率快速增加，人们的关注点开始转移到房地产市场，投资热情被点燃。

除了经济周期这种宏观环境之外，房地产市场的供求动态变化、房地产市场的信息不对称，以及开发商和购房者的心态和心理预期等都会对房地产周期造成影响。例如，在房地产市场过热的情况下购房者的投机行为会增加房地产市场的泡沫，房地产开发商根据以往的销售情况进行投资开发，最后会出现过度开发的结果。所以，购房者追涨杀跌的心态，以及政府对房地产市场实施的各类政策调控都会加剧房地产市场的波动。

2.2.3.3 房地产市场泡沫

房地产泡沫实际上是一种价格背离价值的现象，当房地产的价格远高于其本身所具有的价值时，房地产市场就会出现泡沫。

房地产泡沫的产生主要原因有三个。首先，土地的稀缺性是房地产产生泡沫的基础。因为只有稀缺的资源才会在投机行为的追捧下出现泡沫，在我国城市土地是国家所有，政府通过城市规划等手段控制着用于房地产开发的土地数量和区位，土地作为一种稀缺资源在房地产市场体现得淋漓尽致，具有较多和地理区位较好的土地储备的房地产开发公司在市场上具有较强的竞争力。

其次，投机行为是房地产泡沫产生的直接原因。房地产的投资属性使得房地产在作为居住耐用消费品之外还是一种投资品，所以当房地产市场价格增长过快时，市场上追逐利润的资本针对房地产的投机行为就会出现，这种投机行为会随着房地产市场的升温和房价的上涨加速而加剧。

再次，国家对房地产市场的金融支持和金融机构的放贷行为会加剧房地产的泡沫。房地产价格的上涨在很大程度上是一种货币现象，房地产市场就像一个"大水池"，而货币资金就像流入水池的"水管"。因为在短期内房地产的供给缺乏弹性，供给数量难以快速增加，如果流入房地产市场这个"大水池"的"水管"流速增加，那么"水池的水位"就会快速上涨，即从金融机构流向房地产市场的货币资金快速增加，房地产的价格就会快速地提高。

当房地产的实际使用价值已经不能支撑房地产的市场价格之后，在金融机构的资金支持无法跟上房价的上涨速度时，房地产泡沫就可能会出现破灭。

房地产泡沫的破灭会对金融体系产生巨大的风险，甚至出现金融危机。从当前情况来看，我国的房地产市场与金融体系已经紧密地结合在一起，房地产出现金融化的趋势，在经济下行和实体经济不振的情况下金融机构贷款的主要方向也侧重于房地产，房地产在金融机构中的资产占比逐渐增加，金融机构应对房地产泡沫破灭的能力下降。

2.2.4 政府对房地产市场的干预

通过前面的分析可知房地产市场具有较强的外部性，包括正的外部性和负的外部性。同时房地产市场还存在垄断性、信息不对称等市场失灵的情况。因此，为了确保房地产市场的健康运行，政府需要对房地产市场进行干预。本小节从政府对房地产市场干预的必要性、政府对房地产市场干预的手段、政府对房地产市场干预的措施三方面来分析政府对我国房地产市场的干预。

2.2.4.1 政府对房地产市场干预的必要性

政府对房地产市场进行干预的必要性可以从以下几方面进行分析。

第一，房改过后，房地产行业逐渐发展成为我国国民经济的支柱产业，同时由于房地产行业与国民经济的其他行业之间存在广泛的行业关联性，房地产行业的健康发展可以促进其他行业的共同发展。尤其在我国经济出现下行的情况下，通过增加固定资产投资或者房地产投资可以缓解经济下行的压力，为经济结构转型升级提供时间。在过去，政府通常以增加投资扩大总需求的方式来稳定经济增长，房地产市场已经成为国家调控宏观经济波动的一个重要抓手。

第二，房地产价格的剧烈波动会给宏观经济运行带来巨大的风险。房地产价格增长过快会产生房地产泡沫，房地产泡沫的破灭可能会引发金融危机，从而传导到整个经济层面，这对一国的经济运行是灾难性的打击。最显著的例子就是日本的房地产市场在20世纪90年代初因为土地市场的过度投机，最后出现了房地产泡沫破裂的情况，日本房地产市场泡沫的破灭使日本的经济长期陷入停滞状态。有日本房地产市场价格泡沫破灭的先例，因此在房地产价格出现剧烈波动的时候，政府为了经济发展的稳定和房地产市场的健康发展需要对房地产市场进行干预和调控。

第三，房地产市场因为垄断性、信息不对称等特点存在市场失灵的情况，需要政府从外部介入对房地产市场进行干预从而想方设法弥补市场失灵。从前面的分析可知房地产市场是垄断竞争市场，而且增量房市场垄断性高于竞争性；同时房地产市场有较强的外部性，包括正的外部性和负的外部性；另外房地产市场的复杂性导致的信息不对称的情况也比较严重。因此，一方面，为了防止房地产市场的垄断价格给经济和人民群众造成较大的福利损失，政府有必要介入限制垄断行为；另一方面，政府可以通过税收政策、财政补贴等各种措施弥补房地产市场的外部性，尤其是房地产市场负的外部性；第三方面，政府还需要通过提高房地产市场信息的透明度等方式尽量消除房地产市场信息不对称的情况，保证购房者的利益。

第四，房地产市场发展的本质是为了改善人们的居住条件，提高人们的居住水平，而且获得基本的居住空间是每个公民应该得到保障的基本权利，也是维护社会稳定的必要条件。但是房地产市场既具有居住属性又具有投资属性，房地产的投资属性使得房地产市场价格在快速上涨的时候，投机行为会快速增加，刚性需求居民的购房负担会增加，在这种情况下为了保障居民的居住权利，政府有必要对房地产市场的运行进行干预，这是政府维护社会公平的一个重要方面。各国政府为了保证公民的居住权利，一般有两种方式对本国的房地产市场进行干预：第一种是政府通过直接建房的方式从供给侧干预本国的房地产市场，另一种是采取财政补贴的方式对供给者或购房者予以补贴，降低居民的购房成本。如英国、香港、新加坡采用的是直接建房的方式，法国、瑞士、日本等国则采用的是对贷款利息进行补贴的方式。

第五，房地产市场的非均衡性表现在总量的失衡和结构失衡等方面。总量失衡是指供给和需求不匹配，供过于求或者供不应求，无论是哪一种情况，总量失衡会造成房地产市场的波动，不利于经济的稳定运行；结构失衡则包括区域性的结构失衡或者是不同类型的房屋结构失衡，区域结构失衡则可能造成房地产市场的局部过热或者过剩，产品结构失衡则可能造成某一种产品的过热，或者另一种产品的过剩。

2.2.4.2 政府对房地产市场干预的手段

政府为了保护和促进某一个行业的健康发展，一般会通过财政政策、金融政策和行业政策等不同方面对该行业进行干预和激励。为了维护和促进我国房地产市场的健康运行，政府同样需要对房地产市场进行调控和干预，政府所能采用的手段主要包括土地、金融、税收等。

第一，土地供应。在我国城市土地属于国家所有，政府垄断了房地产市场的土地供给，而房地产开发商进行开发的前提是从政府手中或者其他房地产开发商手中获取土地使用权，同时从公司长远发展考虑房地产开发企业一般必须拥有一定量的土地储备，所以，政府的土地供应政策对房地产市场的发展具有决定性作用。因此政府作为土地的唯一供给者，就可以通过限制土地的供应数量和区位，对房地产开发商的开发规模和结构进行调控。政府的土地供应政策应该与国民经济的发展相适应，要有利于经济的稳定发展。因此，政府首先要具有足够的土地储备，同时政府的土地供应政策应该要保持透明，房地产市场才会对土地供应有一个相对理性的预期，减少房地产开发商和购房者的不理性行为。

第二，金融政策。房地产行业是资本密集型行业，房地产本身价值较高，房地产开发过程中需要大量的资金投入，而房地产开发商依靠自身的资金实力很难完成房地产开发的全部过程，因此房地产开发商在开发的过程中需要获得金融机构的资金支持，大部分购房者在购买房屋的过程中，也需要得到金融机构的贷款支持。因此，政府可以通过调整金融政策间接地调控房地产市场。对于调控房地产市场供给侧来说主要是调控房地产开发商的开发投资，政府可以利用的与金融政策相关的调控手段包括房地产开发的贷款利率、贷款规模、贷款条件等，这些政策的变动都会通过影响房地产开发商的成本和利润水平，进而影响房地产开发商的投资积极性，从而影响整个房地产市场的供给；对于调控房地产市场需求侧来说主要是调控购房者的购买能力和购买欲望，政府可以通过调整购房者的首付比例、按揭贷款利率、还款的期限、限购以及获取贷款的资格等。政府通过这些手段一方面可以调节购房者的支付能力，另一方面可以直接限制购房者的购房资格，进而调节房地产市场的需求侧。

第三，住房政策。前面已经分析过房地产市场发展的本质是为了提高人们的居住条件，但是房地产市场因为垄断性和信息不对称等特点存在市场失灵的情况，因此完全依靠房地产市场自身的市场化运作很难满足人们对居住的基本需求，政府需要进行调控，而调控的手段之一就包括住房政策。我国目前房地产市场中的功绩主要有两大类，一是保障性住房，二是商品住房。

保障性住房包括廉租房、经济适用房、限价房等，保障性住房体系是政府提供的基本住房保障服务，面向的群体是低收入住房困难的家庭。保障性住房的供给通常采取的方式是省级政府给予资金支持，中央政府给予资金补贴。通过保障性住房体系，政府可以增加房地产市场的供给，从而抑制房价的过快增长。

第四，税收政策。政府调控房地产市场的重要手段还包括与房地产相关的税收政策，如契税、个人所得税、房产税等政策。为了促进房地产市场的健康运行，我国的房地产税正在酝酿改革，改革的方向是减轻房地产交易环节的税负水平，增加持有环节的税收。房地产税改革的原则是保护和鼓励住房消费，抑制房地产的投机行为。

第五，政府对房地产市场调控的手段还包括地价政策、城市规划、房屋租金水平的控制等。土地价格是房地产开发商在进行房地产开发过程中的主要成本项之一，政府可以通过控制房地产开发商获取土地使用权的价格，调控房地产开发商的成本和利润水平；城市规划是建立在合理利用土地、科学的空间布局、有利于城市的健康长远发展等基础上，政府可以通过城市规划调控房地产开发的区位和结构；房屋的租金水平关系到房地产投资的收益水平，因此政府可以在房屋租赁市场上通过控制房屋的租金水平调控对房地产投资的需求。

2.2.4.3 政府规范房地产市场行为的主要措施

前面分析了政府干预房地产市场的各种手段，房地产市场的健康运行同样需要制定一个良好的制度框架，使房地产市场的运行处于制度框架的监管和调控之下。政府规范房地产市场行为的主要措施包括市场准入制度、完善交易程序、加强产权管理等方面。

第一，政府持续地完善房地产市场的准入制度。房地产市场与经济的发展密切相关，也与人们的生活密切相关，为了规范管理同时维护广大人民群众的利益，政府对于房地产市场的准入制度在持续地完善。这些准入制度包括房地产开发企业和建筑单位的资质审查，资质不达标的企业严禁进入房地产市场。建立健全市场准入制度需要注意两方面：一是市场准入的标准，标准一定要具体、明确和可量化，只有达到最低标准的企业才能进入房地产市场；二是审查制度的公开透明，只有公开透明才能便于社会的监督。政府建立和完善良好的市场准入制度之后，对制度的执行如对具体企业的资格审查等工作实际上就可以移交给行业协会等行业自律组织。

第二，政府规范房地产市场的交易程序。房地产价值较高，房地产交易涉及的金额较大，涉及的环节也很多而且复杂。房地产市场的有效运转需要明确和规范的交易程序，用法律等形式明确的规定房地产市场的交易方式、交易程序，可以有效地抑制投机等行为，维护市场的有效运转。例如目前已有的交易程序包括对土地的出让、房屋预售和销售、房屋的转让、抵押、租赁以及产权登记等都制定了固定的业务流程和必须满足的必要条件。

第三，政府加强房地产的产权管理。因为房地产不能移动的特性，因此在房地产市场中交易的并不是房地产实物，而是与房地产这一固定资产相联系的所有权益。因此，房地产市场的交易实际上是一种权益交易，房地产的产权登记就显得非常重要，一方面房地产的产权管理可以明确权责关系，有效地维护业主的利益；另一方面，房地产的产权登记管理可以方便流通、维护市场交易秩序等功能。2015年3月1日，我国开始实施土地和房屋不动产统一登记制度。

2.3 我国房地产市场发展历程

2.3.1 我国房地产市场发展的阶段划分

1998年房改之后，房地产市场逐渐发展成为我国国民经济的支柱产业之一，房地产市场的崛起和发展影响到我国经济的方方面面。新中国成立以来，我国房地产市场经历了从无到有的过程，根据我国房地产市场发展的几个重要性标志，可以将房地产市场发展分为四个阶段。

2.3.1.1 第一阶段：1949—1991年，我国房地产市场的理论突破与起步阶段

1949—1978年：新中国成立以后，出于国家安全的考虑，政府将国民经济发展的重点落实到重工业上。因此，在很长一段时间内我国的房地产市场发展滞后，甚至可以说并不存在一个完整意义上的房地产市场。

1978—1991年：1978年党的十一届三中全会召开，我国开始实行改革开放，整个国家的建设重心开始转移到经济建设上。与房地产市场相关的改革包括城市住房制度改革、城市土地使用权改革和城市的房地产生产方式改革。在1987年中国共产党第十三次代表大会发布的报告中明确提出"加强建立和培育社会主义市场体系"，房地产等生产要素市场则是社会主义市场体系的重要组成部分，由此确定了我国房地产市场的地位，中国社会主义的房地产市场由此开始建设。1986年1月，国务院召开城镇住房制度改革座谈会，我国的住房制度改革开始。另外，土地法和规划法的制定与实施从法律制度建设的角度保障了我国房地产市场的发展。

2.3.1.2 第二阶段：1991—1998年，我国房地产市场非理性炒作与调整阶段

1992年初邓小平同志南方讲话，中共中央决定加快我国住房制度改革的步伐。此后，我国南方的房地产市场得到快速发展，随之而来的是房地产市场的非理性炒作和投机行为逐渐严重。《中国房地产市场年鉴》的相关统计数据显示，1991年海南商品房的平均价格仅为1400元／平方米，到1992年海南商品房的平均价格已经迅速上涨为5000元／平方米，1993年的时候均价已经高达7500元／平方米。1993年6月，为了控制过热的房地产市场，国务院发布了《关于当前经济情况和加强宏观调控意见》[1]的通知，其中十六条整顿措施使得海南等地热火朝天的房地产市场应声而落，随后急速地"硬着陆"。南方的房地产市场"硬着陆"之后，数千家房地产开发商卷款逃离，留下遍地的烂尾楼。直到1995年，我国房地产市场仍然处于萎缩状态。

随着我国住房分配制度的改革持续深入，为了推动福利分房制度从实物化分房向货币化分房的转化，政府需要全面启动商品房市场。因此，处于改革前沿的深圳市推出了一系列的措施，以刺激房地产市场的发展，其中最重要的措施就是蓝印户口本，此后这一政策在上海、大连等地得到了广泛的推广。1998年，为了加快推进房地产市场的发展，国务院发布了《国务院关于进一步深化城镇住房制度改革加快住房建设的通知》[2]，这一通知结束了我国实行多年的福利分房制度，住房制度改革取得了突破性的进展。

---

① http://www.china.com.cn/guoqing/2012-09/12/content_26748027.htm

② http://www.china.com.cn/law/flfg/txt/2006-08/08/content_7058347.htm

2.3.1.3 第三阶段：1998—2007 年，国家对房地产市场加强宏观调控阶段

1998—2003年：我国福利分房制度结束之后，国家为了规范房地产市场的发展，制定并出台了一系列的法律法规和政策措施。如2000年，国家计委和建设部发布了《关于房地产中介服务收费的通知》、建设部发布了《商品房买卖合同示范文本》、财政部和国家税务总局发布了《关于调整住房租赁市场税收政策的通知》，2001年财政部发布了《关于对消化空置商品房有关税费政策的通知》等。此外，为了合理有效地利用土地资源，提高土地资源的空间利用效率，2002年国土资源部发布了《招标拍卖挂牌出让国有土地使用权规定》，由此确定了我国房地产市场开发过程中获取土地使用权的"招、拍、挂"制度。

2003—2007年：2003年下半年开始，我国房地产市场出现了局部过热的情况，房价上涨过快，投资增速增加，为了维护房地产市场的健康发展，国务院开始对房地产市场实施宏观调控。2003年发布了《国务院关于促进房地产市场持续健康发展的通知》[①]，该通知明确指出政府要在保障低收入家庭住房需求和稳定房地产市场发展中承担责任。同年，国务院发布了《关于加大工作力度进一步治理整顿土地市场秩序的紧急通知》，该通知的发布使得土地的"招、拍、挂"制度得以全面推行，土地市场秩序得到改善。2004年到2006年期间，为了防止房地产市场过热，国家对房地产市场的发展进一步增强了宏观调控强度。如2005年国务院发布的"国八条"，2006年发布的"国六条"以及对"国六条"的细化措施等。除了发挥行政手段作用之外，国家还通过贷款利率等经济手段对房地产市场进行宏观调控。

2.3.1.4 第四阶段：2008—2016 年，房地产市场临危受命与过热阶段

2008年爆发了全球性的国际金融危机，各国的经济受到了较大的影响，尤其像中国这种以出口为导向的经济体，由于美欧等发达国家的进口需求下降，中国的出口受到了严重影响。为了稳定经济的发展，中国政府推出了4万亿财政刺激计划。中国的4万亿财政刺激计划是以固定资产投资为导向的，房地产市场在此期间得到了爆发式的增长，2010年土地购置面积和购置费用同比增速快速提高，同比增速分别达到了25.21%和66.01%，当年的房地产开发

---

① http://www.gov.cn/zwgk/2005–08/13/content_22259.htm

投资额同比增长率达到了33.16%。2013年中国经济进入"新常态",面临着产业结构转型升级,经济增速换挡,经济增长动力转换等问题。同时房地产市场面临着去库存周期增长等问题。到2015年,由于宽松的货币政策等各种原因,一二线城市房地产市场的销售逐渐回暖甚至过热,2016年国庆前夕各主要城市相继出台了限购限贷等政策。

从以上的数据分析可知,实际上2008—2016年之间,我国房地产市场的发展经历了复杂的变化,可以进一步细分为四个小的阶段。第一阶段是2008—2009年,这一阶段的表现是我国房地产市场发展受国际金融危机的影响出现明显的下行趋势,由此国家推出了4万亿的经济刺激计划;第二阶段是2010—2012年,这一阶段的表现是房地产市场在政府的推动下投资规模迅速增加;第三阶段是2013—2015年,这一阶段的表现是我国经济进入新常态,前期刺激政策的效果逐渐显现,房地产市场的库存增加;第四阶段是2016年,房地产市场去库存使得区域分化情况严重,深圳、上海、北京等一线城市的房价快速上涨,带动杭州、郑州等二线城市房价的攀升,但是三四线城市的房价变化并不大。

2.3.2 我国房地产市场发展的制度建设

由前面的分析可知,房地产市场因为存在垄断性、市场信息不对称等特点而存在市场失灵的情况,政府为了维护房地产市场的健康发展,对房地产市场有干预的必要性,因此房地产市场的发展与政府制定的房地产市场制度和政策密切相关。房地产市场发展会受到政府经济发展思路和对房地产市场调控干预的影响,因此房地产市场的发展与房地产市场制度的建设是分不开的,这些制度主要包括城镇住房制度、土地制度以及法律制度。

2.3.2.1 城镇住房制度

在党的十一届三中全会召开之前,也就是我国实行全面改革开放之前,城镇住房制度实行的是实物分配制,这种住房分配制度的特点是国家统一分配、租金低、无限期。在这种情况下,一方面由于供给不足,住房的实物分配制不能满足人民群众的居住条件改善需求;另一方面由于租金低廉,租金不足以弥补房屋的修缮等需求,每年国家都需要对房屋的修缮进行财政补贴,这对国家财政是一种沉重的负担。因此这种传统的住房实物分配制度需要进行改革，以实现房屋的商品化、市场化和社会化。

我国城镇住房制度的改革可以分为四个阶段（见表3所示）：第一阶段为城镇住房制度改革的探索阶段，1978年，邓小平同志提出了城镇住房制度改革的问题，1979年中央确定在西安、柳州等四个城市开始实行向居民全价售房的试点。1980年6月，中共中央、国务院批转了《全国基本建设工作会议汇报提纲》，该提纲的批转标志着我国城镇住房商品化政策正式开始实行。到1981年，向居民全价售房的试点方案扩展到全国六十多个城市。1982年开始，中央确定在郑州、沙市等四个城市开始实行补贴出售住房的试点方案，1984年在取得良好效果的基础上，国务院决定在北京、上海、天津三个直辖市扩大补贴出售住房的试点方案。1986年2月，国家成立了国务院住房制度改革领导小组，负责推进全国城镇住房制度改革。在城镇住房制度改革的探索阶段，改革的总体思路和核心思想是提高租金水平。第二阶段为城镇住房制度改革的全面推进阶段，1991年6月，国务院颁布了《关于继续积极稳妥地进行城镇住房制度改革的通知》，该通知的核心思想是公租房要逐步提高租金，购买公有住房要实行标准价，该通知的出台标志着我国城镇住房制度改革开始进入全面推进阶段。第三阶段为城镇住房制度改革的深化阶段。1994年7月，为了进一步深化城镇住房制度改革，国务院颁发了《关于深化城镇住房制度改革的决定》，该决定在总结我国城镇住房制度改革经验的基础上，明确了我国房改的根本目的、基本内容，在此基础上进一步制定了我国城镇住房制度改革的主要政策文件，包括建立住房公积金制度、经济适用房的开发建设等。第四阶段为当前城镇住房制度形成阶段。1998年之后，我国住房分配制度基本完成了从实物分配向货币化分配的转变。与之配套的政策制度包括住房保障制度和住房公积金制度，其中住房保障制度的框架包括廉租房、经济适用房、限价房、公租房等。

表3　我国城镇住房制度改革重要事件梳理

	时间	重要文件或事件	备注
第一阶段	1978年	邓小平同志提出房改问题	1980年邓小平同志进一步提出房改的总体构想
	1979年	在四个城市试点向居民全价售房	1981年试点城市扩大到六十多个城市

续表

阶段	时间	政策	说明
第一阶段	1980 年 6 月	中共中央、国务院《全国基本建设工作会议汇报提纲》	标志着我国住宅商品化政策正式开始实施
	1982 年	在四个城市试点补贴出售住房	1984 年试点城市进一步扩大到北京、上海、天津
	1986 年 2 月	成立"国务院住房制度改革领导小组"	
	1988 年 1 月	国务院召开"第一次全国住房制度改革工作会议"	
	1988 年 2 月	《关于在全国城镇分期分批推行住房制度改革的实施方案》	肯定试点做法和经验，部署全国房改工作
第二阶段	1991 年 6 月	《关于继续积极稳妥地进行城镇住房制度改革的通知》	重申住房制度改革的有关政策，强调政策的严肃性
	1991 年 11 月	《关于全面进行城镇住房制度改革的意见》	城镇住房制度改革的纲领性文件，提出住房制度改革的四项基本原则和十二大政策
	1992 年 5 月	《上海市住房制度改革实施方案》出台	提出五位一体的房改方案
第三阶段	1994 年 7 月	《关于深化城镇住房制度改革的决定》	总结我国房地产制度改革的经验，明确房改的根本目的和基本内容
	1998 年 7 月	《国务院关于进一步深化城镇住房制度改革加快住房建设的通知》	从 1998 年下半年开始我国住房分配制度正式停止实物分配
第四阶段	1999 年	《住房公积金管理条例》	2002 年国务院修改《住房公积金管理条例》进一步完善住房公积金制度，规范管理
	2010 年	《国务院关于坚决遏制部分城市房价过快上涨的通知》	房价上涨过快的地区，要大幅增加限价房的供应
	2013 年 12 月	住房城乡建设部、财政部，国家发改委《关于公共租赁住房和廉租住房并轨运行的通知》	把廉租房全部纳入公租房进行统一管理
	2013 年	《国务院关于加快棚户区改造工作的意见》	加大棚户区改造力度，改善住房困难群众的住房条件

注：根据沈建忠主编《房地产基本制度与政策》[M]. 中国建筑工业出版社，2010. 中的资料进行整理

2.3.2.2 土地制度

我国现行的土地制度主要包括三方面，一是土地所有制，二是土地管理的基本制度，三是现行城镇土地使用制度。首先对于土地所有制，我国实行的是全民所有制和集体所有制，对于城镇土地来说土地所有权属于国家，对于农村土地来说土地属于农村集体所有。其次对于土地管理的基本制度，我国实行的是土地有偿有限期使用制度、土地用途管制制度、耕地保护制度。土地有偿有限期使用制度是指除无偿划拨的土地之外，其余土地使用权的交易和使用均实现有偿有限期的管理；土地用途管制制度是指国家对土地会进行总体规划，根据土地的用途划分为农用地、建设用地等，不同用途的土地不能随意地改变其原有的用途，尤其是农用地，不能随意地转变为建设用地进行开发建设；耕地保护制度是指国家为了保护耕地的总量，保证国家粮食安全，严格限制农用地转变为建设用地。最后对于我国现行城镇土地使用制度来说，获取土地使用权的制度设计是通过"招、拍、挂"的方式有偿获得土地使用权，而且土地使用权是有期限的。在有限期内土地使用权的获取方法可以对土地所有权进行转让、出租、抵押等，而超过土地有限使用期需要继续使用土地的，需要提交申请延长，并按照市场情况补交土地价款。这种制度设计是经过土地制度改革长期探索得到的，一方面可以保证土地所有权的公有制，另一方面又能利用市场化的手段有效地配置土地资源。

在计划经济时期，我国土地使用制度主要实行的是土地无偿划拨、无限期使用、禁止土地转让的制度。在20世纪70年代末，这种传统的土地使用制度已经不能满足经济发展的需要，中国经济体制改革需要土地使用制度的配套改革，从而释放经济活力，促进国民经济健康发展。我国土地使用制度的改革是循序渐进的，首先自下而上然后统一的改革模式，土地使用权制度的改革可以概括为五方面（见表4所示）：一是有偿使用土地，从征收土地使用费开始进行改革；二是在征收土地使用费的基础上进行土地使用权有偿转让的改革；三是地方政府制定当地的土地使用权出让和转让法规；四是在地方政府土地使用权出让和转让法规实践的基础上修改宪法和土地管理法；五是国家根据宪法和土地管理法制定全国统一的土地使用权出让和转让条例。

表4 我国土地制度改革重要事件梳理

	时间	重要文件或事件	备注
征收土地使用费	1982年	深圳特区开始向土地使用者征收土地使用费	1984年,广州、抚顺等城市也开始征收土地使用费
	1988年9月	国务院发布《中华人民共和国城镇土地使用税暂行条例》	土地使用费改为土地使用税
土地使用权有偿出让和转让	1987年	深圳特区试点土地使用权有偿出让和转让	1988年,试点城市扩大到上海、天津、广州、厦门等城市
地方政府制定土地使用权转让法规	1987年11月	《上海市土地使用权有偿转让办法》	
	1987年12月	《深圳特区土地管理条例》	
	1988年2月	《海南土地管理办法》	
地方政府制定土地使用权转让法规	1988年3月	《广州经济技术开发区土地使用权有偿出让和转让办法》	
	1988年6月	《厦门市国有土地使用权有偿出让、转让办法》	
修改宪法和土地管理法	1984年10月	《中共中央关于经济体制改革的决定》	土地不是商品
	1986年6月	《土地管理法》	土地不得出租或非法转让
	1988年4月	七届全国人大一次会议《宪法》修订	土地使用权可以依法转让
	1988年12月	《土地管理法》修订	土地使用权可以依法转让
	2004年3月	十届全国人大第二次会议通过宪法修正案	国家可以依法征收或征用土地并给予补偿
制定全国统一的土地出让和转让条例	1990年5月	国务院发布《城镇国有土地使用权出让和转让暂行条例》	为了吸引外商投资,国务院同日发布《外商投资开发经营成片土地暂行管理办法》,2008年1月已废止
	1994年7月	全国人大常委会通过《城市房地产管理法》	国家依法实行国有土地有偿、有限期使用制度

注:根据沈建忠主编《房地产基本制度与政策》[M].中国建筑工业出版社,2010.

中的资料进行整理

2.3.2.3 房地产法律制度

房地产行业是资金密集型行业，房地产市场的交易涉及资金量大，产权关系复杂，因此对房地产市场必须要进行规范，目前我国已经构建了比较完善的房地产法律体系，包括全国人大通过的法律、国务院颁布的行政法规、房地产行政主管部门颁布的部门规章，以及地方政府颁布的地方政府规章和规范性文件等（见表5所示）。

表5　我国房地产法律体系主要法律法规梳理

	时间	法律法规	备注
法律	1986 年 6 月	《中华人民共和国土地管理法》	为了加强土地管理，主要解决土地资源的保护利用和配置
法律	1994 年 7 月	《中华人民共和国城市房地产管理法》	为了加强城市房地产管理；该法律的出台标志我国房地产市场发展迈入法制管理时代
	2007 年 3 月	《中华人民共和国物权法》	规范财产关系的民事基本法律
	2007 年 10 月	《中华人民共和国城乡规划法》	为了加强城乡规划管理；2015 年 4 月十二届全国人大常委会通过对该法的修改
行政法规	1998 年 7 月	《城市房地产开发经营管理条例》	2011 年修订
	1998 年 12 月	《土地管理法实施条例》	2011 年 1 月和 2014 年 7 月分别进行两次修订
	1990 年 5 月	《城镇国有土地使用权出让和转让暂行条例》	
	2011 年 1 月	《国有土地上房屋征收与补偿条例》	
	2002 年 3 月	《住房公积金管理条例》	2015 年 11 月修订
	2003 年 6 月	《物业管理条例》	2007 年修订
	2014 年 11 月	《不动产登记暂行条例》	
部门规章	1989 年 11 月	《城市危险房屋管理规定》	2004 年 7 月修订
	1994 年 11 月	《城市商品房预售管理办法》	2004 年 7 月修订
	1999 年 4 月	《已购公有住房和经济适用住房上市出售管理暂行办法》	
	1999 年 4 月	《城镇廉租住房管理办法》	

部 门 规 章	1999 年 4 月	《闲置土地处置办法》	2012 年 5 月修订
	2000 年 3 月	《房地产开发企业资质管理办法》	2015 年 5 月修订
	2000 年 10 月	《房产测绘管理办法》	
	2001 年 3 月	《商品房销售管理办法》	
	2001 年 7 月	《城市房地产抵押管理办法》	
	2001 年 8 月	《城市房地产权属档案管理办法》	
	2005 年 10 月	《房地产估价机构管理办法》	
	2006 年 3 月	《注册房地产估价师管理办法》	
	2008 年 1 月	《房屋登记办法》	
	2010 年 12 月	《商品房屋租赁管理办法》	

注：根据沈建忠主编《房地产基本制度与政策》[M]. 中国建筑工业出版社，2010.
中的资料进行整理

2.3.3 基于制度改革和政府调控视角的评述

通过对我国房地产市场发展历程和制度建设的系统梳理可知，我国房地产市场的发展始于房地产市场制度改革。如在 1949 年新中国成立以后我国根本没有一个完整意义上的房地产市场，房地产市场建设的开端起源于 1978 年党的十一届三中全会对我国房地产市场制度的改革。

在本章第一小节对房地产市场发展的几个理论基础进行梳理，并从经济增长动力区分的视角进行评述，在第一小节本书认为经济增长的动力应该区分为需求侧"三驾马车"和供给侧"三驾马车"，并认为在对房地产市场进行分析的过程中既要对需求侧进行分析，同时也要对供给侧进行分析，不能仅仅只对一个侧面进行分析，两个侧面缺一不可。

在将经济增长动力区分为需求侧和供给侧两个层面之后，这并不意味着两个侧面的"三驾马车"就会自动地促进经济增长。因为本书认为制度改革就像"三驾马车"之上的"车锁"或者"油门"，需求侧"三驾马车"和供给侧"三驾马车"想要转化为经济增长需求侧的拉动力和供给侧的推动力，还需要与制度改革相配套。由此可见，制度改革是释放经济增长动力的阀门，制度改革之所以能起到这个作用，主要是因为制度改革可以通过对消费者和生产者进行收入增加的激励从而激发他们的活力。

在上述分析的基础上，通过对我国房地产市场历史发展阶段的回顾可知，在制度改革的促进下，我国房地产市场得到了快速发展，但是房地产市场的波动性也在随之增加。波动性增加的原因通俗地讲可以认为是供需不均衡，从本质上来看是经济增长需求侧动力和供给侧动力两者之间的不平衡。在这种情况下需要政府对房地产市场进行干预，平衡需求侧动力和供给侧动力，而且政府在平衡需求侧动力和供给侧动力的过程中需要高超的政策干预能力，否则反而可能会加剧市场的波动。

如在我国房地产市场过热的情况下政府一般会通过行政手段对房地产市场进行干预，政府进行干预的本意是促进房地产市场的平稳发展和健康发展，不过通过对历史的回顾可以发现我国房地产市场的发展很多时候都与政府实施政策的本意有出入，对政府的干预有可能出现过度反应。这可能是因为政府对房地产市场发展需求侧动力和供给侧动力之间的平衡没有把握好造成的。

基于以上分析可知，经济增长的动力可以区分为需求侧动力和供给侧动力，而两个侧面的经济增长动力想要发挥作用还需要制度改革的配套。在需求侧动力和供给侧动力促进经济增长的过程中，有可能因为两个侧面动力的不平衡导致经济增长的波动，在这种情况下就需要政府的介入以平衡需求侧动力和供给侧动力，从而实现经济的平稳较快增长。

2.4 我国房地产市场发展现状分析

本小节对我国房地产市场的运行情况进行分析，首先通过对国房景气指数、房地产开发投资、房地产土地购置情况、房屋新开工面积、商品房销售面积等指标进行描述统计分析来总结我国房地产市场总体运行情况；其次通过比较我国东部、中部、西部、东北四大区域在房地产开发投资、房地产市场土地购置、房屋新开工面积、房屋销售面积四个指标上的表现分析不同区域之间的差异情况；最后根据供给需求理论，从供给和需求均衡的两个关键点量和价两个角度对我国房地产市场存在的问题进行分析。

2.4.1 房地产市场发展总体情况分析

房地产市场的总体运行情况可以通过对国房景气指数、房地产开发投资、房地产土地购置情况、房屋新开工面积、商品房销售面积等指标进行描述分析进而了解。从以上几个指标的分析可知我国房地产市场投资在2008年国际金融危机之后因为政府的刺激政策在2010年左右有一次爆发式的增长，而房地产市场的销售情况在2008年和2012年左右有一个低谷期。从国房景气指数的走势看，2009年之后我国房地产市场的景气程度总体呈下降趋势，到2014年6月之后，始终处于不景气状态。

2.4.1.1 国房景气指数变化特点分析

从1998年到2012年之间，国房景气指数大部分时间处于95到105之间的合理运行区间，但是在2009年之后呈现总体下降的趋势。

根据中国房地产市场景气指数[①]的走势可以大致了解我国房地产市场的发展情况。从图9可以看出，（1）我国房地产市场从1998年1月到2015年12月总计216个月的时间里面，景气指数的最高点出现在2003年2月，达到109.14，最低点出现在2015年5月，为92.43；（2）景气指数低于95的时间段有3个，第一个是2009年2—4月；第二个是2012年5—10月；第三个是2014年6月—2015年12月；（3）景气指数高于105的时间段有4个，共计38个月，第一个是2001年全年；第二个是2003年1月—2004年4月；第三个是2007年10月—2008年2月；第四个是2010年2—6月。

从下面的统计可知在1998年房改之后我国房地产市场发展的总体情况：（1）在1998年1月—2014年5月这段长达197个月的时间里，中国房地产市场基本上都处于景气状态，过热的月份有38个月，而不景气的月份只有9个月；（2）在1998年1月—2008年12月，这11年的时间里，中国房地产市场始终处于景气或过热状态；（3）2008年受国际金融危机影响，中国房地产市场开始断续出现不景气，到2014年6月之后，始终处于不景气状态。

---

① 通常情况下，国房景气指数100点是最合适的水平，95至105点之间为适度水平，95以下为较低水平，105以上为偏高水平。

图 9　1998 年始中国房地产市场月度国房景气指数走势

2.4.1.2 房地产开发投资同比增速比较分析

2001 年之后，房地产开发投资同比增速与住宅投资同比增速的走势基本保持一致，在 2001 年、2003 年和 2004 年期间房地产市场景气指数偏高，商业营业用房和办公楼的投资增速高于住宅投资增速，2008 年之后房地产市场投资增速开始下降，住宅投资增速下降的速度要快于商业营业用房和办公楼。

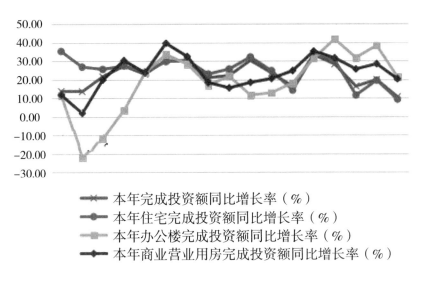

图 10　1998 年始中国房地产市场投资完成额累计同比增速

对1998—2014年我国房地产市场的年度投资完成额同比增速进行分析（见图10所示），可以发现以下几个特点：（1）比较住宅投资完成额同比增速和房地产市场投资完成额同比增速发现，2001年之后两者的走势基本保持一致，而且2008年及以前住宅投资增速一直高于房地产市场投资增速；2009—2014年的6年中除2011年外，住宅投资增速低于房地产市场投资增速；（2）比较办公楼投资完成额同比增速和商业营业用房投资完成额同比增速发现，2010年及以前除2002年和2006年外，商业营业用房的投资增速始终高于办公楼投资增速；2011年以后办公楼投资增速高于商业营业用房投资增速；（3）比较住宅、商业营业用房、办公楼各自的投资完成额同比增速发现，2008年及以前，除2001年、2003年和2004年之外，住宅投资增速要高于商业营业用房和办公楼各自的投资增速；从2009年开始住宅投资增速低于商业营业用房或者办公楼的投资增速。

从以上描述分析可以推论出以下几个结论：（1）住宅投资增速与整个房地产市场投资增速在2001年之后基本保持一致可能是因为住宅投资占整个房地产市场投资的比重较高而且保持稳定；（2）2008年以前住宅投资增速较高，保持了我国房地产市场的持续繁荣；（3）2001年、2003年和2004年三年时间内中国房地产市场景气指数偏高，而这段时间内商业营业用房和办公楼的投资开始发力，投资增速高于住宅投资增速；（4）2008年之后，受国际金融危机影响，房地产市场投资增速开始下降，住宅投资增速下降的速度要快于商业营业用房和办公楼。

2.4.1.3 房地产土地购置面积和土地购置费用同比增速比较分析

房地产土地购置面积和土地购置费用同比增速之间的差距总体呈扩大趋势，2008年金融危机对房地产市场的影响直接从土地市场上得到直接反应，2009年政府实施的经济刺激计划对房地产市场的影响同样直接从土地市场上得到直观反应。2014年之后土地购置价格同比增速与土地购置面积出现背离，土地购置价格上涨较快。

对1998—2014年我国房地产市场的年度土地购置面积同比增速和土地购置费用同比增速进行分析（见图11所示），可以发现以下几个特点：（1）无论是土地购置费用还是土地购置面积都可以以2009年为界限分为两个阶段，2009年以前，两者的同比增速总体上呈下降趋势，2009年之后两者的波动

幅度较大;(2)比较土地购置费用和土地购置面积的同比增速,可以发现在
2002—2009年间两者的差距总体上升,2009年之后两者的差距波动较大,在
2013年之后两者的同比增速甚至出现了背离;(3)土地购置面积同比增速在
1998—2014年间有四个时期是负增长,分别是2005—2006年,2008—2009年,
2012—2014年。

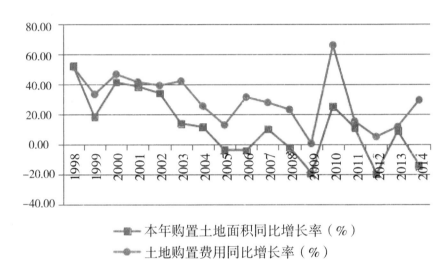

图11　1998年始中国房地产开发土地购置面积累计同比增速

对上述特点进行分析和推论可知:(1)2008年金融危机对房地产市场的
影响直接体现到了土地供应上;(2)在2002年和2003年房地产市场开始过热
之后,土地价格总体呈上涨趋势,2008年之后波动较大,但是2014年之后土
地价格出现反常的上涨;(3)2005年和2006年土地购置面积同比负增长可能
是因为2002年和2003年房地产市场过热,国家对土地的出让开始控制;而
2008年和2009年土地购置面积同比负增长则是受金融危机的影响;2012年和
2014年土地购置面积同比负增长恰好与国房景气指数的不景气对应。

2.4.1.4　房屋新开工面积同比增速比较分析

房屋新开工面积同比增速与住宅新开工同比增速之间的趋势始终保持一
致,2010年之后总体呈下降趋势,2012年和2014年呈负增长。

对1998—2014年我国房地产市场房屋新开工面积同比增速进行分析(见
图12所示),可以发现以下几个特点:(1)房屋新开工面积同比增速与住宅
新开工面积同比增速走势一致;(2)以2008年为分界线,可以将房屋新开工

面积同比增速的变化分为两个阶段，2008年以前，房屋新开工面积同比增速相对较平稳，2008年以后受房地产市场财政刺激政策的影响，波动较大；（3）2012年和2014年房屋新开工面积同比增速为负增长。

本年新开工房屋面积同比增长率（%）
本年新开工房屋：住宅面积同比增长率（%）

图12　1998年始中国房地产市场商品房和住宅新开工面积累计同比增速

根据房屋新开工面积同比增速变化的特点进行分析和推论可知：（1）住宅新开工面积在房地产市场新开工面积中的比重较高而且比例长期保持稳定；（2）企业对房地产市场状况的预期受到2008年金融危机的影响，且在2008年之后房地产市场受政策影响较大；（3）2012年和2014年房地产市场不景气，直接表现在房屋新开工面积上。

2.4.1.5 商品房销售面积同比增速比较分析

住宅销售面积同比增速与整个房地产市场的销售情况基本保持一致，办公楼销售面积同比增速的变化都要快于商业营业用房销售面积同比增速，即相对于商业营业用房的销售来说办公楼的销售对房地产市场景气程度和宏观政策更敏感。

对1998—2014年我国房地产市场商品房销售面积同比增速进行分析（见图13所示），可以发现以下几个特点：（1）比较住宅销售面积同比增速和整个房地产市场的商品房销售面积同比增速，可以发现两者的走势一致；（2）比较商业营业用房销售面积同比增速和办公楼销售面积同比增速可以发现，两者之间的关系可以以2004年和2008年两个节点分为三个阶段，第一个阶段是

1998—2004年，商业营业用房销售面积同比增速高于办公楼销售面积同比增速；第二个阶段是2004—2008年，办公楼销售面积同比增速高于商业营业用房销售面积同比增速；第三个阶段是2008年之后，两者之间相互交替超越，但是有一个很大特点，无论是上升还是下降，办公楼销售面积同比增速的变化都要快于商业营业用房销售面积同比增速；（3）比较住宅、商业营业用房、办公楼三者的销售面积同比增长率可以发现住宅相对其他两个类别来说比较稳，住宅销售面积同比增速大部分时间处于商业营业用房和办公楼两个类别销售面积同比增速之间。

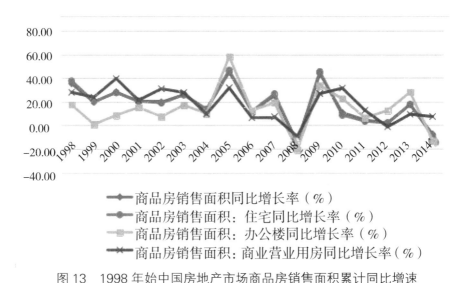

图13　1998年始中国房地产市场商品房销售面积累计同比增速

根据以上特点进行分析和推论可知：（1）住宅销售面积占整个房地产市场销售面积的比重较高且比例长期保持稳定；（2）办公楼的销售面积同比增速对房地产市场景气程度和宏观政策的弹性、反应速度或灵敏度要高于商业营业用房销售面积同比增速。

2.4.1.6　各指标同比增速走势对比分析及小结

将房地产市场商品房销售面积同比增速的变化趋势与投资、土地购置面积、房屋新开工面积等指标同比增速的变化趋势进行比对分析，可以发现一个非常大的不同之处，而这个不同之处可能正是我国房地产市场当前库存居高不下的原因之一。

不同之处在于房地产市场在受2008年国际金融危机的影响时，同步的表现在2008年的销售面积同比增速上，但是房地产开发投资和土地购置面积这两个指标受国际金融危机的影响，表现在同比增速的变化上却滞后了一年，在2009年才表现出来；当然还有一个指标表现和商品房销售面积同比增速变化基本一致，就是房屋新开工面积同比增速的变化。

同样的情况出现在金融危机之后政府财政刺激政策出台导致的各指标的变化上。2009年商品房销售面积同比增速上升很快，房屋新开工面积在2009年略有上涨；但是房地产开发投资和土地购置面积这两个指标同比增速的变化又滞后了一年，2010年才出现反弹。2010年之后，因为商品房销售面积同比增速表现不佳，导致2010年房地产开发投资和土地购置面积这两个指标同比增速开始跟风反弹，生产出来的房屋无法变现，房地产市场开始面临较严重的供需失衡问题。

通过以上对房地产市场不同指标的分析，可以得到以下几点结论。

第一，1998年房改之后，到2014年上半年，我国房地产市场基本都处于景气状态，房地产市场的长期景气为我国经济的稳定快速增长起到了重要作用。

第二，通过对房地产开发投资、房屋新开工面积、商品房销售面积等指标与住宅相应指标进行对比分析，可知2001年之后我国房地产市场中，住宅投资一直保持着较高的比例，且长期保持稳定。

第三，办公楼的销售情况对经济基本面和政策的反应灵敏度要高于商业营业用房。

第四，随着房地产市场的持续快速发展，土地价格开始上涨，尤其体现在2001—2008年之间。2014年之后，土地购置面积同比增速下降，但是土地购置费用同比增速上升，说明土地价格在反常的上涨。

第五，根据商品房销售面积同比增速和房地产开发投资同比增速在2009年和2010年的表现，可以发现房地产投资决策受到前一期商品房销售情况的影响。而且2010年房地产开发投资同比增速上涨较大，但是2010年之后的销售情况不理想，受政策的引导盲目增加投资，但是房地产市场的需求又跟不上，这可能正是当前我国房地产市场库存增加的原因之一。

2.4.2 房地产市场发展区域差异分析

我国经济发展的特点是不同区域的经济发展水平不同，房地产市场的区域分化首先就表现在不同区域之间的差别上，因此在分析了房地产市场总体情况之后，再分四大区域 ① 对房地产市场的情况进行分析。

2.4.2.1　四大区域房地产开发投资同比增速比较分析

对四大区域房地产本年投资完成额的同比增速进行比较分析（见图 14 所示），可以发现不同区域的特点。

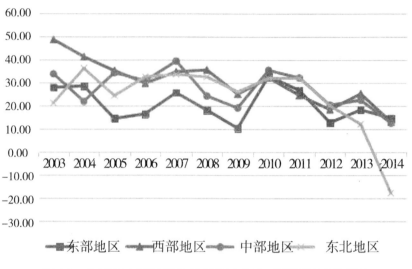

图 14　中国四大区域房地产投资本年完成额累计同比增速

东部地区房地产开发投资对宏观经济基本面和政策的变化要比其他三个区域更敏感；中部地区在 2003 年的投资增速最高，之后呈总体下降趋势；西部地区在 2006 年之前与东部地区的变化趋势相反，在 2006 年之后才与东部地区的变化趋势节奏一致；东北地区在 2011 年之后房地产开发投资增速开始迅速下降，到 2014 年已经是负增长态势。

东部地区房地产开发投资同比增速在四大区域中并不是最高的，而且在 2004 年到 2013 年之间大部分时间是排第四位的；但是东部地区房地产开发投资同比增速的变化与每个时期的房地产市场整体情况基本保持一致，对政策调控和经济基本面的影响比较敏感。如在 2003 年和 2004 年初房地产市场的表

———————

① 四大区域指东部地区、中部地区、西部地区、东北地区，其中东部地区包括北京、天津、河北、上海、江苏、山东、浙江、福建、广东、海南；中部地区包括山西、河南、湖北、湖南、安徽、江西；西部地区包括重庆、四川、广西、贵州、云南、内蒙古、陕西、甘肃、宁夏、青海、西藏、新疆；东北地区包括辽宁、吉林、黑龙江。另外，西藏由于部分数据缺失，所以在计算西部地区各个指标时西藏没有纳入。

现是市场过热，为了调控房地产市场，政府开始对房地产市场出台各种干预政策，东部地区的房地产开发投资同比增速在2004年开始下降；2008年受国际金融危机的影响，东部地区房地产开发投资同比增速下降；在国家出台财政刺激政策之后，在2010年房地产开发投资同比增速上升；2012年和2014年房地产市场不景气，东部地区房地产开发投资同比增速下降等。

中部地区房地产开发投资同比增速在2003年全国房地产市场过热的时候最高，2003年投资同比增速达到48.67%，由于发力过猛，在2003年之后总体呈现出增速下降的趋势，其中在2007年、2010年和2013年出现过反弹，对比这三个时间段的国房景气指数就会发现，2007年和2010年房地产市场过热，2013年的情况要好于2012年。

西部地区房地产开发投资同比增速在2003年到2006年之间与东部地区的走势相反，在2006年之后西部地区的房地产开发投资同比增速的走势才算是与东部地区合上节奏。

东北地区房地产开发投资同比增速在2004年到2005年有一次较大的上升和下降，之后一直到2011年投资同比增速都比较平稳，但是在2011年之后，房地产开发投资同比增速出现迅速下降，到2014年已经处于负增长态势。

2.4.2.2 四大区域房地产市场土地购置面积同比增速比较分析

对四大区域房地产市场土地购置面积同比增速进行比较分析（见图15所示），可以发现不同区域的特点。

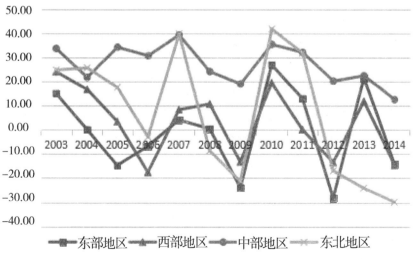

图15 中国四大区域房地产市场土地购置面积累计同比增速

东部地区房地产市场的土地购置情况对市场和政策调控的反应最敏感；中部地区与东部地区的走势基本一致，但是时间略有滞后，对市场和政策的敏感性不如东部地区；西部地区的土地购置情况在2006年之后才与东部地区的趋势保持一致，在2006年之前与东部地区走势相反；东北地区的土地购置情况则是波动比较剧烈，同比增速大起大落。

东部地区在土地购置面积同比增速上的变化仍然体现了东部地区对市场和政策调控的敏感性，尤其是土地购置面积受到土地规划等政策的影响。在2005年和2006年东部地区受政策调控，土地购置面积同比增速负增长；2009年受金融危机影响，土地购置面积同比增速负增长；2012年和2014年受房地产市场不景气影响，土地购置面积同比增速负增长。

中部地区在土地购置面积同比增速变化上的表现与东部地区相似，但是敏感性比东部地区略低。这主要表现在时间上略有滞后，如东部地区2005年土地购置面积同比增速负增长，中部地区到2006年才出现负增长；表现在波动幅度上则中部地区略小于东部地区，如2009年、2010年、2012年、2013年四个时期，在波峰和波谷上的表现均没有东部地区剧烈。

西部地区在土地购置面积同比增速变化上的表现有两个特点：一是同比增幅在四大区域中大部分时间都处于高位；二是在2006年之前还是和东部地区的走势不合拍，到2006之后才算是与东部地区的步调一致。

东北地区在土地购置面积同比增速变化上的表现最大的特点是波动剧烈，大起大落。2006—2007年，东北地区土地购置面积同比增速从 –2.87% 上升到39.88%，2007—2009年同比增速从39.88%下降到 –21.34%，2010年又飙升到41.88%。2012年受房产市场不景气的影响，土地购置面积同比增速下降到 –16.93%，之后逐年下降。

2.4.2.3 四大区域房屋新开工面积同比增速比较分析

对四大区域房屋新开工面积同比增速进行比较分析（见图16所示），可以发现不同区域的特点。

东部地区房屋新开工面积在2009年之后受政策影响较大；中部地区的走势与东部地区基本一致，但是在2009年国际金融危机的影响下，下降速度比东部要快；西部地区在2004年和2010年受调控的政策影响反应较大；东北地区受到2008年国际金融危机和2010年调控政策的影响较大。

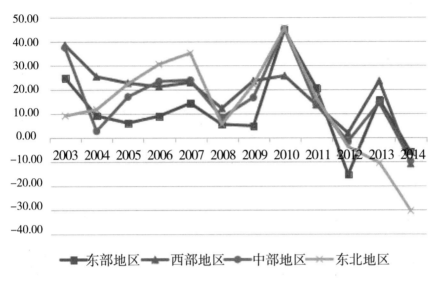

图16 中国四大区域房屋新开工面积累计同比增速

东部地区在2004-2009年之间房屋新开工面积同比增速的走势比较平稳，在2009年之后受政策和市场的影响较大，波动剧烈。

中部地区房屋新开工面积的同步增长率与东部地区的走势基本一致；在2014年之前，除2010年和2011年受财政刺激政策的影响之外，中部地区的房屋新开工面积同比增长率都比东部地区要高；但是2014年受市场的影响，中部地区下降得比东部地区更快。

西部地区房屋新开工面积同比增速在2004年宏观调控的情况下，在四大区域中下降最快；在2010年财政刺激政策的影响下，西部地区房屋新开工面积同比增速的上涨速度也非常快，仅略低于东北地区0.48个百分点。

东北地区在房屋新开工面积同比增速的表现主要体现在受两件事的影响非常大，一是2008年的国际金融危机，二是2010年的财政刺激政策。2007—2008年，东北地区房屋新开工面积同比增速从35.19%下降到5.52%；2008—2010年，东北地区房屋新开工面积同比增速从5.52%上升到45.53%。2010年之后，东北地区的房屋新开工面积同比增速逐年迅速下降，2012年开始转为负增长。

2.4.2.4 四大区域商品房销售面积同比增速比较分析

对四大区域商品房销售面积同比增速进行比较分析（见图17所示），可以发现不同区域的特点。

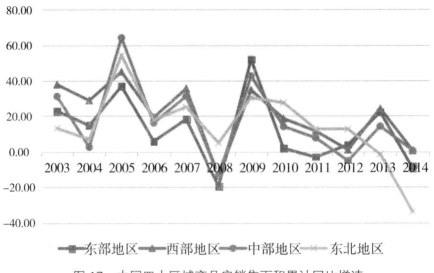

图 17　中国四大区域商品房销售面积累计同比增速

东部地区在2009年之后商品房销售面积同比增速持续下降，甚至在2013年东部地区的销售面积同比增速在四大区域中大部分时间并不是最高的；中部地区相对其他三个区域来说表现较稳；西部地区在2004年和2005年受宏观调控政策的影响较大；东北地区2009年之后商品房销售面积同比持续下降，2013年转为负增长。

东部地区商品房销售面积同比增速在除2010年之外的大部分时间里的表现都不是最高的；反而在2005—2008年，以及2010—2011年这两个时间段里，东部地区商品房销售面积同比增速在四大区域中是最低的。

中部地区商品房销售面积同比增速的变化总体来看相对其他三大区域来说表现较稳。西部地区商品房销售面积同比增速的变化在2004—2005年表现比其他三大区域要剧烈，在2012年和2013年的表现弱于东部地区和中部地区，其他时间段的表现中规中矩。

东北地区在2009年之后商品房销售面积同比增速持续下降，甚至在2013年其他三大区域出现反弹的时候，东北地区商品房销售面积开始转为负增长。

另外，四大区域商品房销售面积同比增速的表现有一个最大的特点，即四大区域的走势基本都比较一致，对政策调控和市场的反应及时和一致。

2.4.3 房地产市场发展当前存在的问题

根据对房地产市场的特征分析，结合供给需求理论，本小节从供给和需求均衡的两个关键点量和价两个角度对我国房地产市场存在的问题进行分析，其中量包括总量和结构两方面，而价则是指房价。

2.4.3.1 商品房市场供给总量与需求脱节

进入2013年以后，中国经济增速换挡，结构转型升级，与此同时，对中国体量巨大的房地产市场来说，由于投资力度过大，加上房屋建设3~5年的周期导致的时滞效应，因此在经济形势出现下行压力的时候，房地产市场也出现了问题。按照3~5年的建设期计算，当前我国房地产市场面临的高库存压力来源于3~5年前新开工面积，据统计，2009年我国新开工房屋面积为10.25亿平方米，2010年新开工房屋面积猛增至16.36亿平方米，增幅高达41%，2012年新开工房屋面积继续增加，达到19.12亿平方米。而与之相对应的是房屋销售面积在2010年之后增长缓慢，2010年商品房销售面积10.47亿平方米，2014年商品房销售面积12.06亿平方米（见图18所示）。

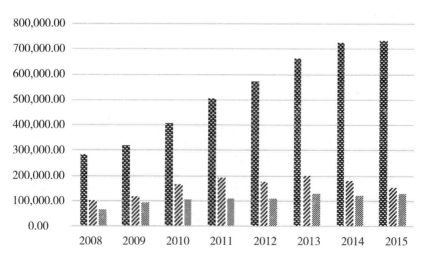

图 18 房屋施工面积、新开工面积、销售面积对比

因此，对中国房地产市场来说，目前最重要的问题是商品房库存快速增加，整个房地产市场面临着供需失衡问题。到2015年年底，中国商品房市场

库存面积达到7.2亿平方米，同比增长15.6%。而由于中国房地产市场投资规模大以及受房屋建设周期的影响，在建项目实际上是几年前就已经开工的，面对不利的经济环境，投资面临进退两难的问题，而库存增加的局面也并不是国家和房地产开发企业想改变就能迅速改变的。

2.4.3.2 商品房市场供给结构严重失衡

商品房市场的供给在总量出现与需求脱节之后，结构问题也随之显现。商品房市场供给结构矛盾主要体现在商品房市场供给的区域结构出现失衡上，这主要表现在东部、中部、西部、东北等不同区域的房地产市场表现出了不同的形式，东部地区因为经济基本面相对较好，房地产市场相对其他区域要好；而东北地区的商品房销售情况在2013年就已经转为负增长。

另外这种区域结构问题还表现在不同等级城市的房地产市场的表现上，一线城市和部分二线城市的房地产市场依然火爆，但是与之对比的是二三线城市，其房地产市场低迷，供过于求，普遍面临着供需失衡问题（见图19所示）。

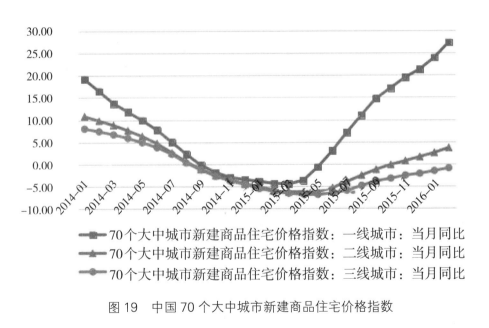

　　—■— 70个大中城市新建商品住宅价格指数：一线城市：当月同比
　　—▲— 70个大中城市新建商品住宅价格指数：二线城市：当月同比
　　—●— 70个大中城市新建商品住宅价格指数：三线城市：当月同比

图19　中国70个大中城市新建商品住宅价格指数

通过对比分析不同等级城市房地产市场在2014年以来的价格指数可以发现，2015年3月前，所有城市的价格都表现低迷，但是进入2015年下半年之后，一线城市与二三线城市之间的差别开始显现出来，一线城市价格指数迅速上升，二三线城市上升缓慢，到2016年2月三线城市的价格指数在负值区域运行。

2.4.3.3 商品房和土地价格偏高加深供需矛盾

在商品房市场面临供需失衡问题的同时，实际上还存在相当一部分的刚需和改善型需求没有得到满足，这主要有两方面的因素在制约：一是因为商品房的价格相对中国居民的收入水平来说已经普遍偏高，使刚需和改善型需求无法有效地转化成有效需求；二是因为商品房的价格普遍偏高，无论是在一线城市还是二三四线城市，除了投资客在追涨之外，很多刚需消费者和改善型需求受到预期的影响，在面对节节攀升的房价摇头叹息的同时也担心房价会出现下跌，陷入买还是不买的矛盾中。如图 20 所示，2014 年 50 个大中城市中一线城市的房价收入比为 19.47，二线城市为 9.21，三线城市为 8.58。一线城市的房价收入比明显偏高。

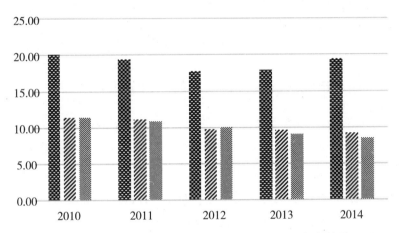

■50个大中城市房价收入比：一线城市　▨50个大中城市房价收入比：二线城市
▧50个大中城市房价收入比：三线城市

图 20　50 个大中城市房价收入比[①]

另外，与商品房价格普遍偏高相同的是，土地价格也是居高不下，由于政府出让土地采用"招拍挂"的方式，同时由于城市规划、土地的垄断供应等问题，土地价格随着房地产市场的升温节节攀升，如图 21 所示，1997 年全国平均的土地购置价格为 372.8 元 / 平方米，2014 年达到 3860.63 元 / 平方米，由曲线的斜率可以发现，时间越靠后，土地价格涨幅越大，而土地价格的攀升反过来又促进商品房价格的进一步上涨。

---

① 　房价收入比数据来源于 Wind 资讯

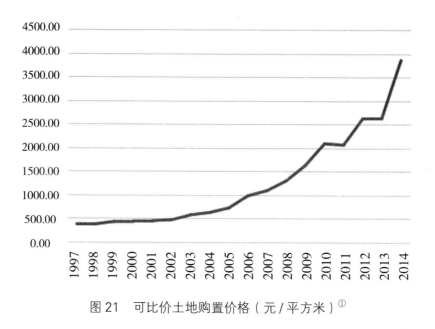

图 21 可比价土地购置价格（元/平方米）^①

2.4.4 房地产市场发展中存在问题的原因分析

前面一小节对我国房地产市场存在的问题进行了总结和梳理，这些问题主要表现在房地产市场的总量失衡、结构失衡和房地产价格过快上涨等方面。这些问题存在的原因是什么呢？当前我国房地产市场存在的众多问题实际上大部分都可以根据本书梳理的理论进行深入的原因分析。

2.4.4.1 中国房地产经济是典型的粗放式经济

通过对经济增长理论的梳理可知，经济增长的供给侧驱动因素实际上包括三个：一是劳动，二是资本，三是技术，另外将人力资本纳入分析解释经济增长等实际上都可以看成是劳动和技术的结合。依靠劳动要素和资本要素的投入推动经济增长是粗放式的经济增长模式，由于规模经济效应的存在，这种经济增长模式在政策上操作简单、效果明显，但是随着要素投入规模的增加，资本的边际效率会递减，进而对经济增长的作用下降。而资本边际效率递减的原因一方面是因为资本要素需要与劳动要素进行结合才能从事生产，而在技术条件一定的情况下，资本要素和劳动要素之间存在一个最佳配比，

---

① 可比价土地购置价格数据由作者计算所得，根据土地购置费用除以土地购置面积并用城市 CPI 剔除价格因素得到。

要素配比之间的失衡会造成要素的边际效率递减；另一方面即使始终按照最佳配比进行重复性的投入，通过扩大规模推动经济增长，但是这种方式面临着资源环境的约束。另外，粗放式经济增长模式在操作简单和效果明显的好处之外，带来的其他后果则是盲目投资和重复建设，使社会缺乏创新的动力等，同时带来资源的浪费和生态环境的破坏。

中国的房地产经济实际上就是典型的粗放式经济增长模式，通过持续地扩大资本投入规模带动经济增长，并以房地产业广泛的产业联动性带动上游的水泥、钢铁等和下游的家电、家装等行业共同构成经济增长的动力。但是随着投资规模的迅速扩大，资本边际效率递减的后果已经逐渐呈现，对经济增长的贡献也开始降低。同时由于投资规模过大和房地产建设周期长，在经济形势出现不利变化导致需求下降的时候，房地产投资导致的重复建设和盲目投资开始呈现。这种盲目性和重复建设一方面体现在房屋的总供给量超过社会有效需求量，另一方面体现在房地产开发项目的投资遍地开花，没有根据当地的实际需求情况进行，当出现生产过剩或实际需求占主导地位的时候，房地产市场开始出现不同区域和不同等级城市之间的差异化。

2.4.4.2 供给侧无效供给导致供需失衡

从古典经济学开始，经济学领域就开始研究供给和需求的问题，争论的焦点在谁决定谁的问题上。从萨伊的供给创造需求开始，供给学派占领导地位，一直到20世纪30年代的经济危机，萨伊的供给决定需求的观点从没有被推翻过；在经济危机之后凯恩斯的需求论开始占主导地位，一直到经济滞胀的出现，凯恩斯的需求管理理论都是各国政府干预经济的理论基础。在凯恩斯理论无法解释滞胀之后，新供给学派重新复活，他们的核心观点是在总需求不足的时候，政府根据凯恩斯理论采用扩大总需求的财政政策，确实可以解决经济危机，但是通过政府为经济的需求侧保底会造成供给侧盲目投资、扩大生产，而且供给侧会因此失去创新的动力，其扩大生产仅是在原有基础上扩大规模，在这种情况下实际上随着投资规模的扩大，供给侧的供给已经远超社会的实际需求，同时会因为产品无创新、重复投资造成产能过剩和资源浪费等。

按照新供给学派的观点，中国房地产市场在政策的激励下持续扩大投资规模，实际上已经超过了社会的实际需求。而且由于资本的逐利性，商品住宅市场上的产品中中高端住宅多，保障房和经济适用房等住宅供给少，在居民收入不高的情况下，产品出现了错配，进而出现了供需失衡。

2.4.4.3 房地产经济使资本要素在收入分配中占主导地位

根据收入分配理论可知，劳动、资本、土地等各类要素都会参与收入分配，关于收入分配理论最开始的争论是商品价值的源泉问题，从而分成了两派，一派认为只有劳动是商品价值的源泉，另一派认为资本、土地以及银行资本都是商品价值的源泉。不过关于商品价值源泉的争论在解释收入差距的问题上并不是关键，关键的问题是谁占主导的问题。而市场经济中的收入分配实际上是以资本为主导的，资本要素在收入分配中占主导地位，表现在实体生产过程中就是资本拥有者占主导地位，表现在资产投资领域则是资产投资的收益要高于劳动收入。

当房地产作为中国国民经济支柱产业，将房地产市场的发展赋予推动经济增长的使命时，因为公平与效率很难兼顾，实际上已经将资本要素推到了一个更重要的位置。随着房地产市场的繁荣和房价的持续攀升，房屋价值已经成为居民家庭财富的主体部分，房价波动导致的财富效应变动要远高于工资收入。至此，房地产已经成为投资品和投机品，在居民收入分配中的地位由其价值占居民家庭财富的比例决定。当房地产资产价格变动的效果远高于工资收入时，房地产经济在收入分配中已经占据了更重要的地位。因此，不同区域、不同等级城市之间的房地产价格开始分化的时候，居民之间的收入差距在不同区域和不同城市之间开始拉大。中国房地产市场由于其高利润率和高房价，使资本要素的重要性不仅远高于劳动，实际上已经开始抢占技术要素的利润分配份额，对实体经济产生挤出效应。

2.5 本章小结

本章在第一小节和第二小节首先系统梳理了房地产市场发展的几种基础理论，并对房地产市场的特征、运行规律和政府干预进行分析，在此基础上构建了本书的分析框架，即从市场和市场失灵两个层面分别对我国房地产市场发展的需求侧和供给侧影响因素进行分析。为了掌握房地产市场的发展历程和现状，本章第三小节和第四小节系统梳理了我国房地产市场发展的历史脉络和制度建设情况，并从总体情况和区域差异两个角度对房地产市场发展现状进行描述统计分析。

本章第一小节系统梳理了与房地产市场发展相关的几种基础理论，包括效率与公平理论、经济增长理论、收入分配理论、供给和需求理论。在系统梳理的基础上对理论进行评述，提出对经济增长的动力应该区分供给侧动力和需求侧动力，在对一个市场进行分析的过程中既需要对需求侧进行分析，也需要对供给侧进行分析，两个侧面缺一不可。

本章第二小节分析了我国房地产市场的特征、运行规律和政府干预：通过对房地产市场的特征进行分析可知房地产市场具有垄断性、外部性、信息不对称和区域性等特征，其中垄断性体现在房地产市场是一个垄断竞争市场，对于房地产的增量市场，其垄断的程度高于竞争的程度，对于房地产的存量市场，其竞争的程度高于垄断程度；通过对房地产市场运行规律的分析可知房地产空间市场和房地产资本市场两者是紧密联系在一起的，一方面房地产空间市场的供给和需求会通过影响房屋租金水平和价格上涨进而影响房地产资本市场的收益，另一方面房地产空间市场的供给来源于房地产资本市场。房地产市场的运行存在一个周期，而且房地产周期会受到经济周期的影响，房地产周期与经济周期之间并不一定保持完全的同步。另外，对房地产市场的泡沫产生的原因进行总结：第一，房地产价格会过快上涨从而产生泡沫的基础是土地资源的稀缺性造成的；第二，房地产价格泡沫产生的直接原因是房地产市场上的投机行为；第三，货币供应量以及金融系统对房地产市场发展提供的金融支持都会加剧房地产市场的价格泡沫。经过上述分析可知，为了弥补房地产市场的失灵，政府有必要对房地产市场进行干预，政府对房地产市场进行干预的手段包括土地、金融、税收等。

本章第三小节系统梳理我国房地产市场发展的历程。通过梳理我国房地产市场的发展历程可知，新中国成立以来我国房地产市场发展经历了从无到有，从理论探索到实践完善的过程，根据我国房地产市场发展的几个重要性标志，可以将房地产市场分为四个阶段：第一阶段从1949年到1991年，我国房地产市场的理论突破与起步阶段；第二阶段从1991年到1998年，我国房地产市场非理性炒作与调整阶段；第三阶段从1998年到2007年，国家对房地产市场加强宏观调控阶段;第四阶段从2008年到2016年,房地产市场临危受命与过热阶段,实际上第四阶段可以进一步细化为四个小的阶段。另外,通过梳理我国房地产市场发展的制度建设可知我国城镇住房制度的改革可以分为四个阶段,而我国现行的土地制度主要包括三方面:一是土地所有制,二是土地管理的基本制度,三是现行城镇土地使用制度。

本章第四小节对我国房地产市场的运行现状进行了分析:对我国房地产市场的总体运行状况分析表明1998年房改之后,一直到2014年上半年,我国房地产市场基本都处于景气状态,房地产市场的长期景气为我国经济的稳定快速增长起到了重要的作用。随着房地产市场的持续快速发展,土地价格开始上涨,尤其体现在2001年到2008年之间。到2014年之后,土地购置面积同比增速下降,但是土地购置费用同比增速上升,说明土地价格在反常地上涨。对我国房地产市场发展区域差异的比较分析表明东部地区房地产开发投资对宏观经济基本面和政策的变化要比其他三个区域更敏感;中部地区在2003年的投资增速最高,之后呈总体下降趋势;西部地区在2006年之前与东部地区的变化趋势相反,在2006年之后才与东部地区的变化趋势节奏一致;东北地区在2011年之后房地产开发投资增速开始迅速下降,到2014年已经是负增长态势。最后对我国房地产市场存在的问题进行总结之后发现我国商品房市场供给总量与需求脱节、商品房市场供给结构严重失衡、商品房和土地价格偏高加深供需矛盾,而房地产市场存在以上问题的原因可能包括房地产市场的发展方式属于粗放型经济,房地产经济使得资本要素在收入分配中占据主导地位,另外,政府也通过土地财政参与房地产市场的利润分配等。

基于本章的分析可知,经济增长的动力可以区分为需求侧动力和供给侧动力,而两个侧面的经济增长动力想要发挥作用还需要制度改革的配套。在需求侧动力和供给侧动力促进经济增长的过程中,有可能因为两个侧面动力的不平衡导致经济增长的波动,在这种情况下就需要政府的介入以平衡需求侧动力和供给侧动力,从而实现经济的平稳较快增长。另外,我国房地产市场的区域分化现象严重,空间差异已经成为影响房地产市场发展的重要因素,因此在传统影响因素分析的基础上还需要将空间差异纳入模型进行深入分析。本书在本章分析的基础上,搭建理论框架并设计研究的技术路线图,本书理论框架见第一章第四节图6所示,本书技术路线图见第一章第四节图7所示。

第3章　我国房地产市场发展影响因素
的基本分析

本书第二章的理论梳理和评述以及对房地产市场特征、运行规律和政府干预的分析为本书研究搭建了分析框架；进一步梳理我国房地产市场发展的历史脉络和制度建设，并从总体情况和区域差异两个角度对我国房地产市场发展现状进行描述统计分析。在以上基础上，为了分析我国房地产市场发展的影响因素，本章从定性的角度出发，运用经济学原理分析影响我国房地产市场发展的各种因素。

房地产市场作为我国的国民经济支柱产业之一，其重要特点是与其他产业存在广泛的关联性，本章首先对我国房地产市场的运行环境和利益相关方进行定性分析，由此可知房地产市场的运行环境复杂，涉及的利益相关方众多。因此，影响房地产市场发展的因素也很多，这些影响因素与房地产市场运行环境和利益相关方密切相关。在此基础上，本书结合经济学理论和统计数据从需求侧和供给侧两个角度分析我国房地产市场发展的影响因素。

3.1 房地产市场运行环境和利益相关方

3.1.1 房地产市场的运行环境

房地产市场的运行环境是指房地产市场所处的各种环境之和。房地产作为我国国民经济的支柱产业，房地产市场与国民经济的其他行业之间并不是孤立的，而是通过产业链的方式相互联系和相互影响的。如果按照各种因素的属性进行分类，房地产市场的运行环境可以包括政治环境、经济环境、社会环境、金融环境、法律制度环境、国际环境等。复杂的运行环境决定了房地产市场的影响因素同样复杂多样，由此可见房地产市场发展受到各种不同因素的影响，同时房地产市场的发展也会对这些因素产生反作用。

政治环境是指一个国家的政治体制、政局的稳定性、政府制定政策和实施政策的连续性。为什么说政治环境对于房地产市场来说非常重要呢？政局的稳定性和政策的连续性等都关系到投资者的资金和资产的安全。而资金和资产的安全，则是投资者最为关心和最敏感的问题。在资本可以自由流动的全球化背景下，一个国家的政局不稳或者战争等都会导致资本的加速逃离，从而对本国的经济发展造成不利的影响。

经济环境是指房地产市场所处的一个国家或者一个区域的宏观经济环境。房地产市场与其所处的经济环境之间存在密切的联系，一个国家或者一个区域宏观经济基本面向好，则房地产市场会相应较好，而如果宏观经济基本面开始衰退，则会影响与之相关的城镇居民收入和就业等情况，从而影响房地产市场。如果将一个国家或者一个地区的宏观经济环境类比成为证券市场中的大盘指数，那么当经济基本面这个"大盘指数"向好的情况下，整个市场中的"个股"也会相应地表现较好，而当大盘指数下跌的情况下"个股"很难逆市而行。

社会环境包含的因素比较多，比如人口因素、文化、教育、当地的风俗习惯等。其中人口因素包括人口的年龄结构，人口的规模，人口的受教育程度，以及人口的性别比例等。国家发展房地产市场的最终目的是为了改善人们的居住条件，另外，人口作为最终需求的源头，人口因素对房地产市场始终有着重要影响。文化因素对房地产市场的发展也存在着影响，比如中国传统文化中的建筑风水对房地产市场就有重要的影响，另外，中国人忌讳数字4，而在西方国家比较忌讳数字13，这些文化都体现在房屋的楼层编号和房间编号等上面。教育因素包括与房屋相配套的教育设施，尤其是与房屋相联系的学区房，中小学教育等，随着父母普遍意识到对子女教育的重要性，高质量教育资源的分布和教育基础设施的建设等因素会对城市房地产价格产生重要影响。另外，风俗习惯也是不能忽视的一个重要社会因素，比如对中国的适婚青年而言购房一般来说是结婚的前提条件，另外受传统观念的影响，中国的老百姓在住房消费上倾向于购房而不是租房。

金融环境是指房地产市场所处的金融体系和所能获取的金融资源。金融体系是指一个国家的金融政策、金融机构、金融机构提供的金融产品、政府对金融机构的监管等；金融资源主要是指房地产市场所能获得的金融服务和资金支持，房地产市场通过金融体系获得金融支持的方式包括债券融资和股权融资等方式。房地产市场是资本密集型行业，房地产的价值普遍较高。对于房地产开发企业来说，房地产开发首先需要从政府手中或者其他开发商手中获得土地使用权，随后紧跟着的拆迁、规划和房屋的建设等都需要大量的资金投入，前期投入成本高，因此房地产开发企业对房地产的开发一般需要较高的资本投入。另外，消费者购房或者通过对房地产进行投资同样需要投入较高的首付款，同时贷款利率的不同造成消费者的还贷压力也不一样。因此对房地产市场来说，所处的金融环境至关重要，关系房地产开发企业的供给能力和消费者的购房能力。

法律制度环境，主要是指政府制定的针对房地产市场运行的法律、政策和规章制度。政府高度重视对房地产市场的监管是因为以下几个原因：一是房地产开发和交易的价值较高，如果产生纠纷则可能对当事人产生较大的经济损失；二是房地产开发和交易涉及的环节较多，房地产市场的利益相关方复杂，政府为了规范房地产市场的运行，需要制定相应的制度。实际上，我国政府对房地产市场的发展制定了较为完备的法律法规体系，这些法律制度包括土地制度、产权制度、房屋交易制度、税收制度等。同时，也正是因为房屋的价值较高，因此，政策制度的任何微小变化都会给房地产市场带来较大的冲击。由此可见，房地产行业是一个受政策和法律制度影响较大的行业。

国际环境是指在全球化背景下其他国家的政治、经济、社会、环境等因素对本国的房地产市场具有重要影响。随着全球化的不断发展，国与国之间的联系越来越紧密，一个国家国内的政治、经济、社会等变化，不仅对本国经济造成影响，同时可能会通过国际贸易、金融等途径影响其他国家。房地产行业是资金密集型行业，在资本可以自由流动的背景下，一国的房地产市场发展不可避免地会有外资的参与，那么在国际环境发生变化的情况下，外资会通过对国际环境的变化产生反应，从而对房地产市场造成影响。如果外资流入一国的房地产市场，会促进该国房地产市场繁荣，如果外资流出一国的房地产市场，则会对该国的房地产市场产生消极影响。

3.1.2 房地产市场的利益相关方

房地产行业之所以可以作为国民经济的支柱产业，是因为房地产行业与国民经济的其他行业之间存在广泛的关联性，房地产行业的繁荣可以推动上下游关联产业的发展。此外，房地产的开发和房地产市场的运行本身包括环节非常多，涉及的利益相关方也很复杂。房地产开发的前期，房地产开发企业需要获得土地的使用权，获取土地使用权之后需要对土地进行整理，然后进行房屋的建造施工，最后涉及房屋的销售或者物业的持有运营等环节。因此，根据房地产开发过程所涉及的环节不同，其利益相关方包括土地的所有者和使用者、房地产开发商、政府和政府机构、金融机构、房屋建筑商、消费者，以及为房地产市场正常运行提供专业服务的各种专业人才，这类专业人才包括建筑师、工程师、会计师、房地产估价师、房地产经纪人、律师等。

3.1.2.1 土地的所有者和使用者

房地产开发的起点可以说是从获取土地使用权开始的，土地的所有者和当前使用者对房地产的开发具有相当大的影响。在我国，城市土地的所有者是国家，农村土地的所有者为集体。地方政府作为国有土地所有者的代表，是当地城市建设用地和房地产开发用地的唯一供给者。由于地方政府在当地垄断了土地的供给，因此地方政府制定的土地出让计划对当地的房地产市场会产生很大的影响，因为这些土地出让计划涉及土地的出让数量、出让时间、空间分布等。另外，政府通过土地储备制度控制土地的征收和土地的转让与开发。对于房地产开发企业来说，土地的当前使用者的数量也会对其开发成本造成重大影响，因为土地储备机构或者获得授权的开发商想要获得土地使用权，首先必须征收土地，而在征收过程中就会涉及对当前土地使用者的补偿。一块土地上的当前使用者数量越多，要付出的补偿款就会相应地越多。如果土地征收方和土地的当前使用者对于土地征收补偿款的谈判没有达成共识，则更会拖延开发周期造成损失。

3.1.2.2 房地产开发商

房地产开发商在房地产市场中处于一个核心的位置。在获取土地使用权的过程中，房地产开发商需要与政府以及土地的当前使用者打交道；在房地产开发过程中，房地产开发企业需要与建筑承包商进行合作；在整个房地产开发过程中，房地产开发企业需要加强与金融机构的联系，获取金融机构的支持；房屋开发建设完成之后，房地产开发企业无论是出售物业还是持有运营物业都需要与消费者进行接触。由此可见，房地产开发企业在整个房地产市场运转中处于一个核心的位置。开发一个房地产项目的主体可以是项目公司，也可以是跨国企业，其根本目的都是通过开发房地产项目获取利润。如果开发的房地产项目为商品住宅项目，出售物业一般来说是大部分房地产开发企业实现利润的主要方式。如果开发的项目是商业地产、写字楼、工业地产等其他类型的项目，那么房地产开发企业实现利润的方式就有多种途径，第一种方式是出售物业，第二种方式是持有物业。一般来说比较小的房地产开发企业会选择第一种方式，这种方式可以使小的房地产开发企业较快地实现资金周转并迅速积累资本；对于大型的房地产开发企业来说则比较倾向于选择第二种方式。因此，较小的房地产开发企业随着其资金实力的逐渐增强，这些开发商也会逐渐选择第二种方式，成为物业的所有者和运营者。

3.1.2.3. 政府和政府机构

政府除了作为土地的所有者代表之外，在整个房地产市场的运转过程中，政府和政府机构都在通过不同的政策措施对房地产的开发和交易进行干预。如房地产开发企业在开发之初需要与当地的发展改革委员会打交道以获得投资许可；在获取土地使用权的过程中需要与政府机构中的土地管理部门打交道；对建筑的规划设计需要得到城市规划部门的批准和许可；房屋的开工建设需要获得开工许可；房屋建筑要使用公共配套设施，需要得到市政管理部门对市政设施和配套设施的使用许可；最后房屋的销售需要得到销售许可和房地产产权等。由此可见，房地产开发企业虽然从形式上可以认为是房地产市场的核心，但是实际上政府及政府机构才是实质上的房地产市场核心，政府始终握着房地产市场的指挥棒。因此，房地产开发商对政府的各种政策等行为是相当敏感的。房地产行业作为国民经济的支柱产业，政府通常通过调控固定资产投资和房地产投资来调控国民经济的发展。另外，对于我国地方政府来说，房地产相关的税收以及土地出让金是地方政府的主要收入来源。

3.1.2.4. 金融机构

金融机构在房地产开发过程中所起到的作用是为房地产开发涉及的各资金需求方提供融资服务。房地产行业属于资本密集型行业，房地产本身价值较大，房地产的开发需要大量的资金投入，因此在房地产开发过程中，房地产开发商仅仅依靠自有资金是不够的，而且也不利于房地产开发商资本收益最大化。金融机构为房地产市场提供融资服务主要体现在两方面：第一方面是在房地产开发前期和开发过程中为房地产开发商提供融资服务，或者为建筑承包商提供融资服务，即为房地产开发企业提供企业贷款；第二方面是在房地产项目开发结束之后进入销售阶段，金融机构为支持消费者购买房屋提供融资服务，即为消费者提供购房按揭贷款。

3.1.2.5. 建筑承包商

建筑承包商在房地产开发过程中所起到的作用是建造房屋，建筑承包商的角色可以是房地产开发商自己承担，也可以由房地产开发商承包给专业的建筑商。在房屋建造过程中，建筑承包商可以自己承建，也可以在承担相应风险的情况下将一部分业务继续包给其他承包商。

3.1.2.6. 消费者

房地产开发商和消费者是房地产市场上的两极，房地产开发商是房地产市场上房屋的供给方，而消费者则是房地产市场上房屋的需求方。每个人或者单位在生产和生活过程中都需要房屋建筑，因此每个人或者单位都可能是房地产市场上的潜在消费者。消费者获取房屋建筑的使用价值有两种方式：第一种方式是购买，第二种方式是租赁。如果消费者选择购买房屋，则消费者的价值取向是通过投入的资金购买房屋能满足其效用最大化。而消费者选择购买房屋的目的包括两方面：一是用于居住，二是用于投资。对于自住性房屋购买者来说，限制其购买房屋的主要原因是消费者自身的购买能力，即在购房过程中消费者需要支付的首付款和获取银行贷款的能力；对于投资型房屋购买者来说，促进其购买房屋的动力是对未来投资收益的预期，如果投资者预期未来房价会快速上涨，则投资型房屋购买者就具有更大的动力购买房屋。

3.1.2.7. 各类专业人才

房地产的开发和房地产市场的运行除了以上主要的参与方之外，还包括为房地产开发和房地产市场运行提供服务的专业人才，那些专业人才包括建筑师、工程师、会计师、房地产估价师、房地产经纪人、律师等。这主要是因为房屋的开发和交易是一项非常复杂的工作，涉及各方面的专业知识。建筑师提供的专业服务主要是在房屋开始建造之前进行的专业规划和建筑设计等工作。而在房地产开发过程中工程师包括结构工程师、建筑设备工程师、电气工程师等，这些工程师的工作涉及房屋的结构、房屋的供水、供暖、照明等方面，除此之外工程师可能还会参与工程项目的施工监理、相关建筑材料和设备的采购等工作。会计师负责投资企业经济方面的核算工作，包括财务预算、工程预算、税款等各方面的财务工作。房地产估价师是在房地产市场交易过程中或者房屋的租赁过程中为房屋提供估价服务的专业人才，房地产估价师在进行估价之前需要对房屋周边的市场价格等信息进行全面的了解，并在此基础上结合房屋本身的信息全面分析影响房屋价格的各种因素，从而对房屋进行客观公正的估价。房地产经纪人主要充当了房屋供给方和需求方之间的中介。

通过本小节对房地产市场运行环境和利益相关方的分析可知，房地产市场由于广泛的行业关联性，其运行环境复杂，由于涉及的价值较大而且环节较多，其利益相关方众多。由此可以看出房地产市场的影响因素也较多，需要对各种可能的影响因素进行深入分析。

3.2 影响我国房地产市场发展的基本面因素

从基本面的角度来看，影响房地产市场的因素包括经济、人口、城镇化等各种因素，下面分别从这几方面进行分析。

3.2.1 经济因素

经济因素主要是指一个国家或者一个地区的经济运行状况，一般可以用国内生产总值 GDP 以及相关的增长速度来表示。根据经济学定义可知，国内生产总值是指一个国家或者一个地区在一定时期内，生产出来的最终产品或劳务的市场价值。国内生产总值的定义包括五方面的要点：一是区域范围是指一个国家或者一个地区；二是时间范围特指一段时期内，即 GDP 是存量概念；三是特指生产，因此以往年份的存货不算在内；四是最终产品或劳务，即中间产品或劳务不在核算范围内；五是特指市场价值。一个国家或者一个地区在一定时期内的经济运行状况良好，则从总的方面表明生产、消费等环节衔接良好。

具体到房地产行业来说，一个国家或一个地区的经济运行状况良好，则表明该地区的房地产供给和需求也较好。如果换一个角度看，经济基本面是各行各业总体运行情况的平均表现，那么经济基本面就相当于一个地区的经济运行"大盘"。在"大盘"向好的情况下，其中的个别产业，尤其如国民经济的支柱产业房地产业，其运行一般是同向变化的。以上情况是在一般意义上的同向变化，即在没有其他因素的干扰下，经济运行情况与国民经济的支柱产业房地产业一般呈同向变化，但是在引入政策变量之后，则可能出现变化。如在经济下行的情况下，政府出台刺激经济增长的财政政策或者货币政策，由此可能造成经济波动和房地产业的波动。

在 2008 年国际金融危机时，中国的国内生产总值同比增长率从 2007 年的 14.2% 下降到 2008 年的 9.6%，为了保持经济增长稳定，中央政府适时出台了 4 万亿的经济刺激计划，中国经济下行的趋势暂时得到了减缓，2009 年 GDP 同比增长率为 9.2%，2010 年 GDP 同比增长率为 10.6%；与此相对应的是房地产投资完成额同比增长率的变化情况，2007 年我国房地产投资完成额同比增长率为 30.2%，住宅投资完成额同比增长率为 32.02%，受金融危机的影响，2008 年分别下降为 23.39% 和 24.63%，到 2009 年继续下降到 16.15% 和 14.14%，由此可见经济基本面对房地产投资的影响情况。当经济基本面下行的情况下，房地产投资增长率趋缓，并迅速下降。在中央政府推出 4 万亿的经济刺激计划之后，2010 年房地产投资完成额同比增长率迅速从 2009 年的 16.15% 上升到 2010 年的 33.16%，住宅投资完成额同比增长率也从 2009 年的 14.14% 上升到 2010 年的 32.84%，2011 年以上两个指标的同比增长率分别为 28.05% 和 30.25%。由此可见，在经济下行的情况下，如果政府出台刺激经济增长的财政政策或者货币政策，房地产市场和经济基本面均受到了正向的影响。

2013 年之后，中国经济进入产业结构转型升级，经济增速换挡的"新常态"，中国经济增长正在实现从要素驱动、投资驱动向创新驱动的转变。与中国经济进入新常态相对应的是中国的房地产市场。从1998年房改以来，我国的房地产市场得到了飞速发展，房地产价格也一路走高。随着经济新常态的转变，我国宏观经济增速由过去的两位数增长下降至个位数增长，将对房地产业发展产生深远影响，房地产投资增长速度将进入换挡期，住房普遍短缺，房地产企业拿地就能挣钱的时代也将逐步成为过去。就我国房地产市场运行情况来看，2014年，我国房地产开发投资规模高于2013年同期水平，但增幅呈持续下跌趋势，这一下跌趋势在进入2015年之后仍在持续；2014年全年房地产施工面积累计增幅总体均呈下降趋势，新开工面积累计增幅始终处于负增长态势，竣工面积累计增幅在2014年第1季度之后保持正增长，但在2015年第1季度又重回负增长状态；2014年全国商品房销售面积和销售额、全国商品住宅销售面积和销售额的累计增幅均为负值，使房地产市场面临严峻挑战；2014年国房景气指数持续下降。

3.2.2 人口因素

人口因素对房地产市场的影响则是基于人们对居住的需求导致的，人口因素实际上是最基础的和中长期的因素，尤其对于中国这样的人口大国来说，人口因素是研究房地产市场不能忽视的一种重要因素。因为人类社会整个经济活动的最终目的是为了人类的生活水平提高，而发展房地产市场的最终目的是为了提升人民的居住条件。如根据国家统计局公布的数据显示，1978年我国城市人均住宅建筑面积仅为6.7平方米，在1998年房改时我国城市人均住宅建筑面积为18.66平方米，经过十年的快速发展，到2008年时我国城市人均住宅建筑面积已经提高到30.60平方米，该指标可获得的最新数据为2012年数据，2012年我国城市人均住宅建筑面积已经提高到32.91平方米。从上述数据的变化可以看出，随着改革开放和经济的快速发展，房地产市场得到了快速发展，人民的居住条件也得到极大改善。从1978年改革开放之初的人均6.7平方米增加到2012年的人均居住面积32.91平方米，增长了近5倍。

人口因素对房地产市场的影响是多方面的，这主要是因为与人口相关的特征是多方面的，包括人口数量、人口年龄、劳动人口数量等。人口的不同特征对房地产市场的影响各不相同。

人口数量是指一个国家或者一个地区在某一时点上的常住人口数。从人均居住面积不断提高的角度看，如果其他影响因素保持不变，则人口数量的增加会导致对房地产的需求增加。从这个角度来说，人口数量越多，房地产市场的发展就越具有潜力。因此人口基数和人口增长率两个关系人口数量的指标对于房地产市场来说是很重要的指标。由于这两个指标一般来说比较稳定，所以对房地产市场的影响也比较稳定。

人口年龄涉及的是人口的年龄结构问题，不同年龄段的人口对住房的需求不同，如20岁以下的人口其创收能力不高，对住房的需求能力有限；25~35岁处于适婚年龄段的人口对住房的需求属于刚需；40~50岁的人口事业进入高峰期，购买能力增强，对住房的需求主要变现为改善型需求；在退休之后，由于老年人的收入能力下降，对住房的消费能力同样开始下降。根据中国指数研究院的研究可知，一般处于25~34岁的人群是购房的主力人群，占到我国购房总人数的49%；处于35~44岁的中年人则是我国购房的第二大主力群体，约占我国购房总人数的24.5%。另外，不同年龄段的人群对住房购买需求的弹性也各不相同，对于25~34岁的第一主力群体来说，这一年龄段的购房人群其购房需求主要是为了满足刚性居住需求，因此需求弹性一般较小，而对于35~44岁的中年人来说，他们的购房需求一般属于改善型需求，对住房的需求弹性相对较大，并且具有一定的投机性。

劳动人口数量对房地产市场的发展同样具有重要影响，这实际上是与不同年龄段的人口获取收入的能力不同具有相同的意思。这是因为人口根据生产能力可以划分为劳动人口和非劳动人口，劳动人口属于生产性人口，劳动人口一方面创收能力较强，另一方面生产能力也较强，而非劳动人口作为非生产性人口，如儿童和老年人，他们的创收能力差，生产能力也较差。因此如果一个社会的劳动人口越多，对房地产市场的需求能力就越强，而如果一个社会的老龄化程度提升，对房地产市场的需求能力可能就会下降。

根据国家统计局公布的数据，通过对我国人口规模和不同年龄段人群的比例，即我国人口的年龄结构进行分析（图22所示），可以发现以下几个特点。一是我国人口总数一直在缓慢提升。1998年我国人口总数为12.48亿，到2013年人口总数为13.61亿，年均增长率为5.801‰。二是我国65周岁以上的老龄人口比重在逐渐提升。1998年我国65周岁及以上人口数为8359万人，占总人口的比例为6.7%，之后老龄人口逐年增加，到2013年我国65周岁及以上人口数达到1.316亿，占总人口数的比例达到9.67%。按照联合国老龄化社会的新标准，即一个地区65岁老人占总人口的7%，该地区被视为进入老龄化社会，那么我国在2001年就已经进入老龄化社会。另外，1998—2013年，我国65周岁及以上人口的增速年均达到30.724‰，表明老龄人口的年均增速也较高，并有加速老龄化的趋势。三是我国0~14周岁人口的比重在逐年降低。1998年，我国0~14周岁人口数为3.21亿，占总人口数的比例为25.7%，到2013年，我国0~14周岁的人口数为2.23亿，占总人口数的比例仅为16.41%，比1998年下降了9.29个百分点。另外，从1998年到2013年，我国0~14周岁人口数年均下降23.835‰。四是对我国15~64周岁人口的规模和比重进行研究发现，1998年我国15~64周岁人口的比例为67.6%，之后逐年增加，到2010年的时候这一比例达到最高值74.53%，之后这一比例开始逐年下降，到2013年已经降到73.92%。

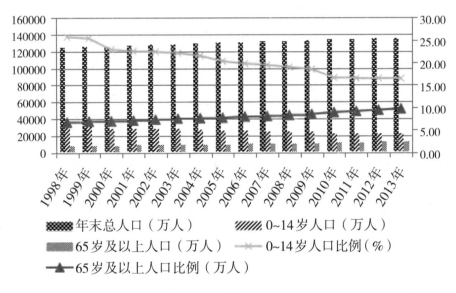

图22　我国人口规模和年龄结构情况

另外，对我国人口自然增长率进行研究发现，从1998年到2013年之间，我国人口的自然增长率在逐年下降。1998年我国人口自然增长率为9.14‰，到2013年人口自然增长率已经下降到4.92‰，下降幅度达到4.22‰。而从图23中还可以发现，1998—2013年，人口自然增长率的下降还可以分为两个阶段：一是1998—2005年，二是2006—2013年，前一阶段的下降斜率明显比后一阶段更"陡峭"，即下降速度更快。

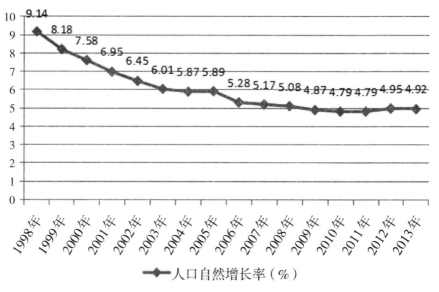

图 23　我国人口自然增长率变化

通过对我国人口规模变化及年龄结构的变化情况进行分析发现：一是我国已经在2001年进入老龄化社会，老龄人口在全社会中的比重逐年提升；二是我国0~14岁人口的比例在逐年下降，反映我国人口的后备力量不足；三是我国15~64岁之间的人口比例在2010年达到最高值74.53%之后，开始向下。这些结论反映出我国在尚未进入发达国家之前，已经进入了老龄化社会，即"未富先老"，给我国未来的经济发展蒙上了一层阴影，也预示着未来我国的社会负担将逐步加重。

表 6　我国不同省（区、市）65 周岁以上人口占本地总人口的比例

省（区、市）	2013 年 65 岁以上人口比例（%）	排名	省（区、市）	2013 年 65 岁以上人口比例（%）	排名
重庆	13.25	1	江西	9.00	17
四川	12.76	2	黑龙江	8.94	18
江苏	12.25	3	河南	8.93	19
天津	11.46	4	甘肃	8.89	20
山东	10.98	5	北京	8.58	21
上海	10.64	6	内蒙古	8.55	22

续表

湖南	10.57	7	福建	8.16	23
安徽	10.53	8	海南	8.15	24
辽宁	10.22	9	云南	8.01	25
湖北	9.91	10	山西	7.97	26
陕西	9.83	11	广东	7.24	27
吉林	9.66	12	青海	7.15	28
广西	9.29	13	宁夏	7.08	29
贵州	9.28	14	新疆	6.37	30
浙江	9.20	15	西藏	5.17	31
河北	9.17	16	全国平均	9.67	

数据来源：根据国家统计局历年人口统计数据整理计算

在上述基础上，进一步研究2013年我国不同省（区、市）65周岁及以上人口占本省（区、市）总人口的比重，进而研究不同省（区、市）老龄化程度。根据国家统计局公布的统计数据进行计算，结果见表6所示，可以发现截至2013年，我国有11个省（区、市）的老龄化程度高于全国平均水平，即有11个省（区、市）的65周岁及以上人口的比例高于9.67%，其中重庆市、四川省、江苏省分别排前三名。另外，按照联合国的7%的标准，截至2013年我国31个省（区、市）中有29个已经超过7%的标准，仅有新疆维吾尔自治区和西藏自治区的老龄化比例低于7%的标准，分别为6.37%和5.17%。

3.2.3 城镇化水平

所谓城镇化是指人口向大中城市和中小城镇持续聚集的过程，其实质是农村人口向中小城镇转移，中小城镇人口向城市转移，城市人口向核心城市转移的过程。城镇化的结果主要表现在两方面：一是城镇数量不断增多，二是城市人口数量不断增多，其中包括人口从农村向城市流动这一结构性变动。在城镇化进程中，第一产业的比重会逐渐下降，第二、第三产业的比重会逐步上升，所以会逐渐推动产业结构的转型升级。同时城镇化的快速发展还带动了城市房地产市场的发展，城市人口增加带动了对住宅需求的增加。

从2001年到2011年是我国房地产业发展的"黄金十年"，一方面从房地产开发投资情况来看，2001年全国房地产开发投资额为人民币6344亿元，到

2014年这一数值已经增加到人民币9.5万亿元，增长了十倍多；另一方面从商品房的销售来看，2001年我国商品房销售面积为2.24亿平方米，到2014年这一数值增加到12.06亿，增长了近6倍。

我国房地产市场能够快速发展，其根本动力是经济增长叠加城镇化的快速发展。根据国家统计局公布的数据可以计算每一年我国城镇人口占总人口的比例，如果简单将城镇人口占总人口的比重视为城镇化率，那么通过图24可以发现以下几方面的特点。

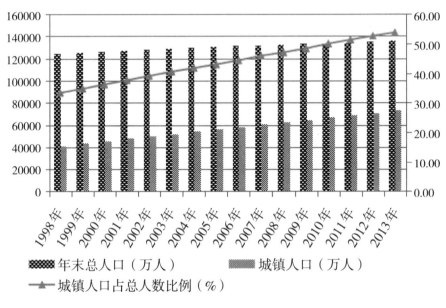

图 24　我国城镇人口比例变化情况

一是我国城镇人口占总人口的比例持续上升。我国城镇人口1998年为4.16亿人，占当年总人口的比例为33.35%，到2013年城镇人口达到7.31亿人，占当年总人口的比例为53.73%。1998—2013年，城镇人口比例上升了20.38个百分点，平均每年上升近1.36个百分点。二是从城镇人口增长率角度看，我国城镇人口处于加速增长阶段。1998—2003年，城镇人口年均增长率达到3.83%，而通过计算可以发现1998—2013年年末总人口的年均增长率仅为0.58%，由此可以发现，这一阶段我国城镇人口年均增长率是年末总人口年均增长率的6.6倍。

与城镇人口变化情况相对应的是我国乡村人口的变化情况，见图25所示。

1998年我国乡村人口为8.32亿人，占总人口的比例为66.65%，到2013年乡村人口减少到6.296亿人，占总人口的比例减少为46.27%，15年间下降了20.38个百分点。另外，从乡村人口的增速看，1998—2013年，年均减少1.84个百分点。通过以上两方面的分析可以发现，我国正处于加速城镇化阶段。

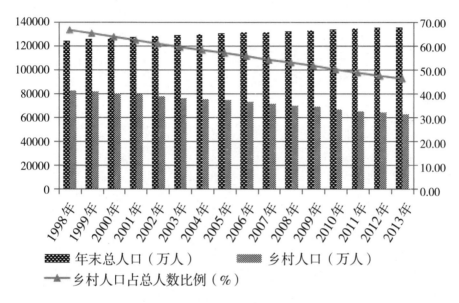

图25　我国乡村人口比例变化情况

　　在研究了城镇人口占全国总人口的比例之后，可以进一步研究不同省份城镇人口占总人口的比例，根据国家统计局公布数据计算2013年不同省份城镇人口占总人口的比例，结果见表7所示。从表7中可以发现，截至2013年，有14个省的城镇人口占总人口比例高于全国平均水平，其中上海、北京、天津、广东位列前四位。

　　而《国家新型城镇化规划（2014–2020年）》[①]对我国城镇化的未来发展提出了提升我国城镇化水平和质量的目标。常住人口和户籍人口城镇化率的目标则是常住人口城镇化率达到60%左右，户籍人口城镇化率达到45%左右，努力实现1亿左右农业转移人口和其他常住人口在城镇落户。将表7中的数据与《规划》中提到的目标"常住人口城镇化率达到60%左右"相比较可以发现，截至2013年仅有8个省和直辖市达到了这一标准，另外还有23个省仍大有可

---

　　① http://news.xinhuanet.com/politics/2014–03/16/c_119791251_2.htm

为。人口的城镇化将带来对住宅、商业住宅等方面的需求，这将是我国房地产市场保持稳定的一个契机。

表7 2013年不同省（区、市）城镇人口占本地总人口比例

省 （区、市）	2013年城镇人口占 比（%）	排名	省 （区、市）	2013年城镇人口占 比（%）	排名
上海	89.61	1	宁夏	51.99	17
北京	86.29	2	陕西	51.30	18
天津	82.00	3	江西	48.87	19
广东	67.76	4	青海	48.44	20
辽宁	66.45	5	河北	48.11	21
江苏	64.11	6	湖南	47.96	22
浙江	64.01	7	安徽	47.86	23
福建	60.76	8	四川	44.90	24
内蒙古	58.69	9	广西	44.82	25
重庆	58.35	10	新疆	44.48	26
黑龙江	57.39	11	河南	43.80	27
湖北	54.51	12	云南	40.47	28
吉林	54.20	13	甘肃	40.12	29
山东	53.76	14	贵州	37.84	30
海南	52.74	15	西藏	23.72	31
山西	52.56	16	全国平均	53.73	

数据来源：根据国家统计局历年人口统计数据整理计算

不过在看到城镇化对房地产市场带来机遇的同时还需要看到其中存在的问题。过去我国在城镇化水平快速提高的同时，也累积了很多问题，当前这些问题已经到了必须要给予高度重视和解决的程度，否则将影响我国城镇化进程的进一步发展。这些问题主要包括以下几方面：一是市民化进程滞后，从农村转移到城市的农业人口难以融入城市社会，与城市居民构成了"城市二元结构"问题，城乡二元结构还没解决，又出现城市二元结构，使得问题更加复杂；二是土地利用不合理，建设用地粗放低效，另外还包括大量农民工进城造成的农村"空心村"和土地撂荒问题；三是城镇空间分布和规模结构不合理，人口过于向大城市集中，引出的"城市病"问题日益突出；四是在城镇化建设过程中以目标为导向最终导致"大拆大建"和"千城一面"，破

坏城市文化和历史的问题；五是城市管理服务水平不高。

另外，近年来我国的发展面临的外部环境和内部条件都发生了很大变化。一方面，全球经济发展仍未走出金融危机的影响。另一方面，中国经济发展进入减速换挡的新常态。所以，在出口拉动等外需不足的情况下，为了给深化改革提供缓冲空间，使经济保持一个比较稳定的增速，就必须从扩大内需这一关键点出发，而继续积极稳妥地推进城镇化建设就是其中一个重要选择。从这个角度来讲，城镇化是中国发展的重头戏。这不仅因为美国城镇化率达到90%、韩国达到80%等现实差距，更因为城镇化背负着扩大内需、拉动增长的重任。

3.3 影响我国房地产市场发展的微观主体因素

从微观主体的角度来看，影响房地产市场的因素包括居民收入水平、价格因素、成本因素、企业资金实力等各种因素，下面分别从这几方面进行分析。

3.3.1 居民收入与财富

居民收入与财富包括两方面：一是居民的收入水平，二是居民家庭的财富。居民收入与财富对消费者的消费行为和消费层次均有较大影响。对于房地产市场来说，居民收入水平高，家庭拥有的财富多，则对房地产的购买能力就更强。如果将居民收入水平与人口数量结合起来，两个指标同时增加或者至少一个指标保持不变时另一个指标增加，则对房地产市场的发展来说都是有利的。

我国城镇居民家庭人均可支配收入和农村居民家庭人均纯收入保持着较快速度增长。根据国家统计局公布的数据进行分析，见图26所示，1998年我国城镇居民家庭人均可支配收入为人民币5425.1元，农村居民家庭人均纯收入为人民币2162元；到2014年城镇居民家庭人均可支配收入为人民币29381元，农村居民家庭人均纯收入为人民币9892元，名义收入分别在1998年的基础上增加了5.42倍和4.58倍。以1978年为基期（1978年=100），1998年城镇居民家庭人均可支配收入指数为329.9，农村居民家庭人均纯收入指数为456.1，到2014年以上两个指数分别达到1310.5和1404.7，由此可见，即使剔除价格因素之后，2014年的城镇居民家庭人均可支配收入和农村居民家庭人均纯收入分别在1998年的基础上分别增长了3.97倍和3.08倍。另外，1998—2009年，比较城镇居民家庭人均可支配收入和农村居民家庭人均纯收入两个指标的同比增长速度，可以发现前者高于后者，在2008年我国经济受到国际金融危机的影响之后，我国城镇居民家庭人均可支配收入也受到了影响，其收入增速下降，而与之相对应的是农村居民家庭人均纯收入的同比增速一直到2011年都处于上涨状态，从2010年开始农村居民家庭人均纯收入的同比增速高于城镇居民家庭人均可支配收入同比增速。

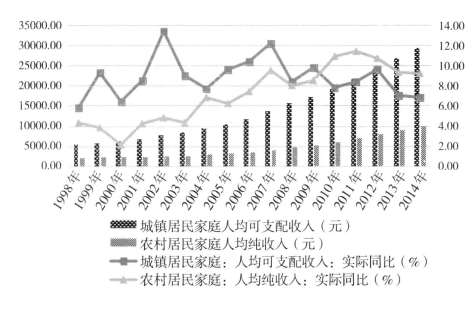

图 26　我国城镇居民和农村居民人均收入情况

对于我国的居民家庭财富来说，主要包括两大部分，第一部分是储蓄存款，第二部分是固定资产价值，而固定资产又主要表现为家庭的房产价值。这主要有两方面的原因：一是受文化、消费习惯以及社会保障等各方面的影响导致我国城乡居民的储蓄倾向普遍较高；二是在1998年房改之后，我国房地产市场飞速发展，与之相对应的是住宅价格也一路走高，住宅价值占居民家庭的财富比例较高。根据公开的数据可知，1998年我国城乡人民币储蓄存款余额为5.34万亿元，到2013年城乡人民币储蓄存款余额达到44.76万亿元，从1998年到2013年间增长了8.38倍，呈现持续上涨态势。储蓄存款的持续上涨，一方面表明我国居民的消费潜力强大，但是另一方面如何鼓励居民进行消费从而促进经济实现有效循环则是摆在决策制定者面前的难题。

收入水平对居民的消费行为会产生影响，与此相关的概念则是恩格尔系数，恩格尔系数是指居民家庭的食品支出占家庭总支出的比例，在发达国家这一比例一般会比较低，在发展中国家或欠发达国家这一比例通常比较高，因此恩格尔系数主要是用来反映居民家庭的生活水平。一般来说由于存在边际效用递减，越是富裕的家庭其食物支出在家庭总支出中的比例就会越低。国际上通行的做法是根据恩格尔系数的不同比例对富裕程度进行划分：恩格尔系数在60%以上表示贫困，在50%到59%之间表示温饱水平，在40%到49%之间表示小康水平，在30%到39%之间表示富裕水平，在30%以下则表示为最富裕。根据这一标准并结合我国的公开数据可知，1978年改革开放之初，我国城镇居民家庭的恩格尔系数为57.5%，农村居民家庭恩格尔系数为67.7%，表明当时我国城乡居民的生活水平均处于贫困水平；到1998年我国实行房改之时，我国城镇居民家庭的恩格尔系数为44.7%，农村居民家庭恩格尔系数为53.4%，表明城镇居民家庭已经达到小康水平，而农村居民家庭则还处于温饱水平；到2014年，我国城镇居民家庭的恩格尔系数为35.6%，农村居民家庭恩格尔系数为37.9%，表明我国城乡居民的生活均已达到富裕水平。实际上从2013年开始，城镇居民家庭和农村居民家庭的恩格尔系数表明我国城乡居民的生活已经达到富裕水平，不过这并不意味着所有的家庭都已经摆脱了贫困。实际上我国还有一部分群体的生活比较贫困。

与居民收入相关联的另一个概念则是收入分配，收入分配的公平程度影响着居民的边际消费倾向和消费行为，如果收入差距过于悬殊，那么对产品需求存在边际消费倾向递减，所以富裕的人并不会将增加的收入全部用于消费，而贫穷的人由于消费能力有限，对产品的需求也有限，最终的结果可能是产能过剩、经济危机、社会动荡等。就房地产市场来说，房地产市场的需求包括刚需和投资两方面：如果收入分配差距过大，对于低收入人群来说购房能力下降，这部分人群的购房需求并不能转变为有效需求。

衡量收入分配公平程度的指标则是基尼系数，基尼系数可以根据洛伦兹曲线进行计算，而洛伦兹曲线的获得首先是将一个国家的人口按照收入从低到高进行排列，然后计算收入最低的任意百分比人口其收入占总收入的比例得到，见图 27 所示，基尼系数的计算公式为 A/(A+B)，其中 A 为绝对平等线与洛伦兹曲线形成的面积。基尼系数的取值范围在 0 到 1 之间，基尼系数为 0 表示居民之间的收入分配绝对平等，基尼系数为 1 表示居民之间的收入分配绝对不平等。根据国家统计局的数据可知我国 2003 年的基尼系数为 0.479，2004 年略有下降，之后从 2004 年到 2008 年总体呈上升趋势，2008 年基尼系数达到 0.491，在 2008 年之后我国的居民收入基尼系数持续下降，到 2014 年基尼系数下降到 0.469。另外，国际上通常以基尼系数 0.4 作为贫富差距悬殊的警戒线，如果某国的基尼系数高于 0.4 则表明该国的居民收入分配存在较严重的不平等情况，如果不引起重视则该国社会容易出现动荡。将我国 2003 年到 2014 年的基尼系数与国际通行的警戒线比较可以发现我国的基尼系数尽管从 2008 年开始持续下降，但是到 2014 年的数据仍然高于国际警戒线。

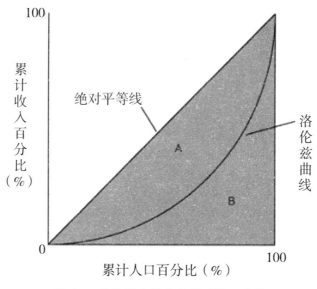

图 27　洛伦兹曲线和基尼系数示意图

在我国居民收入分配差异的主要体现包括区域之间的差异和城乡收入差异。区域之间的差异表现在东、中、西部之间的差距，或者不同省份之间的收入差异，其中东部沿海地区的发达省份居民人均收入水平较高，上海、北京、深圳等城市的人均收入水平已经达到中等发达国家水平，而西部地区的人均收入水平则相对较低。另外，由于我国长期存在的城乡二元结构，城乡收入差距还体现在城镇与农村之间的收入差别，图26所示，比较1998年我国城镇居民家庭人均可支配收入和农村居民家庭人均纯收入，可以发现前者是后者的2.5倍，两者相差3263.1元，到2014年两个指标之间的比值已经扩大到2.97倍，两者相差19489元。

3.3.2 价格因素

价格因素是指房地产价格对房地产市场的影响，实际上房价是房地产市场供给和需求双方经过博弈达到局部均衡之后的结果，但是同时房价又反过来影响房地产市场的发展，一方面房地产开发企业会根据上一期的房价进行投资决策，如果房价上涨，房地产开发企业就会增加投资，扩大房地产市场的供应；另一方面如果房价上涨，对于消费者来说也可能会增加需求，因为房地产的属性除了居住功能之外还具有投资功能，对于可预期的房价上涨，消费者购买房屋实际上就相当于进行了投资，而且很多中国消费者存在"买涨不买跌"的购房心理，因此如果房价上涨，则会促进消费者购房。

图28显示的是我国商品房销售面积和商品房销售价格，其中商品房销售价格通过商品房销售额除以商品房销售面积之后剔除价格因素得到。从图中可以发现，从1998年开始我国商品房销售面积逐年递增，仅在2008年受国际金融危机影响，商品房销售面积相对2007年来说略有下降，1998年我国商品房销售面积为12185.3万平方米，到2014年增加到120648.5万平方米，从1998年到2014年增长近10倍；商品房销售价格的变化和销售面积表现出同样的趋势，从2000年开始逐渐上涨，仅在2008年略有下降，其中2000年的商品房平均销售价格为1327.31元/平方米，到2014年商品房平均销售价格增长到3436.05元/平方米，平均增长了2.59倍。

价格因素除了影响消费者的购买行为外，还会对房地产开发企业产生影响，从商品房新开工面积的角度看，我国1998年新开工房屋面积为20388.1万平方米，到2011年达到191236.9万平方米，2012年比2011年略有下降，2013年新开工房屋面积为201207.84万平方米，达到最高点。由此可见新开工房屋面积的变化与房价的变化同样存在相似的趋势。

从全国的平均价格来看可以得到以上结论，如果从不同区域的角度进行分析，实际上可以得到同样的结论，即商品房的供给和需求均受到销售价格的正向影响。

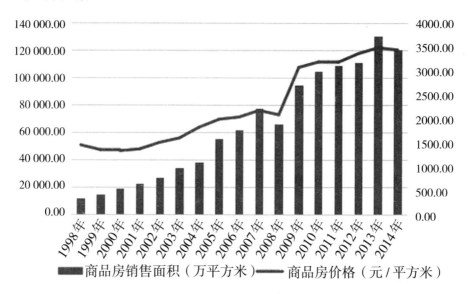

图 28 我国商品房销售面积和销售价格

利用价格因素进行分析的另一个方法是弹性概念，房地产市场的需求与价格结合有需求的价格弹性，供给与价格结合有供给的价格弹性。其中房地产需求的价格弹性等于房地产需求量变动的百分比除以房地产价格变动的百分比，房地产供给的价格弹性等于房地产供给量变动的百分比除以房地产价格变动的百分比，前者衡量的是房地产需求变动对价格变动的反应程度，后者衡量的是房地产供给变动对价格变动的反应程度。

如果用 E_d 表示需求的价格弹性，Q 表示需求量，P 表示价格，△Q 表示需求量的变动量，△P 表示价格的变动量，那么需求的价格弹性计算公式如 3-1 所示：

$$E_d = \frac{\Delta Q / Q}{\Delta P / P} = -\frac{\Delta Q \Big/ \dfrac{Q_1 + Q_2}{2}}{\Delta P \Big/ \dfrac{P_1 + P_2}{2}} = -\frac{\Delta Q}{\Delta P} \times \frac{P_1 + P_2}{Q_1 + Q_2} \qquad (3-1)$$

从公式 3-1 可知，需求的价格弹性并不等于需求对价格的导数，而是在需求对价格的导数的基础上还需要乘以)（ P_1+P_2) / (Q_1+Q_2)。弹性的取值范围一般大于 0，弹性等于 0 表示完全无弹性，即需求量的变动对价格的变动无反应；弹性等于 1 表示单位弹性，即价格变动一个单位，则需求量同样变动一个单位；弹性在 0 到 1 之间表明需求的价格弹性较小，需求量的变动对价格的变动反应不灵敏，价格变动较大幅度才能引起需求量较小的变动；弹性大于 1 则表明需求的价格弹性较大，需求量的变动对价格的变动反应比较灵敏，价格变动较小幅度就能引起需求量较大的变动。将以上各种情况的需求曲线绘制于以需求量为横坐标，以价格为纵坐标的坐标图中，见图 29 所示。

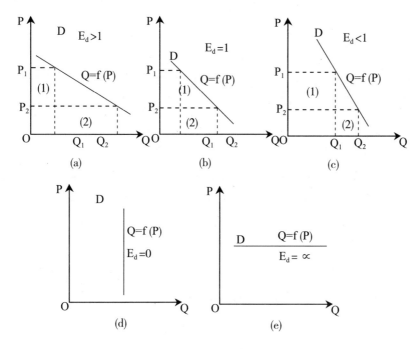

图 29 需求的价格弹性示意图

图 29 中的（a）图中需求曲线比较平坦，其需求的价格弹性大于 1，表明需求量的变动对价格的变动较灵敏，即一个单位的价格变动会引起多余一个单位的需求量的变动；（b）图中需求曲线与横轴呈 45 度夹角，其需求的价格弹性为 1，即单位弹性，表明价格变动一单位会引起需求量变动一个单位；（c）图中的需求曲线比较陡峭，其需求的价格弹性小于 1，表明需求量的变动对价格的变动不灵敏，即多余一个单位的价格变动才能引起一个单位的需求量变动；（d）图中的需求曲线为一条垂直于横轴的铅垂线，此时需求的价格弹

性为0，即价格无论怎么变动，都不会引起需求量的变动；（e）图中的需求曲线为一条平行于横轴的水平线，此时需求的价格弹性为无穷大，即价格的任何变动，都会引起需求量的巨大变动。

对房地产需求价格弹性的研究，有很多国外经济学家都进行过测算，他们的研究结论表明住房需求一般来说弹性较小，住房需求和食品等产品一样，是人们生活的必需品。而对于房地产供给的价格弹性来说，需要从短期和长期来看，由于房屋存在较长的建造周期，因此房地产供给的价格弹性在短期内较小，但是长期来看房地产供给的价格弹性在短期内较大。

3.3.3 成本因素

成本因素是每个以利润最大化为目标的企业都必须要关注的重点，生产效率的提高和成本下降意味着企业的利润率会提高，企业的竞争力更强。与成本相关的概念包括边际成本、平均成本、总成本、机会成本、边际收益等。其中边际成本是指增加一单位的产品产出需要增加的总成本，这表明生产的每一单位的产品成本与生产的产品量有关，这是因为存在规模经济，在某一临界点前随着产品数量的增加，单位产品的边际成本会逐渐下降；而边际收益是指增加一单位产品的销售所带来的总收益的增加，即最后一单位产品的销售带来的收入的增加。根据西方经济学的理论推导可知，在完全竞争市场环境下，厂商生产产品一般会选择边际成本等于边际收益的均衡点进行生产和销售。机会成本则是指由于资源的稀缺性，厂商为了生产某种产品，投入的生产要素则不能用于生产其他产品，由此丧失的因为同样的生产要素用于生产其他产品所能获得的最大的市场价值。机会成本一般在前期决策中会用于项目的比较等。

对于房地产市场来说，房地产开发的成本因素较多，从最初的土地拍卖到最终的竣工房屋销售，其成本包括土地购置费用、土地整理、建材、工人工资、销售费用、贷款产生的利息等财务费用。与土地购置相关的费用及与房地产开发企业贷款的利息费用有关的内容将在后续部分分析，在此分析其他几方面的成本。

根据国家统计局的数据指标，衡量房屋施工建造成本的指标最有代表性的是竣工房屋造价，竣工房屋造价包括了房屋建造过程中的主要成本项。一般来说房地产开发企业会将商品房的建设委托给施工企业进行施工，而竣工房屋造价基本可以理解为房地产开发企业对房屋施工企业的结算费用，其中建筑工人的工资已经包含在这一项费用里面。1998年我国竣工房屋造价为1218元/平方米，到2001年之前都基本保持稳定甚至略有下降，2001年的竣工房屋造价为1128.14元/平方米；从2001年之后，竣工房屋造价持续提升，到2014年达到2816.14元/平方米，从2001年到2014年造价成本增加至2.5倍。

对于人工成本来说，根据国家统计局数据显示，2013年房地产业规模以上单位就业人员的平均工资为48717元/年，2015年为57470元/年；与此同时我国规模以上单位就业人员的平均工资在2013年和2015年分别为45676元/年和53615元/年。由此可见房地产行业的人工费用是呈上升趋势的，而且要高于就业人员平均工资水平。

3.3.4 企业资金实力

企业资金实力与企业的供给能力相关，对于房地产市场来说，房地产开发是资本密集型行业，在不考虑金融机构对房地产开发商的金融支持情况下，房地产开发企业进行房地产开发投资的能力在很大程度上取决于其自身的资金实力。衡量房地产开发企业资金实力的指标可以从其资金来源进行分析。

根据国家统计局的统计指标可知，房地产开发投资的资金来源包括国内贷款、利用外资、自筹资金、其他资金等方面，其中自筹资金可以在一定程度上衡量企业的资金实力。国家统计局公布的数据显示1998年我国房地产开发企业的自筹资金为人民币1167亿元，到2008年自筹资金达到人民币1.53万亿元，到2014年这一指标已经达到人民币50.42万亿元，由此可见随着房地产市场的快速发展，房地产开发企业自筹资金的规模在迅速扩大，房地产开发企业自筹资金的能力在快速地提升。

将不同类型的资金来源的比例进行比较，见图30所示，可以发现房地产开发企业自筹资金的比例确实在逐渐提高，1998年房地产开发企业自筹资金占总资金来源的比例仅为26.43%，到2008年已经提高到38.65%，在2009年略有下降，但是到2014年这一比例已经超越2008年，达到41.33%。同时也可以从图中发现房地产开发企业的国内贷款比例在逐年下降，房地产开发企业的资本结构逐渐优化，抗风险能力增强。

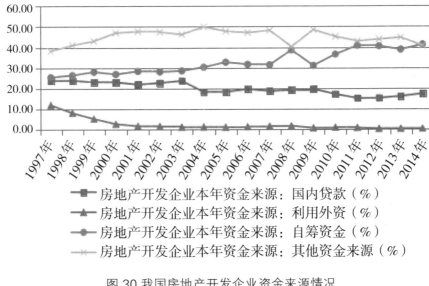

图 30 我国房地产开发企业资金来源情况

3.4 影响我国房地产市场发展的政策因素

房地产行业作为国民经济的支柱产业，对国民经济的发展有重要影响，如果房地产市场向好可以带动房地产相关产业增加供给，从而带动就业增加产出；如果房地产市场下行则会使房地产行业减少对水泥、钢材等上游相关行业的需求，同时对家居、装修、家用电器等下游行业也带来不利影响。最重要的是房地产行业由于其资本密集型的特征，使房地产行业的发展具有较高的杠杆性，从而将房地产行业与一个国家的金融部门紧密联系起来，如果杠杆过高，那么房地产市场的下行则会给整个经济带来严重的风险。2008年的国际金融危机就是因为美国的房地产市场下行从而引发次贷危机形成的，同时由于美国经济的开放性，其金融危机波及全球，我国的外向型经济亦受到较大负面影响。同时，房地产市场的健康发展还关系到民生问题，如果房价持续快速增长，其直接后果是越来越多的人没有购房能力，而年轻的刚需一族即使通过贷款和父母资助等方式购买了住房，他们也会背上沉重的债务负担，从而削弱他们的消费能力，整个经济面的需求侧受到不利影响。另外，房价的高涨也会挤压实体经济的利润空间，吸引实体经济将资金投入房地产行业，这样对促进我国实体经济的发展是不利的，于促进科技创新等方面同样不利。因此，房地产市场的发展始终是国家政策的重点关注点，受国家政策的影响也很大。从不同的政策类型来看，包括财政政策、货币政策、产业政策等各方面。

3.4.1 土地政策

房地产市场实际上是包括土地市场的一个更广泛的概念，土地使用权的交易市场一般被称为房地产市场的一级市场，这是因为房地产开发企业在进行房地产开发之前需要具有一定的土地储备，才能保证公司业务的持续发展，而房地产开发企业能够拿到热门地段的土地或者以较低的价格拿到土地也是企业竞争力的一种体现，反过来又能提高房地产开发企业的市场竞争力，因此土地政策对房地产市场的影响是比较明显的。

我国土地政策包括宏观调控政策、集约利用政策、有偿使用政策、节约用地政策、保护耕地政策、土地环境政策、保护土地权利人合法权益政策、从严管理土地政策等。其中土地宏观调控政策主要是指国家通过编制土地规划，对农业用地、水利用地、建设用地等不同类型用地进行规划和布局，以此对各类用地进行总量控制；土地集约利用政策是指对土地的利用要从粗放式向集约式的利用转变，提高土地的利用率；土地有偿使用政策是指根据市场经济的要求，减少划拨土地，通过"招、拍、挂"等方式实行土地的有偿使用；节约用地政策是指在进行建设的过程中要注意节约土地，能少占土地的尽量少占，能利用荒地的就不要占用耕地，可以利用劣等地的就不要占用好地；保护耕地政策是指为了保护我国的耕地，在农业用地转非农业用地的过程中要严格控制，并且对耕地实行"占多少，恳多少"的原则，以保证耕地总量的动态平衡，在2013年12月召开的中央农村工作会议明确提出要确保粮食安全，坚守18亿亩耕地红线；保护土地权利人合法权益政策是指土地的所有者和使用者双方的权利依法确认之后，双方的权利受到法律的保护，任何单位和个人不得侵犯。

我国的土地利用主要涉及农业用地和建设用地两个大类，其中建设用地包括居民点及工矿用地、交通运输用地、水利设施用地三种类别。以上各类用地的土地面积见表8所示。我国作为农业大国，同时人口众多，粮食安全的保障要放在首位，因此农业用地的面积始终是重点，不过从表中可以看出相对2003年来说，2013年的农业用地面积略有下降；与此同时，建设用地面积逐年增加，建设用地中的居民点及工矿用地面积是重点，约占建设用地总面积的81.5%左右。

表8　我国农业用地和建设用地情况（单位：万公顷）

	农业用地面积	建设用地面积	建设用地面积：居民点及工矿用地	建设用地面积：交通运输用地	建设用地面积：水利设施用地
2003	65706.14	3106.47	2535.44	214.55	356.53
2004	65701.85	3155.12	2572.86	223.33	358.95
2005	65704.70	3192.20	2601.50	230.90	359.90
2006	65718.80	3236.50	2635.40	239.50	361.50
2007	65702.10	3272.00	2664.70	244.40	362.90
2008	65687.61	3305.78	2691.64	249.62	364.53
2013	64616.84	3745.64	3060.73	334.49	350.42

注：数据来源于国家统计局网站

涉及房地产市场的土地供应可以分为保障性安居工程和商品住房两大类，其中商品住房中包括中小套商品住房。国家在进行土地规划时对各类用地进行了计划，根据国土资源部的数据可知，2011年我国住房用地计划供应面积为217973.66公顷，实际供应面积135885.27公顷，其中保障性安居工程住房用地实际供应面积为48098.79公顷，商品房住房用地实际供应面积87786.47公顷；2012年我国住房用地计划供应面积为159348.49公顷，实际供应面积114907.88公顷，其中保障性安居工程住房用地实际供应面积为38255.51公顷，商品房住房用地实际供应面积76652.37公顷。从以上可得的数据可以看出住房建设用地的实际供应面积一般小于计划供应面积，对土地的利用和审批进行了严格控制。商品房用地面积约占住房用地面积的65%左右，而保障性安居工程用地面积占住房用地面积的35%左右。

从房地产市场的土地购置面积角度看，1997年用于房地产开发的土地购置面积为6641.7万平方米，到1998年房改时土地购置面积1亿平方米，达到10109.3万平方米。在1998-2004年之间，房地产开发土地购置面积逐年增加，到2004年的土地购置面积达到39784.7万平方米；2005—2006年略有下降，2007年的土地购置面积重新增加到40245.8万平方米，之后受金融危机的影响，2008年和2009年的土地购置面积下降，2009年房地产市场的土地购置面积为31909.5万平方米；与此同时，受经济刺激政策的影响，2009—2011年土地购置面积快速增加，到2011年达到最高点，2011年的土地购置面积为44327.44万平方米。因此，从数据变化角度看，2004—2014年我国房地产市场的土地购置面积虽然受宏观经济和经济刺激政策的影响呈现上下起伏的波动状态，但是总体来看仍然处于较高水平，截至2014年土地购置面积为33383.03万平方米。

另外，我国城市和农村的土地流转制度不同，目前农村的土地还属于集体所有制，不能自由流转，因此城市房地产市场发展带来的好处农村还不能分享到。也因此城乡二元制的土地流转制度在城市房地产行业高速发展的同时正在加速扩大我国城乡之间的收入差距。因此，农村土地改革势在必行。2014年12月，为了试点和推动农村土地改革，中央全面深化改革领导小组第七次会议审议了《关于农村土地征收、集体经营性建设用地入市、宅基地制度改革试点工作的意见》。该意见强调农村土地改革要坚持三条底线不能破，这三条底线分别是土地公有制性质不改变、耕地红线不突破、农民利益不受损，并指出我国当前的农村土地改革可以在试点基础上有序推进。该意见的出台标志着我国农村土地制度改革即将进入试点阶段。对于农村土地改革试点工作，改革试点将会坚持三方面的原则：一是坚持小范围试点，试点将在新型城镇化综合试点和农村改革试验区中选择；二是坚持依法改革；三是坚持封闭运行，确保风险可控，并将在2017年年底完成。针对农村集体产权制度改革的顶层设计正在紧锣密鼓地进行，中央农村工作领导小组办公室、农业部等相关部门将推出一系列指导文件。这似乎预示着我国新一轮土改大幕的开启。

3.4.2 财政税收政策

财政税收政策是国家的一种宏观调控政策，通过对社会产品进行集中性分配和再分配以及通过财政补贴和税收等手段引导行业的发展，通过财政政策可以影响社会总需求，调节国家经济活动，从而实现社会经济的持续稳定发展。财政政策的目的一般包括四方面，分别是实现经济增长目标、稳定经济目标、公平分配目标、资源配置目标。而财政政策的手段主要包括国家预算、国家税收、国债、财政补贴等。

与房地产市场密切相关的财政政策主要是指税收政策，即房地产税以及土地购置相关的税费。因此，在此主要分析税收政策。根据经济学理论可知，政府对社会产品和劳务进行征税的依据主要包括五方面：一是政府为了提供公共产品，因为公共产品的非竞争性和非排他性，因此在市场经济条件下，由市场提供的公共产品始终是不足的，政府需要通过征税来增加公共产品的供应；二是外部性的存在，外部性的存在使得私人收益和社会收益不相等、私人成本与社会成本不相等，如果政府不通过税收等手段进行调节，那么负外部性的产品就会过多，而正外部性的产品就会过少；三是不确定性的存在，因为对于投资者来说，投资行为始终是有一定风险性的，而大多经济主体均是风险规避者，因此政府为了鼓励投资可以通过税收减免等方式进行；四是收入的再分配，一般而言在市场经济条件下，收入分配的差距会逐渐加大，收入差距可以通过基尼系数进行衡量，而解决收入分配差距的问题，其中一个重要途径就是收入的再分配，收入的再分配可以通过税收和财政转移支付等方式进行，从而调节收入差距；五是宏观调控的需要，政府可以通过税收和财政支出结合实现宏观调控目标，如在经济衰退期间，政府可以通过扩大政府支出，降低税收，从而扩大社会总需求，解决失业问题，而在经济高涨阶段，政府又可以通过减少政府支出，提高税收，从而降低社会总需求，解决通货膨胀问题。

对税收的效应进行分析，根据税收契子理论可知税收影响生产交换的效率，增加税收，会使均衡需求量减少，在供给量不变的情况下，供过于求；根据税收的漏斗效应可知在税收的征收过程中实际上会产生浪费，而在财政转移支付过程中也不能做到等量转移支付；根据拉弗曲线可知随着经济社会的发展，在某一临界值之前，增加税率会提高税收收入，但是税率一旦超过某一个临界值之后，税率的增加会导致企业成本的上升，反而会降低政府的税收收入。

对于房地产市场来说，由于分税制的制度设计，房地产行业的税收收入已经成为地方政府的主要收入项之一，具体数据见表9所示。从表中可以看出我国房地产行业的税收收入在2010年达到6855亿元；2012年突破1万亿元，达到12352亿元；到2014年房地产行业的税收收入已经达到16619亿元。从国家税务局和地方税务局的数据可以看出，房地产行业对地方税收收入的贡献较大，2010年房地产行业地方税务局的税收收入为5711.5亿元，占房地产行业总税收收入的83%，国家税务局的税收收入为1144亿元；到2012年房地产行业对地方的税收贡献超过1万亿元，达到11003.9亿元，占房地产行业税收贡献的比例为89%；到2014年房地产行业对地方的税收贡献已经达到了15175.2亿元，占房地产行业总税收收入的91%。

表9 我国房地产业税收收入（单位：亿元）

	税收收入：房地产业	国家税务局	地方税务局
2010	6855.00	1144.00	5711.50
2011	8666.00	1368.50	7297.20
2012	12352.00	1348.40	11003.90
2013	15560.00	1578.10	13981.50
2014	16619.00	1443.90	15175.20

注：数据来源于国家税务总局网站

2014年6月，中央政治局会议审议通过了《财政税收体制改革总体方案》，该方案为新一轮财税体制改革奠定了总基调，并明确指出房地产税是财税体制改革的六大改革税种之一。

3.4.3 货币金融政策

货币政策是指一国的中央银行通过各种货币政策工具调节货币供应量，从而调节市场利率，通过市场利率影响投资收益，进而影响投资和总需求。货币政策通过政府对货币、信贷以及银行体制的管理来实现。调节总需求的货币政策工具主要有三类：一是法定准备金率，二是公开市场业务，三是贴现政策。

货币政策影响货币供应量，在经济下行的情况下，一般实施积极的货币政策，此时货币供应量会增加进而刺激总需求，在积极的货币政策下企业获取贷款比较容易，利息率会降低，即企业的财务成本会下降；在经济过热或者通货膨胀较严重的情况下，一般实施紧缩的货币政策，此时货币供应量会减少，企业获取贷款的难度增加，同时利息率上升使企业的利息费用增加。

在我国与房地产市场发展密切相关的货币政策变量包括货币供应量 M2，贷款利率等。货币供应量增加会使一部分资金进入房地产市场，推动房地产市场的发展，尤其是房地产兼具居住属性和投资属性的特征，在实体经济下行的情况，货币供应量的增加在缺乏有效投资渠道的情况下，有相当一部分都进入了房地产市场，从而影响房地产市场。如在2008年国际金融危机之后，我国政府推出了4万亿的经济刺激计划，货币供应量 M2 增速增加，房地产市场在2009年之后快速上行，土地购置面积和房屋新开工面积在2009年和2010年快速增加。由此可见货币供应量与房地产市场之间存在正向的关联性。

除了货币供应量之外，房地产市场的发展还会受到利率水平的影响。这主要是因为房地产市场属于资本密集型，对于房地产开发企业来说需要通过各种渠道的融资来获取开发资金，融资成本关系到房地产开发企业的利润水平，而融资的成本由利率水平和融资规模决定；对于购房者来说，大部分购房者都通过银行进行按揭贷款来购买住房，因此银行对购房者的首付比例和按揭贷款利率都关系到购房者的购房能力，而购房能力是使购房需求成为有效需求的必要条件，因此贷款利率通过影响购房者购房能力进而影响房地产市场的有效需求。根据中国人民银行公布的五年以上中长期贷款利率数据显示，2007年9月到2008年8月的中长期贷款利率为7.83%，从2008年9月开始中长期贷款利率开始降低，到2008年12月的时候下降到5.94%，这一利率一直持续实施到2010年9月；从2010年10月到2012年5月进行过五次涨息，从2010年10月的6.14%上涨到2011年7月的7.05%，这一利率水平持续到2012年5月；从2012年6月开始一直到2016年3月，五年以上中长期贷款利率始终呈下降趋势，到2016年3月，五年以上中长期贷款利率为4.9%。从中长期贷款利率的变化情况来看，房地产开发企业和购房者的融资成本目前是比较低的。与房地产市场相关的另一个利率水平是五年以上个人住房公积金贷款利率，其总体走势与前者相似，不过比前者更低，2016年3月五年以上个人住房公积金贷款利率仅为3.25%。

另外，从个人按揭贷款规模的变化可以看出我国房地产市场的金融支持度，根据中国人民银行的数据可知2005年我国住房市场个人按揭贷款规模为1341.18亿元，2006年和2007年均在前一年的基础上增加近一倍，2006年个人按揭贷款规模为2588.38亿元，2007年个人按揭贷款规模为5088.38亿元；2008年受金融危机影响，我国住房市场的个人按揭贷款规模同样受到较大影响，当年个人按揭贷款规模仅为3886亿元；之后2009—2014年，除了2011年和2014年略有下降之外，其余年份均在前一年的基础上明显增加，2014年我国个人按揭贷款规模达到13665亿元。

3.4.4 人民币汇率

汇率是指一国货币兑换另一国货币的比率，可以将一种货币理解为普通商品，用另一种货币来进行计价；而人民币汇率是指人民币与其他货币之间兑换的比率。人民币汇率对房地产市场同样存在影响，其影响的路径有两个。第一个路径是人民币汇率的变化通过影响宏观经济，进而影响房地产市场，如我国是以出口为导向的外向型经济，如果人民币汇率升值，我国的出口贸易就会受到不利影响，出口受影响会导致我国GDP增速下滑，在这种情况下政府或者出台政策通过固定资产投资等方式刺激经济，这样会促进房地产市场的发展，但是同时如果GDP下滑影响到就业市场，则会通过居民收入下降对房地产市场造成不利影响；第二个路径是人民币汇率的变化通过金融领域对房地产市场造成影响，如人民币汇率升值，国际流动资本，即"热钱"会通过各种渠道进入国内资本市场，"热钱"的涌入在我国外汇管制的情况下，会产生外汇占款，即被动地发行基础货币，这样实际上相当于增加了M2，对我国房地产市场的开发和投资产生利好。

实际有效汇率指数的计算一方面剔除了通货膨胀因素，另一方面考虑了一个国家主要贸易伙伴国的货币价值变动。所以实际有效汇率指数可以真实地反映一个国家货币的真实对外价值，因此一国实际有效汇率指数的上升表示该国货币升值，实际有效汇率指数的下降表示该国货币贬值。根据国际清算银行公布的数据可知，人民币实际有效汇率指数在2008年到2016年3月之间的走势总体呈现上升趋势，以2010年人民币实际有效汇率指数为基期100，则2008年1月的人民币实际有效汇率指数为92.07，到2016年3月人民币实际有效汇率指数为128.42。由此可见，人民币在2008—2016年总体趋势表现为升值。

3.5 本章小结

本章首先对我国房地产市场的运行环境和利益相关方进行定性分析，由此可知房地产作为我国国民经济的支柱产业，房地产市场并不是孤立存在的，而是与国民经济的其他行业相互联系和相互影响。房地产市场的运行环境可以包括政治环境、经济环境、社会环境、金融环境、法律制度环境、国际环境等；而且由于房地产开发过程涉及的环节众多，其利益相关方众多。由此可知房地产市场发展的影响因素也非常复杂，在此基础上本章第二节、第三节和第四节分别从影响我国房地产市场发展的基本面因素、微观主体因素、政策因素三个角度深入分析了影响我国房地产市场发展的不同因素，其中基本面因素包括国家宏观经济基本面因素、人口因素和城镇化发展水平；微观主体因素包括居民可支配收入和家庭财富水平、房地产价格水平、房地产开发成本因素以及房地产开发企业的资金实力；政策因素包括国家的土地开发政策、与房地产市场发展相关的财政税收政策和货币金融政策，另外人民币汇率也会通过宏观经济基本面以及资本的国际流动对我国房地产市场产生影响。

经济基本面是各行各业总体运行情况的平均表现，那么经济基本面就相当于一个地区的经济运行"大盘"。在"大盘"向好的情况下，其中的个别产业，尤其如国民经济的支柱产业房地产业，其运行一般是同向变化的。2013年之后，中国经济进入产业结构转型升级，经济增速换挡的新常态，中国经济增长正在实现从要素驱动、投资驱动向创新驱动的转变。与中国经济进入新常态相对应的是中国的房地产市场。

人口因素实际上是最基础的和中长期的因素，尤其对于中国这样的人口大国来说，人口因素是研究房地产市场不能忽视的一种重要因素。人口因素对房地产市场的影响是多方面的，这主要是因为与人口相关的特征是多方面的，包括人口数量、人口年龄、劳动人口数量等。人口的不同特征对房地产市场的影响各不相同。

我国房地产市场能够快速发展，其根本动力是经济增长叠加城镇化的快速发展。其实质是农村人口向中小城镇转移，中小城镇人口向城市转移，城市人口向核心城市转移的链式过程。城镇化的快速发展带动了城市房地产市场的发展，城市人口增加带动了对住宅需求的增加。中国经济发展进入减速换挡的新常态，在出口拉动等外需不足的情况下，继续积极稳妥地推进城镇化建设就是其中一个重要选择。从这个角度来讲，城镇化是我国未来经济发展的一个新增长点，一方面因为我国的城镇化水平与美国、韩国等国家的城镇化水平存在较大的差距，另一方面提高城镇化水平可以有效地扩大内需、拉动经济增长。

居民收入与财富关系到居民购买房地产的购买能力，对于房地产市场来说，居民收入水平高，家庭拥有的财富多，则对房地产的购买能力就更强。居民收入的提高不仅与经济发展程度相关，同时与收入分配制度相关，收入分配不公导致贫富差距过大同样会反过来影响经济和社会的可持续发展。

房地产市场的价格因素和成本因素会影响房地产开发企业的利润水平，从而影响房地产开发企业提升供给的动力。另外价格因素及与之相关的价格上涨预期同样影响到消费者的购房决策。对房地产需求价格弹性的研究表明住房需求一般来说弹性较小，住房需求和食品等产品一样，是人们生活的必需品。而对于房地产供给的价格弹性来说，需要从短期和长期来看，由于房屋存在较长的建造周期，因此房地产供给的价格弹性在短期内较小，但是长期来看房地产供给的价格弹性在短期内较大。

房地产开发行业是属于资本密集型产业，因此房地产开发企业的资金实力与企业的供给能力密切相关。如果房地产开发企业自身的资金实力雄厚，一方面其融资成本会较低，另一方面企业承担风险的能力也更强，这样的企业在市场上的竞争力也更强。

土地市场实际上是房地产市场的一级市场，因此土地政策对房地产市场的影响是基础性和决定性的。房地产开发企业与其他企业相比，其核心竞争力往往表现在公司待开发的优质土地储备上。

财政税收政策、货币金融政策属于宏观经济的调控政策，房地产市场作为我国国民经济的支柱产业之一，其发展显然是受到宏观经济调控政策的影响的，这包括房地产市场相关的税收政策、货币发行、利率政策等。另外，在全球化水平越来越高的背景下，人民币汇率的变化同样会通过宏观经济基本面和国际资本流动两条路径传导到房地产市场上。

第4章 我国房地产市场发展供给需求影响因素的总体分析

　　本书在定性分析部分对我国房地产市场发展的运行环境进行了分析，通过分析可知房地产市场的运行环境复杂，通过对我国房地产市场发展的利益相关方进行分析可知，房地产市场发展涉及的利益相关方众多。因此，影响房地产市场发展的因素也很多。本书结合定性分析和理论在第三章从基本面因素、微观主体因素、政策因素等三个不同的角度对我国房地产市场发展的影响因素进行了基本分析。通过分析可知，影响房地产市场发展的基本面因素包括经济因素、人口因素、城镇化水平等，微观主体因素包括居民收入与财富、价格因素、成本因素、企业资金实力等，政策因素包括土地政策、财政税收政策、货币金融政策、人民币汇率等。

　　经过第三章对我国房地产市场影响因素的基本分析之后我们将面对两个问题：一是不同影响因素可以抽象出不同的指标，如人口因素包括的指标有反映人口规模的常住人口数量、反映人口年龄结构的劳动人口比例等，通过基本分析我们并不能由此得知哪些指标对房地产市场发展的影响是显著的，哪些因素又是不显著的；二是上述不同指标相当于解释变量，研究这些指标对房地产市场的影响，还需要选取代表房地产市场发展的被解释变量，根据第二章的理论框架构建，本书选择从供给和需求两个角度对房地产市场的影响因素进行分析。而根据经济学理论可知第三章中涉及的各种影响因素，可能有的因素会对房地产市场的供给产生影响，如企业资金实力和土地政策等；有的因素会对房地产市场的需求产生影响，如居民收入和财富、人口因素等；而有的因素则既能对房地产市场的供给产生影响，又能对房地产市场的需求产生影响。

因此，本书在对房地产市场发展影响因素进行基本分析的基础上，运用供给和需求理论，进一步按照现代计量的方法通过对不同影响因素的显著性进行计量识别，从而对我国房地产市场供给和需求的影响因素进行总体分析。本章从需求侧和供给侧两方面：从市场的角度运用供给和需求理论建立模型，利用逐步回归的计量方法对各个影响因素进行显著性识别和检验。

4.1 影响房地产市场发展需求侧
和供给侧的计量模型构建

本小节在上一章我国房地产市场影响因素的基本分析基础上，根据供给和需求理论构建计量识别模型。

4.1.1 需求侧影响因素识别的计量模型

4.1.1.1 从需求侧到需求的思路转变

本小节从房地产市场的需求侧着手进行分析。根据需求侧进行研究应该从需求侧的"三驾马车"着手，但是这种研究思路是从产值的角度进行的，即被解释变量一般是国内生产总值等指标，研究目的也是测算不同需求对经济增长的贡献。

而本小节的研究出发点是为了找出影响我国房地产市场需求的因素，所以从需求侧着手的研究思路需要从产值的角度转换到产量的角度，即以房地产市场的需求量为被解释变量，研究目的不再是测算不同需求对产出增长的贡献，而是研究不同因素对需求量的影响。因此，从这个角度思考，本书从需求侧着手进行分析，实际上需要从供给需求理论的需求理论出发进行研究。

4.1.1.2 被解释变量设置

在本小节的研究中因为研究视角是从房地产市场的需求出发，研究影响房地产市场需求的因素，因此在被解释变量选择上需要寻找一个衡量房地产需求量的指标。根据我国现行的统计指标进行筛选，对房地产需求量最好的衡量指标就是房屋（住宅）销售面积。因此，本小节将房屋（住宅）销售面积作为分析的被解释变量。

4.1.1.3 解释变量设置分析及需求函数假设

根据需求理论可知，对产品的有效需求由两个充分必要条件，一个是需求的欲望，另一个是满足需求的能力。就房地产市场需求的欲望来说，由于住宅具有居住和投资的双重属性，因此对房地产市场需求可以从居住需求和投资需求两方面进行分析。对产品的需求造成影响的首要因素是产品的价格，这包括产品本身的价格以及对价格的预期。房地产市场的产品价格，即住宅销售价格对居住性需求产生影响，根据实际情况可知两者之间存在反向关系，即房价越高，居住型需求减少；对于投资性需求来说，对房价的未来预期是其主要影响因素，即房地产市场投资者如果预期未来房价会较快上涨，那么对房地产市场的投资性需求就会增加，反之则会下降。另外，影响消费者购买欲望的因素还包括消费者的偏好，如对于大部分中国人来说，其对住宅的消费偏好受传统观念的影响，一般比较偏好购买住房，而不是租房。

前面部分分析了房地产市场的购买欲望的影响因素，同时还需要对满足需求的能力进行分析。而根据需求理论可知，满足产品需求能力的影响因素包括消费者收入水平、替代产品的价格、金融支持度等因素。消费者收入水平包括两方面：一是消费者可支配收入水平，二是其家庭财富，即居民家庭储蓄存款。对于替代产品的价格，就居住功能来说，房屋没有替代品，只存在不同档次的住宅，就投资功能来说，包括证券市场、实体投资等多种，这不是本书的研究重点，而且对于大部分中国居民家庭来说，房产即家庭的主要财富，房地产就是主要的投资标的，所以在替代产品的价格选择上暂时没有考虑。另外，房屋的总价较高，消费者和投资者购买住宅一般都需要通过银行贷款进行，因此金融行业对房地产需求的金融支持度影响着消费者和投资者对房地产的购买能力。

另外，对于房地产市场的需求来说，比较特殊的是会受到人口因素的影响，因为房地产发展的本质是为了改善人民的居住和生活条件。而人口因素又包括人口总量、人口结构等指标以及与人口指标相关联的城镇化人口比重等指标。

在上述分析的基础上，本小节对我国房地产市场需求侧影响因素模型做如下假设：

（1）投资者对我国房地产市场价格的预期为适应性预期；

（2）适应性预期中，投资者根据过去的房价运行趋势对未来房地产市场进行预测；

（3）投资者根据房价变动进行预期，其预期只有一期。

4.1.1.4 需求侧影响因素模型构建

根据前面需求理论分析可知，我国房地产市场需求侧的影响因素包括：
（1）房地产销售价格相关因素，如房屋销售价格和房屋销售价格增长率；（2）购买能力相关的因素，如居民可支配收入、居民家庭存款以及金融机构对居民购房的金融支持程度，即个人购房按揭贷款；（3）人口因素，如人口规模、劳动人口比重以及与城市化水平相关的城市人口比重。因此，根据需求理论分析可以构建房地产市场需求侧影响因素的计量模型如下：

$$qd = f (pr, pg, ic, dkp, ck, pop, lpv, cpv) \qquad （4-1）$$

qd：表示住宅销售面积，作为房地产市场需求侧的代理变量；

pr：表示可比价住宅销售价格；

pg：表示可比价住宅销售价格的增长率；

ic：表示城镇居民可支配收入；

dkp：表示可比价个人按揭贷款规模；

ck：表示可比价居民储蓄存款规模；

pop：表示总人口；

lpv：表示劳动人口比重，即15~64岁人口占总人口的比重；

cpv：表示城镇人口比重，即城镇人口占总人口比重。

4.1.2 供给侧影响因素识别的计量模型

4.1.2.1 从供给侧到供给的思路转变

根据经济增长理论，从供给侧进行研究应该从供给侧的"三驾马车"着手，但是这种研究思路是从产值的角度进行的，即被解释变量一般是国内生产总值等指标，研究目的也是测算不同要素对产出增长的贡献。根据供给侧"三驾马车"的思路对经济进行改革的目的也是为了提升经济的潜在增长力。

而本小节的研究出发点是为了找出影响我国房地产市场供给侧的因素，所以从供给侧着手的研究思路需要从产值的角度转换到产量的角度，即以房地产市场的供给为被解释变量，研究目的不再是测算不同生产要素对产出增长的贡献，而是研究不同因素对供给量的影响。因此，从这个角度思考，本小节从供给侧着手进行分析，实际上需要从供给需求理论的供给理论出发进行研究。

4.1.2.2 被解释变量设置

在本小节的研究中因为研究视角是从房地产市场的供给出发，研究影响房地产市场供给的因素，因此在被解释变量选择上需要寻找一个衡量房地产供给量的指标。根据我国现行的统计指标进行筛选，可用于衡量供给的指标实际上有四个，分别是房屋施工面积、房屋竣工面积、房屋新开工面积、待售房屋面积。

经过反复斟酌，最终选择房屋新开工面积作为本小节研究房地产市场供给的被解释变量。选择房屋新开工面积作为被解释变量的原因在于房屋新开工面积反映了房地产开发公司根据当年实际情况和未来预期做出的投资决策，这在很大程度上反映了当年的房地产市场状况。比较而言，房屋施工面积、房屋竣工面积、待售房屋面积反映的是以前年度的投资决策。另外，根据张东和杨易的研究思路，房地产市场的供应实际上可以分为存量供应和增量供应，本小节根据研究需要只对增量供应进行分析。

4.1.2.3 解释变量设置分析及供给函数假设

假设房地产开发企业的运行以利润最大化为目标，那么那些能够影响房地产开发企业利润相关的因素一般就可能会影响房地产开发企业进行投资开发。而根据供给理论可知，产品供给的影响因素包括产品销售价格、产品生产成本、产品销售情况、替代产品的价格、生产技术、预期等因素。

房地产价格和销售情况会对房地产开发企业的销售收入产生重大影响；而房屋造价，即房屋的生产成本则会影响房地产开发企业的成本；具体到中国房地产市场供给研究，由于主要以投资驱动，所以房屋的开发在生产技术上可以暂时不考虑；就居住功能来说，房屋没有替代品，只存在不同档次的住宅，就投资功能来说，包括证券市场、实体投资等多种，这不是本书的研究重点，而且目前中国的房地产就是主要的投资标的，所以在替代产品的价格选择上暂时没有考虑；预期因素方面的考虑，因为房地产开发企业进行投资开发关注的因素比较多，但是最主要的因素还是房屋的销售情况。

另外，对于房地产市场的供给来说，比较特殊的有两点，一是房地产市场的供给会受到土地供应和土地价格的影响，所以在本小节的分析中，将土地购置面积和土地购置价格纳入模型；二是房地产市场的供给以投资驱动，所以对资金的要求较高，包括房地产开发企业自身的资金实力、银行贷款、利用外资等各种方面。

在上述分析的基础上，本小节对我国房地产市场需求侧影响因素模型做如下假设：

（1）房地产开发企业对我国房地产市场价格的预期为适应性预期；

（2）适应性预期中，房地产开发企业的投资决策根据过去的房价运行趋势和房屋销售情况对未来的房地产市场进行预测；

（3）房地产开发企业根据房价变动和房屋销售情况进行预期，其预期只有一期。

4.1.2.4 供给侧影响因素模型构建

根据前面供给理论分析可知，我国房地产市场供给侧的影响因素包括：（1）房地产销售价格相关因素，如房屋销售价格和房屋销售价格增长率；（2）需求因素，如当年的房地产市场销售情况和往年的房地产市场销售情况；（3）房地产开发企业的资金实力和金融机构对房地产开发企业的融资情况，如房地产开发企业的资金来源、自筹资金比例、金融机构贷款的比例；（4）土地因素，如土地购置面积和土地购置价格；（5）其他成本因素，如竣工房屋造价。因此，根据供给理论分析可以构建房地产市场供给侧影响因素的计量模型如下：

$$qs = f (pr, pg, qd, qd(-1), mt, mzv, dkv, lm, lp, zj) \qquad （4-2）$$

qs：表示住宅新开工面积，作为房地产市场供给侧的代理变量；

pr：表示可比价住宅销售价格；

pg：表示可比价住宅销售价格的增长率；

qd：表示住宅销售面积；

qd(-1)：表示滞后一期的住宅销售面积，即前一年的住宅销售情况；

mt：表示可比价房地产开发企业资金来源小计；

mzv：表示房地产开发企业自筹资金比例；

dkv：表示金融机构对房地产开发企业的贷款占资金来源总计的比例；

lm：表示土地购置面积；

lp：表示可比价土地购置价格；

zj：表示可比价竣工房屋造价。

4.1.3 计量模型的进一步处理

在对经济变量进行计量分析前，一般会通过取对数的方式对经济变量进行处理，一方面通过对变量取对数可以缩小经济变量的绝对值，同时改善异方差情况，另一方面通过对经济变量取对数之后进行估计得到的不同影响因素的系数为该系数对被解释变量的弹性。另外，在对经济变量取对数的时候，需要注意的是存在负值的经济变量不能取对数。因此，对模型4-1和模型4-2中的规模性变量进行取对数处理，增长率和比率变量保持不变，建立相应的半对数模型。

根据模型4-1，对模型中的绝对值变量取对数，可以建立房地产市场需求侧影响因素计量模型的半对数模型如下：

$$\ln qd = \beta_0 + \beta_1 \ln pr + \beta_2 pg + \beta_3 \ln ic + \beta_4 \ln dkp + \beta_5 \ln ck + \beta_6 \ln pop$$

$$+ \beta_7 lpv + \beta_8 cpv + \mu \qquad （4-3）$$

其中 β_0 表示常数项，其余的 β 表示不同影响因素的待估计参数，μ 表示误差项。

根据模型4-2，对模型中的绝对值变量取对数，可以建立房地产市场供给侧影响因素计量模型的半对数模型如下：

$$\ln qs = \beta_0 + \beta_1 \ln pr + \beta_2 pg + \beta_3 \ln qd + \beta_4 \ln qd(-1) + \beta_5 \ln mt + \beta_6 mzv + \beta_7 dkv$$

$$+ \beta_8 \ln lm + \beta_9 \ln lp + \beta_{10} \ln zj + \mu \qquad （4-4）$$

其中 β_0 表示常数项，其余的 β 表示不同影响因素的待估计参数，μ 表示误差项。

在以上建模的基础上对我国房地产市场需求侧和供给侧进行影响因素识别，实际上除了以上变量之外，还存在一些无法观测的变量可能会对模型的估计造成影响，如风俗习惯等。为了消除不可观测变量的影响，一个有效的解决办法是使用面板数据对计量模型进行分析，通过固定效应模型或者随机效应模型可以有效消除不可观测变量对被解释变量的影响，另外通过增加样本容量可以降低估计误差。

4.2 数据来源与数据预处理

在进行实证分析之前需要根据计量模型的指标设置搜集数据，并为了保证数据的可比性，需要对受通货膨胀影响的指标进行处理。

4.2.1 样本区间与数据来源

为了研究房地产市场的影响因素，搜集的面板数据时间维度从2005年到2014年，数据频率为年度数据，空间维度包括中国大陆30个省级行政区，其中西藏自治区的数据缺失，所以在本章研究中没有包括西藏。

根据计量模型4-1的设置，通过国家统计局网站和相关统计年鉴，可以搜集到2005年至2014年以下指标的年度分省数据，包括住宅销售面积和住宅销售额、城镇居民人均可支配收入、城乡居民人民币储蓄存款和个人按揭贷款、总人口、人口数（抽样数）、15~64岁人口数（抽样数）、城镇人口比重。

根据计量模型4-2的设置，通过国家统计局网站和相关统计年鉴，可以搜集到2005年至2014年以下指标的年度分省数据，包括住宅新开工面积、住宅销售面积、住宅销售额、房地产开发企业本年资金来源小计、房地产开发企业自筹资金、房地产开发企业国内贷款、土地购置面积、土地购置费用、竣工房屋造价。

为了消除通货膨胀的影响，还需要搜集各指标相关的价格指数，通过国家统计局网站和相关统计年鉴，可以搜集到2005年至2014年以下指标的年度分省数据，包括居民消费价格指数（CPI）、CPI居住价格指数（CPI: 居住）、固定资产投资价格指数。

4.2.2 数据预处理

首先，根据搜集到的数据计算模型中需要的指标。根据住宅销售面积、住宅销售额两个指标可以计算住宅销售价格；根据住宅销售价格可以在消除通货膨胀影响之后计算销售价格增长率；根据人口数（抽样数）、15~64岁人口数（抽样数）两个指标可以计算劳动人口比重；根据房地产开发企业本年资金来源小计、房地产开发企业自筹资金两个指标可以计算自筹资金比重；根据房地产开发企业本年资金来源小计、房地产开发企业国内贷款两个指标可以计算国内贷款比重；根据土地购置面积、土地购置费用两个指标可以计算土地购置价格。

其次，需要对模型中受通货膨胀影响的指标进一步处理，以剔除通货膨胀因素的影响，使同一指标在不同地区和不同时间的数据具有可比性。第一步是将居民消费价格指数（CPI）、CPI居住价格指数（CPI：居住）、固定资产投资价格指数转换成为以2005年为基期的数据；第二步是根据以上三个指标的定基数据计算各解释变量的可比价指标，其中住宅销售价格、个人按揭贷款、房地产开发企业本年资金来源小计、土地购置价格四个指标利用定基的CPI居住价格指数（CPI：居住）剔除通货膨胀因素；城镇居民人均可支配收入、城乡居民储蓄存款两个指标利用定基的居民消费价格指数（CPI）剔除通货膨胀因素；竣工房屋造价利用定基的固定资产投资价格指数剔除通货膨胀因素。

所有数据的预处理均通过 Excel 完成。

4.3 影响因素计量识别的实证研究方法

在影响因素基本分析的基础上，建立需求侧和供给侧的计量模型，然后利用面板数据，采用逐步回归方法对计量模型中的各个影响因素进行识别。

4.3.1 逐步回归方法

在研究多项式回归问题时，由于有的解释变量对被解释变量的影响并不显著，因此，可以将这些不显著的因素剔除。通过剔除不显著的影响因素，可以有效减少解释变量的个数，避免冗余变量的问题出现，同时可以提高计算效率。在实际问题中，逐步回归法是有效的常用方法。

逐步回归法属于探索性研究方法，通过逐步回归法可以从多个因素中甄别出显著性影响因素。逐步回归法包括前向逐步回归法和后向逐步回归法，前向逐步回归法指在回归过程中逐渐增加解释变量，根据解释变量回归结果的 p 值以及方程的拟合优度对增加的解释变量的显著性和合理性进行判断，以确定解释变量是否进入方程；后向逐步回归法与前向逐步回归法相反，首先将需要研究的变量全部加入模型进行回归，再根据各个变量的 p 值和方程的拟合优度逐步剔除不显著的变量，以确定解释变量是否保留在方程中，直到方程中所有变量均显著为止。

本小节为了研究我国房地产市场需求侧和供给侧的影响因素，在计量模型4-1和计量模型4-2的基础上，运用后向逐步回归法对模型中变量的显著性进行识别和分析。

4.3.2 面板数据平稳性检验

在涉及时间序列数据的计量分析中，为了避免虚假回归的问题，首先需要利用 ADF 单位根检验法对数据的平稳性进行检验。ADF 单位根检验法是 Dickey 和 Fuller 在1979年提出的检验时间序列平稳性的方法，由于 ADF 法是在 DF 法的基础上进行的推广，因此 ADF 法又称之为增广 DF 检验。

ADF 法的检验思路是根据时间序列建立如下三个模型，即：

$$Dy_t = \hat{\rho} y_{t-1} + \sum_{i=1}^{k} \gamma Dy_{t-1} + \upsilon_t \qquad (4\text{–}5)$$

$$Dy_t = \mu + \hat{\rho} y_{t-1} + \sum_{i=1}^{k} \gamma Dy_{t-1} + \upsilon_t \qquad (4\text{–}6)$$

$$Dy_t = \mu + \alpha t + \hat{\rho} y_{t-1} + \sum_{i=1}^{k} \gamma Dy_{t-1} + \upsilon_t \qquad (4\text{–}7)$$

以上三个模型中 D 表示对时间序列 y 进行一阶差分处理，模型4-5表示无漂移项无趋势项的情况，模型4-6表示有漂移项的情况，而模型4-7表示有漂移项和趋势项的情况。ADF 检验方法是通过检验以上三个模型中的 $\hat{\rho}$ 是否等于0，从而判断时间序列 y 的平稳性。原假设为 $\hat{\rho}$ 等于0，备择假设为 $\hat{\rho}$ 小于0，当原假设成立的情况下表示时间序列 y 为非平稳时间序列，备择假设成立的情况下表示时间序列 y 为平稳时间序列。在实际检验过程中，还需要确定时间序列差分项的之后项个数，可以通过 SCI 标准进行判断。

在实际检验过程中，检验步骤为先对原序列进行水平层次的平稳性检验，经过检验发现原序列非平稳的情况下，再依次对原序列的一阶差分和二阶差分进行平稳性检验，而各层次的检验过程中又分有漂移项和趋势项、有漂移项、无漂移项无趋势项三种不同情况，所以对一个序列应该依次按照以上三种层次三种不同情况进行检验，当出现平稳结论时即结束检验，并认为原序列为相应阶数的单整序列（见表10所示）。另外，在使用 ADF 方法检验变量平稳性的过程中，变量的滞后步长基于 SIC 标准由计量分析软件自动进行选择。

表 10　变量平稳性检验次序

检验次序	层次	是否有漂移项	是否有趋势项
1	水平	有	有
2	水平	有	无
3	水平	无	无
4	一阶差分	有	有
5	一阶差分	有	无
6	一阶差分	无	无
7	二次一阶差分	有	有
8	二次一阶差分	有	无
9	二次一阶差分	无	无

以上介绍的是对时间序列进行平稳性检验的 ADF 方法，而面板数据由于兼有时间序列数据和截面数据的特征，因此在进行计量分析之前也需要进行平稳性检验。对面板数据指标进行平稳性检验的方法根据其思路不同可以分为相同根的检验方法和不同根的检验方法，前者包含的方法有 LLC 检验、Breitung 检验，后者包含的方法有 IPS 检验、ADF-Fisher 检验、PP-Fisher 检验等。一般情况下，为了简便，可以同时通过 LLC 检验和 ADF-Fisher 检验的结果进行判断，如果两种检验方法均显著，则表示检验的序列平稳。

在面板上数据平稳性检验的实际检验过程中，其检验步骤与时间序列的检验步骤相同，同样需要对原序列进行水平层次的平稳性检验，经过检验发现原序列非平稳的情况下，再依次对原序列的一阶差分和二阶差分进行平稳性检验，而各层次的检验过程中又分有漂移项和趋势项、有漂移项、无漂移项无趋势项三种不同情况（具体检验步骤见表10所示）。

4.3.3 面板数据模型选择

4.3.3.1 面板数据模型的分类

利用面板数据对计量模型进行分析，涉及面板数据模型的选择问题，面板数据模型在仅考虑个体效应的情况下包括三种不同的形式，第一种形式是混合效应模型，第二种形式是个体固定效应模型，第三种形式是个体随机效应模型，即以下三种形式：

$$y_{it} = \alpha + x_{it}'\beta + \varepsilon_{it} \qquad\qquad (4\text{-}8)$$

$$y_{it} = \alpha_i + x_{it}'\beta + \varepsilon_{it} \qquad\qquad (4\text{-}9)$$

$$y_{it} = \alpha + x_{it}'\beta + \mu_i + \varepsilon_{it} \qquad\qquad (4\text{-}10)$$

模型4-8为混合效应模型，其中　　表示截距项，是常数，ε_{it} 为随机扰动项；模型4-9为个体固定效应模型，其中 α_i 为随机变量，随个体变化，但不随时间变化，且 α_i 与 x_{it} 相关，ε_{it} 为随机扰动项；模型4-10为个体随机效应模型，其中 α 是常数，μ_i 为随机变量，其分布与 x_{it} 无关，ε_{it} 为随机扰动项。

实际上模型4-9和模型4-10可以统一成为模型4-10，在两个模型形式统一成为模型4-10的情况下，可以通过识别 μ_i 的分布与 x_{it} 两者是否相关来判断模型形式，当两者无关时，模型形式即为个体随机效应模型，当两者相关时，模型形式即为个体固定效应模型。

4.3.3.2 F 检验与 H（豪斯曼）检验的思路

在实际的计量分析过程中，最终选择使用三个模型中的哪一种，需要通过 F 检验和 H（豪斯曼）检验进行确定。检验面板数据应该建立混合效应模型还是建立个体固定效应模型可以根据 F 检验的结果来进行判断，而检验面板数据应该建立个体随机效应模型还是建立个体固定效应模型则可以根据 H（豪斯曼）检验的结果进行判断。

F 检验的思路是根据约束模型和非约束模型各自的残差平方和与自由度计算 F 统计量，然后根据 F 统计量对应的 p 值或将其与相应显著性水平对应的临界值进行比较，最后得出是否接受原假设。为了检验面板数据是否应该建立混合效应模型还是建立个体固定效应模型，即是建立模型4-8还是建立模型4-9，此处对应的约束模型为混合效应模型，无约束模型为个体固定效应模型，约束条件为模型4-9中 i 个 α_i 相等，即不同个体的截距项相等。原假设和备择假设如下：

H0：$\alpha_i = \alpha$，模型中不同个体的截距相等；

H1：模型中不同个体的截距项 α_i 不同。

当 F 检验的结果表明接受原假设时，则应该建立面板数据的混合效应模型；当 F 检验的结果表明接受备择假设时，则应该建立面板数据的个体固定效应模型。

H（豪斯曼）检验的思路是用两种不同的方法对参数进行回归，然后根据 H 统计量检验通过两种方法拟合出来的参数是否具有显著的差异性。H 检验可以用于检验面板数据模型是个体固定效应模型还是个体随机效应模型。根据计量经济学理论，当对一个面板数据模型的参数 β 同时进行组内估计和可行 GLS 估计时，如果组内估计的拟合系数 $\hat{\beta}_w$ 和可行 GLS 估计的拟合系数 $\tilde{\beta}_{RE}$ 之间不存在显著差异，则应该建立个体随机效应，如果两个拟合系数之间存在显著差异，则应该建立个体固定效应模型。即通过 H 统计量检验 $(\tilde{\beta}_{RE} - \hat{\beta}_w)$ 的非零显著性，从而判断面板数据模型中是否存在个体固定效应。原假设和备择假设如下：

H0：个体效应 α_i 与解释变量 x_{it} 无关；

H1：个体效应 α_i 与解释变量 x_{it} 相关。

当 H 检验的结果表明接受原假设时，则应该建立面板数据的个体随机效应模型；当 H 检验的结果表明接受备择假设时，则应该建立面板数据的个体固定效应模型。

4.3.3.3 过度识别检验

为了确定模型是选择固定效应模型还是随机效应模型，一般情况下使用 H（豪斯曼）检验即可，但是豪斯曼检验结果的成立有一个很重要的前提条件：在 H0 成立的条件下，或者说当个体效应 α_i 与解释变量 x_{it} 无关的情况下，通过随机效应模型进行估计，其结果 $\hat{\beta}_{RE}$ 是最优效率的，即个体效应项 α_i 与随机扰动项 ε_{it} 的分布都应该是独立同分布的。所以，如果当通过稳健标准误和普通标准误两种不同的方法分别进行估计，发现稳健标准误和普通标准误之间差别较大，则证明豪斯曼检验的前提条件无法得到满足，豪斯曼检验的结果不能作为选择固定效应模型还是随机效应模型的依据，即在随机扰动项 ε_{it} 存在异方差的情况下，豪斯曼检验的结果不可靠。

为了规避豪斯曼检验前提无法得到满足的问题，有两种方法可以解决：第一种方法是利用自助法（bootstrap），自助法是由 Efron 在 1979 年提出的对原始样本进行再抽样的方法，该方法通过计算机进行模拟再抽样来计算 $Var(\hat{\beta}_{FE} - \beta_{RE})$；第二种方法则是通过辅助回归式进行，辅助回归式如下：

$$y_{it} - \hat{\theta}\overline{y}_i = (x_{it} - \theta\overline{x}_i)'\beta + (x_{it} - \overline{x}_i)'\gamma + [(1-\theta)\alpha_i + (\varepsilon_{it} - \theta\overline{\varepsilon}_i)] \quad （4-11）$$

通过辅助回归式进行检验的方法是 Wooldridge 在 2010 年提出的方法，其思路是通过稳健标准误来检验原假设 $\gamma = 0$ 是否成立，而该检验方法最大的优点是在扰动项存在异方差的情况下，检验结果有效。这是因为如果随机效应模型成立，那么随机扰动项 $[(1-\hat{\theta})\alpha_i + (\varepsilon_{it} - \theta\overline{\varepsilon}_i)]$ 与 $(x_{it} - \overline{x}_i)$ 之间不相关，则可知通过最小二乘法（OLS）进行估计是一致的；而如果固定效应模型成立，根据固定效应的特点可知 $[(1-\hat{\theta})\alpha_i + (\varepsilon_{it} - \theta\overline{\varepsilon}_i)]$ 与 $(x_{it} - \overline{x}_i)$ 之间存在相关，则可知通过最小二乘法（OLS）进行估计是不一致的。另外，通过辅助回归式进行检验的方法也可以认为是过度识别检验的一种，因为随机效应模型相对于固定效应模型来说，在固定效应模型的基础上增加了个体效应项 α_i 与随机扰动项 ε_{it} 不相关的约束条件。

在实际运用中，通过辅助回归式进行固定效应和随机效应检验的步骤有三步，第一步是对原模型进行随机效应（RE）估计，从而得到 $\hat{\theta}$；第二步是根据估计得到的 $\hat{\theta}$ 对原模型进行广义利差变换，即根据模型 4-11 的形式对原模型进行变化成相应的广义离差变量；第三步是在第二步的基础上进行辅助回归与检验，通过计算 Sargan-Hansen 统计量和相应的 p 值进行判断，该检验的原假设为个体随机效应，备择假设为个体固定效应。根据 p 值的水平对检验结果进行判断，如果接受原假设则模型形式最终确定为个体随机效应模型，如果拒绝原假设则模型形式最终确定为个体固定效应模型。

4.4 需求侧和供给侧影响因素计量识别的实证检验结果

利用面板数据，在平稳性检验的基础上，通过 F 检验和过度识别检验两种检验方法最终可以确定计量模型的形式，即选择固定效应模型或者随机效应模型，通过后向逐步回归方法对我国房地产市场需求侧和供给侧的影响因素进行计量识别，以确定房地产市场需求侧和供给侧最显著的影响因素。

4.4.1 数据指标的描述性统计分析

在进行计量分析之前，对需求侧模型 4-3 和供给侧模型 4-4 中的变量进行描述性统计分析，以了解数据的统计特征。

对需求侧模型（模型 4-3）中涉及的不同指标进行描述统计分析，结果见表 11 所示，描述统计结果包括样本容量、均值、标准差、偏度、峰度、最小值、最大值。

表 11　房地产市场需求侧影响因素模型 4-3 数据指标的描述性统计结果

变量	样本容量	均值	标准差	偏度	峰度	最小值	最大值
lnqd	300	7.6200	0.8559	−0.7201	3.7652	4.6864	9.2293
lnpr	300	8.0795	0.5219	0.9399	3.5937	7.1759	9.7310
pg	300	8.4124	10.0137	0.7348	4.8375	−22.4800	57.8000
lnic	300	9.5818	0.3375	0.4007	2.7217	8.9860	10.5645
lndkp	300	13.7366	1.5659	−0.7293	3.3762	8.5163	16.5031
lnck	300	8.6480	0.9332	−0.5780	3.2573	5.8548	10.6249
lnpop	300	8.1615	0.7514	−0.8261	3.1671	6.2971	9.2802
lpv	300	73.6643	3.7524	0.1243	2.5593	63.4600	83.8500
cpv	300	51.2221	14.1975	1.0701	3.8400	26.8700	89.6000

注：各指标使用的数据为面板数据，描述统计结果保留 4 位小数。

在表 11 中，lnqd 表示住宅销售面积的自然对数，lnpr 表示可比价住宅销售价格的自然对数，pg 表示可比价住宅销售价格同比增长率，lnic 表示可比价城镇居民可支配收入的自然对数，lndkp 表示可比价个人按揭贷款的自然对数，lnck 表示可比价居民储蓄存款的自然对数，lnpop 表示总人口的自然对数，lpv 表示 15~64 岁人口占总人口的比重，cpv 表示城镇人口占总人口比重。

通过 JB 统计量对以上指标的正态性进行检验发现，在 0.05 的显著性水平下，以上 9 个指标中只有 lpv 指标接受了正态分布的原假设，其 JB 统计量为 3.2004，JB 统计量对应的 p 值为 0.2019，其余 8 个指标均拒绝了正态分布的原假设。

对供给侧模型（模型 4-4）中涉及的不同指标进行描述统计分析，结果见表 12 所示，描述统计结果包括样本容量、均值、标准差、偏度、峰度、最小值、最大值。

表 12 房地产市场供给侧影响因素模型 4-4 数据指标的描述性统计结果

变量	样本容量	均值	标准差	偏度	峰度	最小值	最大值
lnqs	300	7.8700	0.8289	-0.6186	3.5404	5.1558	9.4102
lnpr	300	8.0795	0.5219	0.9399	3.5937	7.1759	9.7310
pg	300	8.4124	10.0137	0.7348	4.8375	-22.4800	57.8000
lnqd	300	7.6200	0.8559	-0.7201	3.7652	4.6864	9.2293
lnmt	300	16.0005	1.2201	-0.4994	2.7525	12.4887	18.3967
mzv	300	40.8736	12.7731	0.8987	3.8504	16.7500	83.3800
dkv	300	15.5351	5.9715	0.4113	3.2742	3.7300	38.6300
lnlm	300	6.8578	0.8277	-0.7196	3.3586	3.8607	8.3447
lnlp	300	7.1766	0.9338	0.7568	3.4633	5.3503	10.3534
lnzj	300	7.4094	0.3128	0.2270	2.9623	6.6933	8.3410

注：各指标使用的数据为面板数据，描述统计结果保留 4 位小数。

在表 12 中，lnqs 表示住宅新开工面积的自然对数，lnpr 表示可比价住宅销售价格的自然对数，pg 表示可比价住宅销售价格同比增长率，lnqd 表示住宅销售面积的自然对数，lnmt 表示可比价房地产开发企业资金来源小计的自然对数，mzv 表示房地产开发企业自筹资金比例，dkv 表示金融机构对房地产开发企业的贷款占资金来源总计的比例，lnlm 表示土地购置面积的自然对数，lnlp 表示可比价土地购置价格的自然对数，lnzj 表示可比价竣工房屋造价的自然对数。

通过 JB 统计量对以上指标的正态性进行检验发现，在0.05的显著性水平下，以上10个指标中只有 lnzj 指标接受了正态分布的原假设，其 JB 统计量为2.5950，JB 统计量对应的 p 值为0.2732，其余9个指标均拒绝了正态分布的原假设。

4.4.2 面板数据平稳性检验结果

在对模型4-3和模型4-4进行计量分析之前，为了避免虚假回归，需要对模型中涉及指标的面板数据进行平稳性检验。根据前一小节面板数据平稳性检验的方法，本小节通过 LLC 检验和 ADF-Fisher 检验对两个模型中各个变量的面板数据进行平稳性检验，检验步骤见表10所示，滞后步长由计量软件根据 SIC 法则自动选择，平稳性检验所用软件为 Eviews7.2 版。

根据上述方法对需求侧模型4-3中各指标平稳性进行检验，检验结果见表13所示，对供给侧模型4-4中各指标平稳性进行检验，检验结果见表14所示。

表13 需求侧模型4-3中各指标平稳性检验结果

变量	方程	检验模型	LLC 统计量	LLC 统计量的 p 值	Fisher-ADF 统计量	Fisher-ADF 统计量的 p 值	平稳性
lnqd	水平方程	(c,t)	−5.7786	0.0000	79.3292	0.0481	平稳
lnpr	水平方程	(c,t)	−2.5540	0.0053	40.8450	0.9724	非平稳
	水平方程	(c,0)	−8.0446	0.0000	55.1095	0.6546	非平稳
	水平方程	(0,0)	14.0665	1.0000	1.3667	1.0000	非平稳
	一阶差分	(c,t)	−15.0647	0.0000	118.7120	0.0000	平稳
pg	水平方程	(c,t)	−16.3879	0.0000	142.9350	0.0000	平稳
lnic	水平方程	(c,t)	−4.8505	0.0000	39.4892	0.9812	非平稳
	水平方程	(c,0)	−10.7529	0.0000	80.1307	0.0423	平稳
lndkp	水平方程	(c,t)	−15.8427	0.0000	126.4880	0.0000	平稳
lnck	水平方程	(c,t)	−20.1904	0.0000	124.8010	0.0000	平稳
lnpop	水平方程	(c,t)	−7.9943	0.0000	44.1197	0.9382	非平稳
	水平方程	(c,0)	−6.1378	0.0000	62.1927	0.0398	平稳
lpv	水平方程	(c,t)	−7.4143	0.0000	72.0415	0.1372	非平稳
	水平方程	(c,0)	−7.9797	0.0000	83.3546	0.0248	平稳

续表

	水平方程	(c,t)	−6.5828	0.0000	66.2273	0.2708	非平稳
cpv	水平方程	(c,0)	1.4815	0.9308	12.1924	1.0000	非平稳
	水平方程	(0,0)	18.7953	1.0000	1.2705	1.0000	非平稳
	一阶差分	(c,t)	−10.5729	0.0000	86.0523	0.0154	平稳

注：检验统计量和相应 p 值保留 4 位小数。检验模型（c,t）表示所检验的模型包含漂移项和趋势项，（c,0）表示所检验的模型仅包含漂移项，（0,0）表示所检验的模型既不含漂移项也不含趋势项。

根据表 13 的检验结果可知，在显著性水平为 0.05 的情况下，住宅销售面积的自然对数（lnqd）、可比价住宅销售价格同比增长率（pg）、可比价城镇居民家庭可支配收入的自然对数（lnic）、可比价个人按揭贷款的自然对数 (lndkp)、可比价居民储蓄存款的自然对数 (lnck)、总人口的自然对数 (lnpop)、15~64 岁人口占总人口的比重 (lpv) 这七个指标为平稳序列，即 I(0)；可比价住宅销售价格的自然对数（lnpr）、城镇人口占总人口比重（cpv）这两个指标为一阶单整序列，即 I(1)。

表 14　供给侧模型 4-4 中各指标平稳性检验结果

变量	方程	检验模型	LLC 统计量	LLC 统计量的 p 值	Fisher–ADF 统计量	Fisher–ADF 统计量的 p 值	平稳性
lnqs	水平方程	(c,t)	−3.1241	0.0009	41.2714	0.9690	非平稳
	水平方程	(c,0)	−10.7509	0.0000	90.1465	0.0071	平稳
lnpr	水平方程	(c,t)	−2.5540	0.0053	40.8450	0.9724	非平稳
	水平方程	(c,0)	−8.0446	0.0000	55.1095	0.6546	非平稳
	水平方程	(0,0)	14.0665	1.0000	1.3667	1.0000	非平稳
	一阶差分	(c,t)	−15.0647	0.0000	118.7120	0.0000	平稳
pg	水平方程	(c,t)	−16.3879	0.0000	142.9350	0.0000	平稳
lnqd	水平方程	(c,t)	−5.7786	0.0000	79.3292	0.0481	平稳
lnmt	水平方程	(c,t)	−6.8623	0.0000	74.7646	0.0950	非平稳
	水平方程	(c,0)	−3.7034	0.0001	35.5934	0.9949	非平稳
	水平方程	(0,0)	22.7728	1.0000	1.5124	1.0000	非平稳
	一阶差分	(c,t)	−14.4284	0.0000	113.1840	0.0000	平稳

续表

mzv	水平方程	(c,t)	–11.7508	0.0000	98.1026	0.0014	平稳
dkv	水平方程	(c,t)	–9.4184	0.0000	83.5329	0.0240	平稳
lnlm	水平方程	(c,t)	–8.8694	0.0000	81.2375	0.0354	平稳
lnlp	水平方程	(c,t)	–10.6153	0.0000	94.8310	0.0028	平稳
lnzj	水平方程	(c,t)	–9.2154	0.0000	78.5280	0.0545	平稳

注：检验统计量和相应 p 值保留 4 位小数。检验模型（c,t）表示所检验的模型包含漂移项和趋势项，（c,0）表示所检验的模型仅包含漂移项，（0,0）表示所检验的模型既不含漂移项也不含趋势项。

根据表 14 的检验结果可知，在显著性水平为 0.05 的情况下，住宅新开工面积的自然对数（lnqs）、可比价住宅销售价格同比增长率（pg），住宅销售面积的自然对数（lnqd）、房地产开发企业自筹资金比例（mzv）、金融机构对房地产开发企业的贷款占资金来源总计的比例（dkv）、表示土地购置面积的自然对数（lnlm）、表示可比价土地购置价格的自然对数（lnlp）这七个指标为平稳序列，即 I(0)；可比价住宅销售价格的自然对数（lnpr），住宅销售面积的自然对数（lnqd），可比价竣工房屋造价的自然对数（lnzj）这三个序列为一阶单整序列，即 I(1)；但是在显著性水平为 0.1 的情况下，可比价竣工房屋造价的自然对数（lnzj）也是平稳序列，即 I（0）。

4.4.3 房地产市场发展需求侧影响因素实证检验结果

通过对面板数据的平稳性进行检验，对我国房地产市场需求侧模型4–3中的显著性影响因素进行计量识别，计量识别的方法采用后向逐步回归法，根据面板模型中每个变量 t 检验统计量的 p 值确定其显著性，每次剔除一个 t 检验统计量对应 p 值最大的变量，直至模型中所有变量均显著为止。

在对面板数据的模型进行选择过程中，可以通过 F 检验和 H（豪斯曼）检验对模型的形式进行确认，即根据两种检验的结果判断在计量分析中选择采用混合效应模型、个体固定效应模型还是个体随机效应模型。但是因为豪斯曼检验结果成立的前提是扰动项不存在异方差，如果前提条件不成立，则豪斯曼检验结果可能存在问题。因此，为了规避异方差的问题，可以在计算聚类稳健标准误的情况下计算各变量的 t 统计量及对应的 p 值，然后采用辅助回归式4–11进行检验。

根据上面的分析可知，对面板数据模型4-3进行分析，想要通过后向逐步回归分析法剔除模型中的不显著影响因素，需要在逐步回归分析中的每一步对面板数据模型的形式进行确认。而确认的步骤包括两步，第一步是通过F检验确认个体效应的存在，即在个体固定效应模型的情况下计算F统计量，进而根据F统计量与临界值之间的比较或者直接根据F统计量计算其p值确认模型形式是个体固定效应模型或者是混合效应模型。第二步是在个体随机效应模型中计算聚类稳健标准误的情况下采用辅助回归式4-11进行检验，该检验的原假设为个体随机效应，备择假设为个体固定效应。根据检验结果判断是否接受原假设。在确定模型形式的基础上，对模型进行计量分析。

根据以上分析思路和方法，对我国房地产市场需求侧模型4-3中的变量进行计量识别，对其中不平稳的变量需要进行一阶差分处理，逐步回归结果见表15所示。

表15 需求侧模型4-3逐步回归分析结果

解释变量	步骤 1	步骤 2	步骤 3	步骤 4	步骤 5
c	9.2185	9.2184	9.2549	8.9277	14.1409
	3.0100	3.0100	3.0600	2.9800	3.0200
	0.0050	0.0050	0.0050	0.0060	0.0050
pg	0.0175	0.0175	0.0174	0.0174	0.0037
	1.9000	1.9000	2.0400	1.9900	3.2000
	0.0680	0.0680	0.0500	0.0560	0.0030
lnic	0.3406	0.3407	0.3388	0.3998	0.8963
	2.0300	2.0200	2.1400	2.7400	5.8400
	0.0520	0.0520	0.0410	0.0100	0.0000
lndkp	0.3254	0.3254	0.3255	0.3305	0.1735
	8.0800	8.1700	8.4500	9.9500	5.0100
	0.0000	0.0000	0.0000	0.0000	0.0000
lnpop	−1.2078	−1.2078	−1.2031	−1.1893	−2.1471
	−2.6900	−2.6900	−2.8300	−2.8000	−3.3400
	0.0120	0.0120	0.0080	0.0090	0.0020

续表

D(lnpr)	−1.8289	−1.8291	−1.8207	−1.8252	
	−1.7300	−1.7200	−1.8400	−1.8100	
	0.0940	0.0950	0.0750	0.0810	
lnck	0.0477	0.0476	0.0506		
	0.4700	0.4700	0.4800		
	0.6400	0.6390	0.6330		
lpv	0.0011	0.0011			
	0.0500	0.0500			
	0.9570	0.9570			
D(cpv)	0.0000				
	0.0000				
	0.9980				
Sargan−Hansen 统计量	43.561	44.036	39.157	34.228	18.234
p 值	0.0000	0.0000	0.0000	0.0000	0.0011
模型形式	FE	FE	FE	FE	FE
R^2（within）	0.7845	0.7845	0.7844	0.7843	0.779
样本数	270	270	270	270	270
分组数	30	30	30	30	30

注：被解释变量为住宅销售面积的自然对数 lnqd；各解释变量估计结果第一行为估计系数值，第二行为 t 检验值，第三行为对应的 p 值；D(lnpr) 和 D(cpv) 分别表示对变量 lnpr 和 cpv 进行一阶差分处理，因为根据前面的平稳性检验可知，这两个变量的面板数据序列为一阶单整序列；模型形式 FE 表示固定效应模型；个体固定效应模型对各省（区、市）的截距项没有列出；计量分析所用软件为 stataMP 14 版。

根据表 15 中逐步回归分析的结果可知，需求侧模型 4-3 在使用面板数据进行后向逐步回归剔除掉不显著影响因素之后，可以写出需求侧模型 4-3 的最终形式，即：

$$\ln qd_{it} = 14.1409 + 0.0037 pg_{it} + 0.8963\ln ic_{it} + 0.1735\ln dkp_{it}$$
$$- 2.1471\ln pop_{it} \qquad\qquad（4-12）$$
$$（3.02）*** \quad（3.20）*** \quad（5.84）*** \quad（5.01）*** \quad（-3.34）***$$

模型4-12的拟合优度 R^2 为0.779，拟合优度较好。从上面的需求侧模型最终拟合结果可知，我国住宅销售面积的显著影响因素包括住宅销售价格的增长速度、城镇居民收入水平、个人按揭贷款情况和人口规模四个因素，其中住宅销售价格的增长速度、城镇居民家庭可支配收入水平、个人按揭贷款情况三个因素对住宅销售面积的影响为正向，而人口规模对住宅销售面积的影响为负向。

住宅销售价格的增长速度对我国住宅销售面积的影响为正向，表明住宅销售价格增长越快，住宅销售面积越多。住宅需求的这个特点是由住宅的投资属性决定的，现阶段我国居民的投资渠道有限，而居民财富需要保值增值，在这种情况下随着房地产市场的繁荣，住宅投资成为居民投资的一个重要渠道。

城镇居民家庭可支配收入水平对我国住宅销售面积的影响为正向，表明城镇居民家庭可支配收入水平越高，住宅销售面积越多。这是因为城镇居民家庭可支配收入水平决定了城镇居民的购买能力，由需求理论可知，有效需求由购买欲望和购买能力共同构成，居民的购买能力越强，对住宅的需求就会增强；城镇居民家庭可支配收入水平提高，在增强其购买能力的同时也增加了城镇居民对家庭财富保值增值的需求，而在1998年房改之后房地产市场的繁荣使其成为收益率很高的一个投资渠道。另外，因为我国房地产市场的首付比例对于购房者来说需要一个初始的自有资金，因此当城镇居民家庭可支配收入水平越高时，购房者达到购房首付的要求就越容易。

个人按揭贷款对我国住宅销售面积的影响为正向，表明个人按揭贷款越高，住宅销售面积越多。对这个因素的理解同样可以从需求理论出发，购买能力和购买欲望共同决定了有效需求，而购买能力既可以来自自有资金，即城镇居民家庭可支配收入水平，也可以来自外部金融支持，即金融机构对个人购房的贷款支持。因此，个人按揭贷款与住宅销售面积之间的正向关系表明了金融机构对住宅购买的金融支持程度。

人口规模对我国住宅销售面积的影响为负向，表明人口规模越大，住宅销售面积越少。这个特点与我们通常所理解的情况相反，一般来说人口规模越大，对住宅的需求应该越大。对这个因素的理解还需要从人口规模对居民收入水平的影响出发，人口规模的增加会增加对住宅的需求欲望，但是人口规模增加的同时还会通过降低居民家庭可支配收入降低其购买能力。而从人口规模与住宅销售面积之间负向的关系看，我国居民的收入水平还有待进一步提高。

4.4.4 房地产市场发展供给侧影响因素实证检验结果

通过对面板数据进行平稳性检验，然后对我国房地产市场供给侧模型4-4中的显著性影响因素进行计量识别，与需求侧模型4-3的方法一样，供给侧模型4-4的计量识别的方法采用后向逐步回归法，根据面板模型中每个变量t检验统计量的p值确定其显著性，每次剔除一个t检验统计量对应p值最大的变量，直至模型中所有变量均显著为止。

在面板数据模型的选择中，可以采用F检验和豪斯曼检验，但是因为豪斯曼检验存在一个约束条件，即随机扰动项不存在异方差。因此，为了规避豪斯曼检验存在的问题，本书从两方面着手解决，一是在聚类稳健标准误的条件下计算模型中各个变量的t统计量及相应的p值，二是根据辅助回归式4-11进行检验，通过计算Sargan-Hansen统计量及其相应p值来判断确定面板数据模型的形式，即个体固定效应模型或者是个体随机效应模型。

根据以上分析思路和方法，对我国房地产市场供给侧模型4-4中的变量进行计量识别，对其中不平稳的变量需要进行一阶差分处理，逐步回归结果见表16所示。

表 16　供给侧模型 4-4 逐步回归分析结果

解释变量	步骤 1	步骤 2	步骤 3	步骤 4	步骤 5
c	−1.9124	−1.9343	−1.9074	−1.9618	−1.4999
	−3.1000	−3.7000	−3.6700	−3.9100	−4.3000
	0.0040	0.0010	0.0010	0.0010	0.0000
lnqd	0.6186	0.6202	0.6236	0.6043	0.6248
	9.2700	10.2300	10.1700	10.0000	10.5500
	0.0000	0.0000	0.0000	0.0000	0.0000
lnqd(−1)	0.1573	0.1574	0.1562	0.1701	0.1896
	2.5200	2.5100	2.4900	2.6900	3.2100
	0.0180	0.0180	0.0190	0.0120	0.0030
D(lnmt)	0.2606	0.2597	0.2549	0.2500	0.2379
	2.6400	2.5700	2.5100	2.4100	2.3500
	0.0130	0.0160	0.0180	0.0230	0.0260

续表

mzv	0.0059	0.0060	0.0059	0.0066	0.0064
	2.5500	2.8300	2.7800	3.5100	3.3700
	0.0160	0.0080	0.0090	0.0020	0.0020
lnlm	0.2756	0.2755	0.2751	0.2763	0.2869
	7.1500	7.1400	7.1500	7.2000	7.2100
	0.0000	0.0000	0.0000	0.0000	0.0000
lnlp	0.1042	0.1037	0.1041	0.1069	0.1275
	3.9100	3.8800	3.9800	4.1000	5.2800
	0.0010	0.0010	0.0000	0.0000	0.0000
lnzj	0.1323	0.1322	0.1268	0.1313	
	1.4100	1.4100	1.3800	1.4500	
	0.1690	0.1680	0.1790	0.1570	
D(lnpr)	−0.8203	−0.8197	−0.1298		
	−0.4700	−0.4700	−1.0000		
	0.6420	0.6420	0.3260		
pg	0.0063	0.0063			
	0.4200	0.4200			
	0.6770	0.6790			
dkv	−0.0006				
	−0.0800				
	0.9330				
Sargan–Hansen 统计量	81.145	79.686	77.014	58.415	50.705
p 值	0.0000	0.0000	0.0000	0.0000	0.0000
模型形式	FE	FE	FE	FE	FE
R^2(within)	0.8314	0.8314	0.8312	0.8305	0.8289
样本数	270	270	270	270	270
分组数	30	30	30	30	30

注：被解释变量为住宅新开工面积的自然对数 lnqs；各解释变量估计结果第一行为估计系数值，第二行为 t 检验值，第三行为对应的 p 值；D(lnmt) 和 D(lnpr) 分别表

示对变量 lnmt 和 lnpr 进行一阶差分处理，因为根据前面的平稳性检验可知，这两个变量的面板数据序列为一阶单整序列；lnqd(-1) 表示变量 lnqd 的滞后一期数据；模型形式 FE 表示固定效应模型；个体固定效应模型对各省（区、市）的截距项没有列出；计量分析所用软件为 stataMP 14 版。

根据表 16 中逐步回归分析的结果可知，供给侧模型 4-4 在使用面板数据进行后向逐步回归剔除掉不显著影响因素之后，可以写出供给侧模型 4-4 的最终形式，即：

$$\ln qs_{it} = -1.4999 + 0.6248 \ln qd_{it} + 0.1896 \ln qd_{it}(-1) + 0.2379 \, \mathrm{D}(\ln mt_{it})$$

$$+ 0.0064 mzv_{it} + 0.2869 \ln lm_{it} + 0.1275 \ln lp_{it} \qquad （4\text{-}13）$$

(−4.30)*** (10.55)*** (3.21)*** (2.35)** (3.37)*** (7.21)***
(5.28)***

模型 4-12 的拟合优度 R^2 为 0.8289，拟合优度较好。从上面的供给侧模型最终拟合结果可知，我国住宅新开工面积的显著影响因素包括当年的住宅销售面积和上一年度的住宅销售面积、房地产开发企业资金来源小计的增长、房地产开发企业自筹资金比例、土地购置面积、土地购置价格六个因素，而且这六个因素对住宅新开工面积的影响均为正向。

当年的住宅销售面积和上一年度的住宅销售面积对住宅新开工面积的影响为正向，表明当年和上一年度的住宅销售情况越好，房地产开发企业决定的住宅新开工面积就越大。这说明房地产开发企业在进行投资决策时会充分考虑房地产市场的销售情况，不仅关注当年的住宅销售情况，还会考虑以前年度的住宅销售情况。从供给理论的角度看，有效供给由供给欲望和供给能力共同构成，而住宅的销售情况则能有效提升房地产开发企业增加供给的动力。

根据模型的计量结果可知，房地产开发企业资金来源小计的增长和房地产开发企业自筹资金比例对住宅新开工面积的影响为正向，表明这两个指标越高，住宅新开工面积越大。房地产开发企业资金来源小计包括国内贷款、利用外资、房地产开发企业自筹资金、其他资金四个类别，资金来源小计增长越高，说明房地产开发企业资金充裕，而房地产开发企业自筹资金比例越高则说明其自身的资金实力雄厚。从供给理论的角度看，供给欲望和供给能力缺一不可，住宅销售情况可以有效刺激房地产开发企业的供给欲望，而房地产开发企业资金来源小计的增长和自筹资金比例这两个指标的水平越高，则表明房地产开发企业的供给能力越强。

土地购置面积和土地购置价格两个因素对住宅先开工面积具有正向影响。土地作为房地产市场的一级市场，是房地产开发的前提条件，房地产开发商首先需要获取土地使用权，然后才能进行后续的房地产开发，由此可见土地的供给决定着房地产市场的供给，因此，土地购置面积越高，房地产开发企业可供开发的土地就会越高，进而可以提供更多的住宅；而土地购置价格越高导致住宅供给量越高，这是因为土地资源的稀缺性以及土地供给由政府垄断，当前我国城镇住宅开发用地的土地使用权出让采取的是"招拍挂"制度，土地购置价格越高说明房地产开发企业普遍对当地的房地产市场看好。

4.5 本章小结

4.5.1 研究结论

本章在我国房地产市场影响因素基本分析的基础上，进一步利用我国30个省级行政区从2005年到2014年的分省面板数据对我国房地产市场需求侧和供给侧的显著影响因素进行计量识别。在数据平稳性检验的基础上，利用后向逐步回归分析法剔除需求侧模型和供给侧模型中不显著的影响因素，在逐步回归的每一步中利用F检验确定个体效应，同时为了有效规避H（豪斯曼）检验的扰动项不存在异方差的前提条件，本章在计算聚类稳健标准误的情况下计算各指标的t统计量及相应的p值，并利用辅助回归式对面板数据模型进行个体固定效应和个体随机效应的过度识别检验。

对我国房地产市场需求侧模型4-3进行逐步回归的计量识别之后发现，住宅销售价格的增长速度、城镇居民收入水平、个人按揭贷款情况和人口规模四个因素对我国住宅销售面积具有显著影响，其中住宅销售价格的增长速度、城镇居民家庭可支配收入水平、个人按揭贷款情况三个因素对住宅销售面积的影响为正向，而人口规模对住宅销售面积的影响为负向。从各影响因素的回归系数的绝对值大小来看，人口规模的系数绝对值最大，达到2.1471；城镇居民收入水平的影响系数为0.8963；个人按揭贷款规模的影响系数为0.1735；住宅销售价格增长速度的影响系数为0.0037。

对我国房地产市场供给侧模型4-4进行逐步回归的计量识别之后发现，我国住宅新开工面积的显著影响因素包括当年的住宅销售面积和上一年度的住宅销售面积、房地产开发企业资金来源小计的增长、房地产开发企业自筹资金比例、土地购置面积、土地购置价格六个因素，而且这六个因素对住宅新开工面积的影响均为正向。从各影响因素的回归系数的大小来看，住宅销售面积的影响系数最大，达到0.6248；土地购置面积的影响系数达到0.2869；房地产开发企业资金来源小计的增量，其影响系数达到0.2379；土地购置价格的影响系数达到0.1275；上一年度住宅销售面积的影响系数达到0.1896；房地产开发企业自筹资金比例的影响系数为0.0064。

4.5.2 研究结论分析

第一，住宅销售面积受到城镇居民家庭人均可支配收入的正向影响。这与理论分析和实际情况都相符，一方面从理论上来看有效需求需要购买欲望和购买能力同时具备，而居民的收入水平则决定着居民的购买能力；另一方面从现实情况来看城镇居民家庭人均可支配收入越高，其购房能力越强，这主要体现在富裕家庭的购房能力和投资房地产的能力更强。

第二，个人按揭贷款规模对住宅销售面积存在正向影响。这主要是因为一方面房地产的价值较高，在家庭财富一定的情况下大部分中国家庭全款购买住房的能力受到了限制，因此大部分居民家庭购买住宅或者投资房地产都需要获得金融机构的贷款支持；另一方面从投资的角度来看，在房地产市场发展较好的情况下利用杠杆进行房地产投资所获得的收益水平会更高，这也说明了为什么金融机构对房地产市场的支持尤为重要。如当国家降低居民家庭购房首付比例和贷款利率水平的时候，房地产市场一般很快繁荣起来。

第三，住宅销售价格的增长率对住宅销售面积存在正向影响。对房地产的需求可以分为两大类，一是居住需求，二是投资需求。其中投资需求对房地产市场的重点关注点就在于房价的上涨速度。从计量识别结果可知，房价上涨速度对住宅销售面积存在正向的显著影响，这说明随着我国房地产市场的快速发展，居民家庭的住房自有率在逐渐提高，当前对房地产市场的投资需求已经成为影响房地产市场需求的重要方面。同时，从计量识别的过程可以看到住宅销售价格在逐步回归过程中被剔除掉，而住宅销售价格的增长率被最终保留了下来，这进一步说明我国房地产市场的投机情况正在逐渐上升，房地产投资正在超越居住需求成为影响房地产市场需求的重要因素。

第四，住宅销售面积受到人口规模的负向显著影响。这个结论与我们通常所理解的有点出入，可能的原因有两个大的方面，第一方面是数据的精度问题，因为使用的是省级数据的人口总规模，而各省（区、市）的房地产市场内部实际上就存在较大的差异性；第二方面如果数据和分析过程都没有问题，那么我们可以从需求理论出发对这个计量结果进行分析和理解：消费者的需求需要购买欲望和购买能力同时具备才能转化为有效需求，因此人口规模的增加可以理解成为对住房需求的增加，但是并不代表购买能力的增加。结合现状进行分析，北京、上海等一线城市的人口规模持续增加，但是由于这些城市的住宅价格过高，很多增加的人口实际上并没有购买当地城市房屋的能力，因此，这些增加的购买需求实际上没有办法转化成为房地产市场上的有效需求。这在一定程度上也反映出了一线城市房价的过快上涨正在加剧我国居民收入分配的差距，尤其是城乡收入差距。

结合计量识别的过程可知在逐步回归分析中劳动人口比重和城镇人口比重两个指标均被剔除，而人口规模指标最终被保留下来。可能的原因有两方面：一是人口规模指标对劳动人口比重和城镇人口比重两个指标具有替代性；二是从另外一个侧面反映出了我国人口年龄结构的变化，因为劳动人口比重和城镇人口比重两个指标实际上反映了人口年龄结构中具有较强购买能力的那一部分人口，但是现在这两个指标被剔除掉，人口规模指标被保留下来，而且对住宅的销售面积存在负向的显著影响，这说明了我国人口拐点已经出现，而且老龄化程度正在加剧。

第五，当年的住宅销售面积和上一年的住宅销售面积对住宅的供给存在显著的正向影响。实证检验的结果表明，房地产开发商在进行投资决策的时候会重点关注当年的住宅销售情况，以及上一年度的住宅销售情况。根据住宅的销售情况进行投资，如果销售情况较好，房地产开发商就会增加投资。

第六，土地购置面积和土地购置价格对住宅的供给存在显著的正向影响，其中土地购置面积对住宅供给的影响作用更大。土地要素是房地产市场开发的前提条件，房地产开发商想要进行房地产开发，首先需要从政府手中或者是其他房地产开发者手中获取土地使用权。从这个角度来看对土地要素进行控制则对房地产市场的供给会产生显著的影响，实证检验结果也再一次证明了这个结论的正确性。土地购置价格对房地产市场的供给会产生显著的正向影响，但是其作用并没有土地购置面积大，这说明房地产市场的蓬勃发展为房地产开发商带来了丰厚的利润，土地购置价格是房地产开发商进行投资必须考虑的重要因素之一，但是其影响作用并没有住宅销售情况和土地购置面积对投资决策的影响作用大。

第七，房地产开发企业资金来源小计的增量对房地产市场的供给同样具有正向的显著影响。这个结论实际上证明了资本的逐利性，当房地产市场有利可图时，或者说房地产市场的平均利润率高于其他行业的利润率时，社会资本就会流向房地产市场。这也证明了我国房地产市场的平均利润率较高。当然如果这种情况持续下去的话，房地产市场投资会对实体经济的投资或者其他行业的投资形成挤压效应，不利于国民经济的持续健康发展。

第八，房地产开发企业自筹资金比例对房地产市场的供给有显著的正向影响。虽然相对于供给侧影响因素计量识别结果中的其他几个显著性因素来说，房地产开发企业自筹资金比例的影响系数相对较小，但是根据计量结果表明该因素是显著的。这说明房地产开发企业的资金实力能够对房地产市场的供给产生重要的影响，房地产开发企业的资金实力越强，在房地产市场中的供给能力就越强。

第5章 我国房地产市场发展供给需求
影响因素的空间差异分析

通过上一章对中国房地产市场发展影响因素显著性的计量识别可知，我国房地产市场需求侧的显著影响因素包括住宅销售价格的增长速度、城镇居民收入水平、个人按揭贷款情况和人口规模四个因素，供给侧的显著影响因素包括当年的住宅销售面积和上一年度的住宅销售面积、房地产开发企业资金来源小计的增长、房地产开发企业自筹资金比例、土地购置面积、土地购置价格六个因素，这些因素对房地产市场需求侧和供给侧的影响各不相同。

通过对我国房地产市场发展现状的统计分析可知，我国房地产市场存在较大的区域分化，而且鉴于我国疆域辽阔，不同省（区、市）在经济、社会的发展等方面存在较大差距，因此房地产市场存在较强的地域性特征，不同省（区、市）的房地产市场可能相互存在差异。由此可以推测空间因素已经成为房地产市场发展的一个重要影响因素。那么，如果在影响因素计量识别的基础上引入空间因素，这些显著性的影响因素又会发生什么样的变化呢？本章在第四章的基础上，通过空间权重矩阵将空间因素纳入我国房地产市场影响因素需求侧模型和供给侧模型，运用空间计量的方法研究我国房地产市场的空间自相关性和空间聚集效应等。

5.1 房地产市场供求区域差异的描述统计分析

在第四章住宅销售面积作为我国房地产市场需求侧的代理变量，住宅新开工面积作为我国房地产市场供给侧的代理变量。本小节对我国房地产市场中的住宅销售面积和住宅新开工面积两个指标的同比增长率进行分析。在此基础上分析我国房地产市场供求区域差异性。

5.1.1 我国住宅销售面积同比增长率分析

对我国住宅销售面积同比增长率进行描述分析，全国和四大区域[①]从2005年到2014年的住宅销售面积同比增长率见表17所示。将表17中的数据绘制成折线图，全国住宅销售面积同比增长率折线图见图31所示，四大区域住宅销售面积同比增长率的折线图见图32所示。

表 17   我国住宅销售面积同比增长率（单位：%）

	2005	2006	2007	2008	2009	2010	2011	2012	2013	2014
全国	46.62	11.77	26.55	−15.48	45.39	8.34	3.38	2.01	17.52	−9.10
东部	37.09	4.45	19.25	−21.12	55.12	−1.17	−3.23	4.83	22.21	−10.68
中部	47.64	22.15	36.53	−13.40	35.65	17.33	9.47	1.14	23.74	−0.77
西部	67.25	17.76	33.00	−13.71	44.00	12.06	5.46	−5.50	14.38	−2.73
东北	57.90	18.72	27.30	3.28	29.76	25.44	11.33	11.52	−0.74	−34.71

注：数据根据国家统计局网站公布的历年数据计算整理，结果保留两位小数。

结合表17和图31可以看出我国住宅销售面积同比增长率在2005年到2008年之间总体呈现下降趋势，中间略有波动；2009年基本恢复到2005年的增长水平；2009年到2014年之间再次呈现总体下降趋势。由此可见，2005年到2014年可以以2009年为分界线分为两个阶段。而且2005—2014年的十年间，2008年和2014年两个年度的住宅销售面积同比增长率为负增长，其中2008年住宅销售面积同比增长率为 −15.48%，2014年住宅销售面积同比增长率 −9.1%；2005年和2009年为两个峰值点，其中2005年的住宅销售面积同比增长率为46.62%，2009年的住宅销售面积同比增长率为45.39%。

[①]　东部地区包括北京市、天津市、河北省、山东省、江苏省、上海市、浙江省、福建省、广东省、海南省；中部地区：山西省、河南省、湖北省、湖南省、江西省、安徽省；西部地区：重庆市、四川省、广西壮族自治区、贵州省、云南省、陕西省、甘肃省、内蒙古自治区、宁夏回族自治区、新疆维吾尔自治区、青海省、西藏自治区；东北地区：黑龙江省、吉林省、辽宁省。其中由于西藏自治区的数据缺失，所以西部地区的数据没有包括西藏自治区。

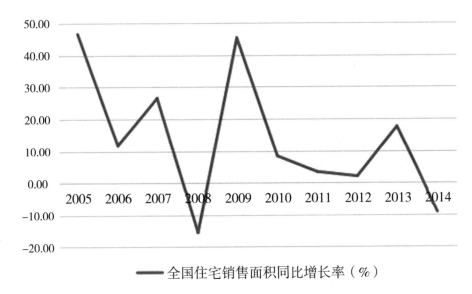

图 31　我国住宅销售面积同比增长率变化趋势（单位：%）

　　结合表 17 和图 32 可以分析我国东部、中部、西部、东北四大区域的住宅销售面积同比增长率变化。

　　东部地区住宅销售面积同比增长率的变化趋势在 2009 年之前与全国基本一致，但是在 2009 年之后，尤其是在 2010 年和 2011 年的走势与全国走势存在差别。2005—2008 年总体呈现下降趋势；2009 年恢复甚至超越了 2005 年的增长率水平；2009—2014 年再次呈现总体下降趋势，其中在 2013 年略有上升。2005 年和 2009 年为两个峰值点，其中 2005 年的住宅销售面积同比增长率为 37.09%，2009 年的住宅销售面积同比增长率为 55.12%。2008 年、2010 年、2011 年和 2014 年四个年度东部地区的住宅销售面积同比增长率为负增长，其中 2008 年住宅销售面积同比增长率为 –21.12%，2014 年住宅销售面积同比增长率为 –10.68%。将东部地区的走势与全国走势相比较可以发现，东部地区在 2009 年的峰值上要高于全国水平，但是在 2008 年和 2014 年两年的低值上要低于全国水平。由此可见，东部地区的住宅销售面积同比增长率的走势要领先于全国。

　　中部地区住宅销售面积同比增长率的变化趋势与全国的变化趋势基本一致，2005—2008 年总体呈现下降趋势，中间略有波动；2009 年基本恢复到2005 年的增长水平；2009—2014 年再次呈现总体下降趋势。2005 年和 2009 年为两个峰值点，其中2005年的住宅销售面积同比增长率为47.64%，2009年的住宅销售面积同比增长率为35.65%。2008年和2014年两个年度中部地区的住宅销售面积同比增长率为负增长，其中2008年住宅销售面积同比增长率为–13.40%，2014年住宅销售面积同比增长率–0.77%。将中部地区的走势与东部地区的走势相比较可以发现，中部地区在2005年到2008年之间住宅销售面积同比增长率总体下降，但是增长率要高于东部地区，而2008年到2009年之间的上涨阶段，其值则低于东部地区，2009年和2013年之后的下降走势均表现为中部地区的值高于东部地区的值。由此可见，在住宅销售面积同比增长率下降阶段，中部地区要比东部地区"抗跌"。

西部地区住宅销售面积同比增长率的变化趋势在2009年之前基本与中部地区一致，在2009年之后增长率要低于中部地区，并在2012年呈现负增长，2012年的增长率为–5.50%。此外，西部地区在2008年和2014年的增长率同样为负增长，2008年的增长率为–13.71%，2014年的增长率为–2.73%。

东北地区住宅销售面积同比增长率的变化趋势与其他三个区存在比较明显的区别。东北地区的增长率从2005年开始即呈现总体下降的趋势，其他三个区域在2008年的增长率均为负增长，但是东北地区在2008年的住宅销售同比增长率为正，其增长率为3.28%。其他三个区域在2013年的住宅销售情况略有恢复，但是东北地区从2009年开始即持续下降，到2013年已经呈现负增长，其2013年的住宅销售同比增长率为–0.74%，2014年的住宅销售同比增长率已经下降到–34.71%，远超全国平均水平和其他三个区域的水平。

从以上分析可知，我国房地产市场中住宅销售增长率的变化在2005年到2014年之间存在两个比较关键的时间节点，一个是2009年，另一个是2013年。2008年国际金融危机之后，中国推出了4万亿的经济刺激计划，大量资金流入房地产市场，使2008年我国低迷的房地产市场在2009年重新由负增长转变为正增长。2013年之后，中国经济进入"新常态"，产业转型升级、经济结构调整，房地产市场也进入调整期，住宅销售同比增速再次由正转负。通过对不同区域的住宅销售增长率的变化情况看，不同区域的住宅销售增长率总体变化情况在2009年之前大体一致，但是在增长率上表现各不相同，东部地区的销售增长率最低，中部和西部较高；在2009年之后，四大区域的表现各不相同，其中东北地区的下降趋势最明显。由此可见，在2008年国际金融危机之后，我国房地产市场的销售情况在不同区域之间出现较大的差异。

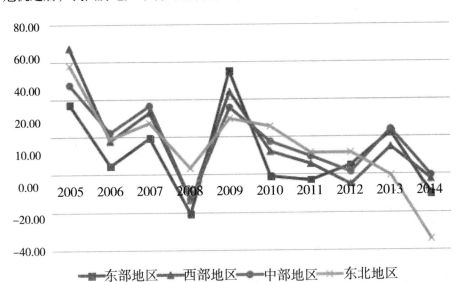

图32 我国四大区域住宅销售面积同比增长率变化趋势（单位：%）

5.1.2 我国住宅新开工面积同比增长率分析

对我国住宅新开工面积同比增长率进行描述分析，全国和四大区域从2005年到2014年的住宅新开工面积同比增长率见表18所示。将表18中的数据绘制成折线图，全国住宅新开工面积同比增长率折线图见图33所示，四大区域住宅新开工面积同比增长率的折线图见图34所示。

表18 我国住宅新开工面积同比增长率（单位：%）

	2005	2006	2007	2008	2009	2010	2011	2012	2013	2014
全国	15.09	16.71	22.35	6.15	11.54	38.65	13.76	-11.19	11.59	-14.38
东部	5.86	7.41	16.35	2.70	4.28	43.15	16.79	-18.48	13.31	-8.68
中部	28.34	22.55	24.02	13.08	20.77	22.91	12.39	-4.06	23.27	-14.46
西部	22.47	25.54	26.14	7.70	12.07	44.78	8.49	-6.56	11.64	-15.45
东北	28.98	32.81	36.43	3.68	19.44	42.55	17.03	-8.13	-12.11	-32.48

注：数据根据国家统计局网站公布的历年数据计算整理，结果保留两位小数。

结合表18和图33可以看出我国住宅新开工面积同比增长率在2005—

2007年表现平稳并略呈上升趋势，在2008年迅速下降，而在2009—2010年又快速上升；2010—2012年由峰值快速下降为负增长，2013年略有上升，2014年重新降为负增长。由此可见，2005—2014年可以以2010年为分界线分为两个大的阶段，其中2010年为住宅新开工面积同比增长率的峰值，其增长率达到38.65%，2012年和2014年的住宅新开工面积同比增长率为负值，分别为 −11.19% 和 −14.38%。

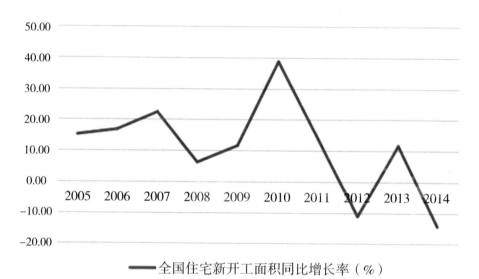

图 33　我国住宅新开工面积同比增长率变化趋势（单位：%）

　　结合表18和图34可以分析我国东部、中部、西部、东北四大区域的住宅新开工面积同比增长率变化。

　　东部地区住宅新开工面积同比增长率的变化趋势与全国的变化趋势基本一致。在2005—2007年略呈上升趋势，2007—2008年下降，2009—2010年快速上升，住宅新开工面积同比增长率从2009年的4.28%上升到2010年的43.15%，增长率约增加至10倍。2010年之后总体呈现下降趋势，其中2010—2012年的增长率由正转负，从2010年的43.15%下降到2012年的 −18.48%。2013年略有回升，但是在2014年又迅速转为负增长。将东部地区住宅新开工面积同比增长率的变化趋势与全国的变化趋势进行比较，可以发现，在增长率下降阶段，东部地区的增长率要低于全国水平，在增长率上升阶段，东部地区的增长率一般要高于全国水平。东部地区的增长率变化要"领先"于全国平均的增长率变化。

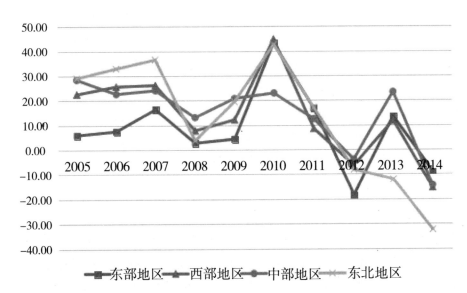

图34　我国四大区域住宅新开工面积同比增长率变化趋势（单位：%）

中部地区住宅新开工面积同比增长率的变化与其他三个区域相比，在2012年之前显得更加平稳，波动幅度没有其他三个区域剧烈，这主要体现在2008年和2010年这两个时间点上。2008年中部地区的住宅新开工面积同比增长率为13.08%，2010年的同比增长率为22.91%，增长幅度要低于其他三个区域。2010—2012年的增长率下降阶段，中部地区的增长率从2010年的22.91%下降到2012年的-4.06%，下降幅度同样要低于其他三个区域。由此可见，2005—2012年，中部地区的住宅新开工面积同比增长率比较平稳，房地产企业在中部地区的投资也比较稳定。

西部地区住宅新开工面积同比增长率的变化趋势与东部地区相比较，2005—2010年，西部地区的增长率普遍高于东部地区，2010年之后，除2012年之外，西部地区在2011年、2013年、2014年三个年份的增长率均低于东部地区。

东北地区住宅新开工面积同比增长率的变化趋势与其他三个区相比，其波动显得更加剧烈。2005—2014年，东北地区的住宅新开工面积同比增长率基本处于大起大落的状态。2007年其增长率为36.43%，2008年其增长率迅速下降到3.68%，但是从2008—2010年，其增长率则从2008年的3.68%又迅速上升到2010年的42.55%，增长率增长了10倍多。东北地区与其他三个区域在住宅新开工面积同比增长率上表现出来的不同之处体现在2010年之后，其他三个区域的增长率在2013年均有不同程度的恢复，但是东北地区从2010年之后呈现持续下跌趋势，2012年之后，其增长率远远低于其他三个区域。

从上述分析可以发现2005—2014年，住宅新开工面积同比增长率的变化趋势可以以2010年为界划分为两个不同阶段。2010年之前，全国平均水平的增长率和四大区域的增长率变化趋势基本一致，不同区域在增长率水平上各不相同，其中中部地区表现比较平稳。在2010年之后，东北地区的增长率变化趋势开始表现出不同的走势状况。

将住宅新开工面积同比增长率的变化趋势与住宅销售面积同比增长率的变化趋势结合起来进行分析，可以发现，2005—2014年之间后者的顶点出现在2009年，而前者的顶点则出现在2010年。由此可见2008年金融危机之后，中国政府推出的四万亿经济刺激计划对房地产市场的需求侧的影响迅速在2009年得到体现，之后从需求侧传导到供给侧，也由此可见，房地产开发企业的投资计划一方面受政策的影响，另一方面他们在做投资决策的时候会将前一期的需求情况纳入投资决策进行考虑。

另外，2010年之后，东北地区的住宅新开工面积同比增长率持续下降，在2013年的表现与其他三个区域迥然不同，这可能与东北地区的经济基本面出现下滑，东北老工业基地的经济增长率出现断崖式下降有关。

5.2 房地产市场发展需求侧和供给侧的空间自相关

根据前面的描述统计实际可知，我国房地产市场的供给需求因省（区、市）的不同具有不同的现状，在东部、中部、西部、东北等不同区域之间的差异也很明显。因此引入空间计量的测量方法对我国房地产市场供给和需求的空间特征进行测量和分析。

5.2.1 空间权重矩阵

在进行空间计量分析之前，需要获得横截面单位（不同区域）之间的地理位置信息，将地理位置信息与不同区域的经济数据结合在一起才能进行空间计量分析，而衡量地理位置信息的矩阵即为空间权重矩阵。

一般以两个区域之间的空间距离作为空间权重矩阵中对应的元素，如区域 i 和区域 j 之间的距离为 w_{ij}，有 n 个区域，则这 n 个区域的空间权重矩阵可以表示为如下：

$$W=\begin{pmatrix} w_{11} & \cdots & w_{1n} \\ \vdots & \ddots & \vdots \\ w_{n1} & \cdots & w_{nn} \end{pmatrix} \qquad （5-1）$$

其中，矩阵 W 中的主对角元素 w_{11}、w_{22} $\cdots$ w_{nn} 为 0，这是因为一般将同一区域的距离设定为 0。因此，一般来说空间权重矩阵为对称矩阵。

在上述空间权重矩阵形式的基础上，如果将两个区域之间的距离用相邻与否的二值来表示，则是经济学上最常用的空间权重矩阵之一，空间相邻权重矩阵。如果区域 i 和区域 j 两个区域相邻则 w_{ij} 的值为 1，如果区域 i 和区域 j 两个区域相邻则 w_{ij} 的值为 0。而相邻与否的判断标准一般有三种：一是两个区域之间有共同的边界线；二是两个区域之间有相同的顶点；三是两个区域之间具有共同的边界线或者具有相同的顶点。

图 35　区域位置关系示意图

如图 35 中所示的五个区域，根据这五个区域之间的相邻关系生成对应的权重矩阵，如果两个区域之间相邻则赋值为 1，如果两个区域之间不相邻则赋值为 0，则由这五个区域的相邻关系得到的空间权重矩阵如下：

$$W=\begin{pmatrix} 0 & 1 & 1 & 1 & 0 \\ 1 & 0 & 0 & 1 & 0 \\ 1 & 0 & 0 & 1 & 1 \\ 1 & 1 & 1 & 0 & 1 \\ 0 & 0 & 1 & 1 & 0 \end{pmatrix}$$

（5-2）

矩阵5-2的第一行表示区域1与区域2、区域3、区域4相邻，但是与区域5不相邻；第二行表示区域2与区域1、区域4相邻，但是与区域3不相邻；其余行中对应元素表征的两个区域之间相邻关系可以以此类推。

另外还可以将空间权重矩阵进行行标准化，行标准化实际上就是将空间权重矩阵一行中的某个元素除以该行所有元素的和。如将矩阵5-2的权重矩阵进行行标准化，则可以得到如下矩阵：

$$W=\begin{pmatrix} 0 & 1/3 & 1/3 & 1/3 & 0 \\ 1/2 & 0 & 0 & 1/2 & 0 \\ 1/3 & 0 & 0 & 1/3 & 1/3 \\ 1/4 & 1/4 & 1/4 & 0 & 1/4 \\ 0 & 0 & 1/2 & 1/2 & 0 \end{pmatrix}$$

（5-3）

对空间权重矩阵进行行标准化既有好处也有不利的方面。有利方面在于将权重矩阵 W 与 x 相乘的时候，所得结果中每行的值表示某区域的相邻区域x 值的平均值，如式5-4所示。

$$Wx=\begin{pmatrix} 0 & 1/3 & 1/3 & 1/3 & 0 \\ 1/2 & 0 & 0 & 1/2 & 0 \\ 1/3 & 0 & 0 & 1/3 & 1/3 \\ 1/4 & 1/4 & 1/4 & 0 & 1/4 \\ 0 & 0 & 1/2 & 1/2 & 0 \end{pmatrix}\begin{pmatrix} x_1 \\ x_2 \\ x_3 \\ x_4 \\ x_5 \end{pmatrix}=\begin{pmatrix} (x_2+x_3+x_4)/3 \\ (x_1+x_4)/2 \\ (x_1+x_4+x_5)/3 \\ (x_1+x_2+x_3+x_5)/4 \\ (x_3+x_4)/2 \end{pmatrix}$$

（5-4）

对空间权重矩阵进行行标准化同样具有不好的一方面，这主要体现在行标准化的思路是将其中某一个元素除以该行所有元素之和，经过行标准化处理之后，每行的各元素之和为1，暗含的假设是不同区域受其相邻区域影响是相同的。

除了用相邻关系为空间权重矩阵中对应的元素进行赋值之外，其他的赋值方法也是可行的，如可以用两个区域中心点之间的直线距离进行赋值。另外，目前还有部分研究开始使用两个区域之间的经济变量的值作为其空间权重矩阵对应的元素，如可以用两个区域之间的 GDP 差额等指标为空间权重矩阵的元素赋值。

本章在研究我国房地产市场供给和需求空间特征的过程中，将 30 个省级行政区 2005 年到 2014 年 10 年的面板数据，以及各省级行政区之间相邻关系的空间权重矩阵来进行空间计量分析。

5.2.2 空间自相关及其度量

与时间序列数据具有时间自相关一样，考虑的空间因素的空间数据也可能具有空间自相关。两者的区别是时间自相关的方向是单一方向的，即与前期时间具有相关性；而空间数据的相关性则表现在方向的多样性上。另外，空间自相关根据其表现形式不同可以区分为正自相关和负自相关，正自相关表示同向关系，即高值与高值聚集或者低值与低值聚集，负自相关表示反向关系，即高值被低值环绕或者低值被高值环绕。

当前，对空间自相关进行测量的指标主要有三种：第一种是莫兰指数 I（Moran's I）；第二种是吉尔里指数 C（Geary's C）；第三种是 Getis-Ord 指数 G。这三种指数的计算方法和取值范围各不相同。

5.2.2.1 莫兰指数 I（Moran's I）

1950 年，澳大利亚统计学家帕克·莫兰提出了一种测量空间自相关的指数，该指数即为莫兰指数 I。对于某空间序列 $\{x_i\}_{i=1}^{n}$ 来说，其计算公式如下：

$$I = \frac{\sum_{i=1}^{n}\sum_{j=1}^{n} w_{ij}(x_i - \overline{x})(x_j - \overline{x})}{S^2 \sum_{i=1}^{n}\sum_{j=1}^{n} w_{ij}} \tag{5-5}$$

其中 $S^2 = \dfrac{\sum_{i=1}^{n}(x_i - \overline{x})^2}{n}$ 表示样本方差，w_{ij} 表示空间权重中第 i 行第 j 列的元素，$\overline{x}$ 表示 x 的均值。如果空间权重矩阵进行了行标准化，此时公式 5-5 的分母中 $\sum_{i=1}^{n}\sum_{j=1}^{n} w_{ij} = n$，从而公式 5-5 的分母 $S^2 \sum_{i=1}^{n}\sum_{j=1}^{n} w_{ij}$

$=\sum_{i=1}^{n}(x_i-\overline{x})^2$。由此可以推导出空间权重矩阵行标准化之后的莫兰指数计算公式为：

$$I=\frac{\sum_{i=1}^{n}\sum_{j=1}^{n}w_{ij}(x_i-\overline{x})(x_j-\overline{x})}{\sum_{i=1}^{n}(x_i-\overline{x})^2}$$ （5-6）

莫兰指数 I 的取值范围介于 -1 到 1 之间。如果莫兰指数 I 的取值为 0 表示无空间自相关，各区域之间在指标 x 上无相互影响；如果莫兰指数 I 的取值在 0 和 1 之间则表示相邻区域之间存在空间正自相关，即高值与高值聚集，或者低值与低值聚集，取值越接近 1 表明相邻区域之间的正自相关性越强；如果莫兰指数 I 的取值小于 0 则表示相邻区域之间存在负自相关，即高值与低值相邻，取值越接近 -1 表明相邻区域之间的负自相关性越强。

在公式 5-6 的基础上，设定原假设 H0 为无空间自相关，则可以计算莫兰指数的期望值 E(I) 以及方差 Var（I）。根据前辈的研究可知标准化之后的莫兰指数 I 服从渐进正态分布，因此可以使用标准正态的临界值对莫兰指数的显著性进行检验。

上述莫兰指数 I 为全局莫兰指数 I，即通常所说的狭义的莫兰指数，该指数主要反映空间序列 $\{x_i\}_{i=1}^{n}$ 的整体空间聚集情况。如果要集中研究空间序列中某一个区域 i 附近的空间聚集情况，则需要用到局部莫兰指数。对于某空间序列 $\{x_i\}_{i=1}^{n}$ 来说，其计算公式如下：

$$I=\frac{(x_i-\overline{x})}{S^2}\sum_{j=1}^{n}w_{ij}(x_j-\overline{x})$$ （5-7）

局部莫兰指数 I 的取值范围与全局莫兰指数相同，不同取值代表的意思也保持一致。

5.2.2.2 吉尔里指数 C（Geary's C）

爱尔兰统计学家 Geary, R.C. 在 1954 年同样提出了一种测量空间序列空间自相关性的指数，即吉尔里指数 C(Geary's C)。对于某空间序列 $\{x_i\}_{i=1}^{n}$ 来说，其计算公式如下：

$$C=\frac{(n-1)\sum_{i=1}^{n}\sum_{j=1}^{n}w_{ij}(x_i-x_j)^2}{2(\sum_{i=1}^{n}\sum_{j=1}^{n}w_{ij})[\sum_{i=1}^{n}(x_i-x_j)^2]}$$ （5-8）

将吉尔里指数 C 与莫兰指数 I 的计算公式进行比较可以发现，吉尔里指数 C 中有一个关键的不同之处在于对 $(x_i - x_j)$ 进行平方处理，而莫兰指数 I 则是 $(x_i - \overline{x})(x_j - \overline{x})$。所以吉尔里指数 C 的取值范围一般介于 0 到 2 之间，以 1 为分界点，吉尔里指数 C 大于 1 表示区域之间呈负自相关，小于 1 表示区域之间呈正自相关，等于 1 表示区域之间无空间自相关。吉尔里指数 C 与莫兰指数 I 之间呈现出反向变动关系。

在公式 5-7 的基础上，设定原假设 H0 为无空间自相关，则可以计算吉尔里指数 C 的期望值 E(I) 为 1，以及方差 Var（C）。根据前辈的研究可知与标准化之后的莫兰指数 I 一样，标准化之后的吉尔里指数 C 同样服从渐进正态分布，因此可以使用标准正态的临界值对吉尔里指数 C 的显著性进行检验。

5.2.2.3 Getis-Ord 指数 G

莫兰指数 I 和吉尔里指数 C 都能对空间序列的自相关性进行检验，但是这两个指数存在的共同问题是，当检验结果表明空间序列存在正自相关时，仅能得知高值与高值聚集或者低值与低值聚集，但是具体是哪一种情况，并没有办法判断。因此，1992 年 Getis 和 Ord 提出了一种新的测量空间自相关的指数，该指数能根据取值的不同将热点区域（高值与高值聚集的区域）和冷点区域（低值与低值聚集的区域）进行区分。对于某空间序列 $\{x_i\}_{i=1}^{n}$ 来说，其计算公式如下：

$$G = \frac{\sum_{i=1}^{n} \sum_{j=1}^{n} w_{ij} x_i x_j}{\sum_{i=1}^{n} \sum_{j \neq i}^{n} x_i x_j}$$

（5-9）

计算 Getis-Ord 指数 G 与莫兰指数 I 和吉尔里指数 C 的不同之处在于不能对空间权重矩阵 w_{ij} 进行行标准化处理，同时要求 x 的取值要大于 0。因此，当高值与高值聚集的时候，Getis-Ord 指数 G 的取值较大，而当低值与低值聚集的时候，Getis-Ord 指数 G 的取值较小。区分两种状态的标准为在无空间自相关的原假设下，Getis-Ord 指数 G 的期望值 E(G) 的取值，即

$$E(G) = \frac{\sum_{i=1}^{n} \sum_{j \neq i}^{n} w_{ij}}{n(n-1)}$$
。当计算出来的 G 值大于此期望值，则表示存在热点区域，如果计算出来的 G 值小于此期望值，则表示存在冷点区域。

5.2.3 房地产市场需求侧空间自相关测量

在我国30个省级行政区2005—2014年房地产市场面板数据的基础上，结合表征地理位置的数据信息即形成我国房地产市场的空间数据。空间权重矩阵采用相邻方法对两个区域之间的位置进行赋值，如果两个省（区、市）之间是相邻的，则赋值为1，如果不相邻，则赋值为0，由此构成30×30的权重矩阵。

在数据准备的基础上，根据莫兰指数I、吉尔里指数C和Getis-Ord指数G的测算方法对我国房地产市场需求侧的空间自相关性进行测算和检验。

5.2.3.1 三种指数的测算结果

根据前面介绍的莫兰指数I、吉尔里指数C和Getis-Ord指数G的计算方法可以计算我国房地产市场需求的空间效应，并进行检验。本小节使用的软件为Stata14，在进行检验的过程中均使用双边检验进行，因为单边检验的假设前提是只存在正空间自相关。

我国房地产市场需求侧指标 lnqd 的莫兰指数 I 计算结果及检验见表 19 所示；吉尔里指数 C 计算结果及检验见表 20 所示；Getis-Ord 指数 G 计算结果及检验见表 21 所示。

表 19　我国房地产市场需求侧指标 lnqd 的莫兰指数 I 计算结果及检验

	Moran's I	E(I)	sd(I)	z	p 值
2005	0.203	−0.034	0.109	2.176	0.030
2006	0.155	−0.034	0.108	1.757	0.079
2007	0.170	−0.034	0.109	1.886	0.059
2008	0.158	−0.034	0.108	1.780	0.075
2009	0.183	−0.034	0.109	2.003	0.045
2010	0.169	−0.034	0.110	1.856	0.063
2011	0.159	−0.034	0.111	1.743	0.081
2012	0.193	−0.034	0.109	2.091	0.037
2013	0.216	−0.034	0.110	2.269	0.023
2014	0.244	−0.034	0.111	2.513	0.012

根据表19中显示的结果可知，我国30个省级行政区的房地产市场需求指标 lnqd 从2005年到2014年的莫兰指数 I 都为正，即从全局莫兰指数看，我国房地产市场需求侧指标 lnqd 存在正的自相关性。从莫兰指数 I 的数值变化情况来看，2005—2006年处于下降状态，2006—2011年之间处于小幅波动状态，2011年之后则呈现出上升趋势。从 p 值来看，在0.05的显著性水平下，2005年、2009年、2012年、2013年、2014年五年通过检验；如果在0.1的显著性水平下，则全部通过检验。由此可见，根据莫兰指数 I 的计算和检验结果可知，我国房地产市场需求存在正的空间自相关。

表20　我国房地产市场需求侧指标 lnqd 的吉尔里指数 C 计算结果及检验

	Geary's c	E(c)	sd(c)	z	p 值
2005	0.565	1.000	0.172	−2.536	0.011
2006	0.600	1.000	0.180	−2.217	0.027
2007	0.624	1.000	0.175	−2.146	0.032
2008	0.642	1.000	0.179	−2.001	0.045
2009	0.647	1.000	0.174	−2.027	0.043
2010	0.693	1.000	0.163	−1.876	0.061
2011	0.703	1.000	0.152	−1.955	0.051
2012	0.643	1.000	0.171	−2.087	0.037
2013	0.638	1.000	0.160	−2.264	0.024
2014	0.618	1.000	0.154	−2.487	0.013

根据表20中显示的结果可知，我国30个省级行政区的房地产市场需求指标 lnqd 从2005年到2014年的吉尔里指数 C 的计算结果均大于0且小于1，即从吉尔里指数 C 的计算结果看，我国房地产市场需求侧指标 lnqd 同样存在正的自相关性。从吉尔里指数 C 的数值变化情况来看，2005—2011年处于上升状态，2011年之后则呈现出下降趋势。因为吉尔里指数 C 与莫兰指数 I 之间呈现出反向变动关系，所以与莫兰指数 I 的计算结果能相互印证。从 p 值来看，在0.05的显著性水平下，只有2010年和2011年没有通过检验；如果在0.1的显著性水平下，则全部通过检验。由此可见，根据吉尔里指数 C 的计算和检验结果可知，我国房地产市场需求存在正的空间自相关。

表 21　我国房地产市场需求侧指标 lnqd 的 Getis-Ord 指数 G 计算结果及检验

	Getis & Ord's G	E(G)	sd(G)	z	p 值
2005	0.153	0.149	0.003	1.110	0.267
2006	0.154	0.149	0.003	1.512	0.131
2007	0.154	0.149	0.003	1.735	0.083
2008	0.155	0.149	0.003	2.112	0.035
2009	0.154	0.149	0.003	1.849	0.064
2010	0.155	0.149	0.002	2.200	0.028
2011	0.155	0.149	0.002	2.416	0.016
2012	0.154	0.149	0.002	2.066	0.039
2013	0.154	0.149	0.002	2.179	0.029
2014	0.156	0.149	0.002	2.692	0.007

根据表 21 中显示的结果可知，我国 30 个省级行政区的房地产市场需求指标 lnqd 从 2005 年到 2014 年的 Getis-Ord 指数 G 的计算结果均高于其期望值 E(G)，即从 Getis-Ord 指数 G 的计算结果看，我国房地产市场需求侧指标 lnqd 存在热点区域，即高值与高值聚集的区域。从 Getis-Ord 指数 G 的 p 值来看，在 0.05 的显著性水平下，2008 年、2010 年、2011 年、2012 年、2013 年、2014 年六年通过检验；如果在 0.1 的显著性水平下，也只有 2005 年和 2006 年没有通过检验。由此可见，根据 Getis-Ord 指数 G 的计算和检验结果可知，我国房地产市场需求存在正的空间自相关，且存在热点区域。

5.2.3.2 莫兰指数散点图

上述部分根据分省的空间面板数据分别对莫兰指数 I、吉尔里指数 C 和 Getis-Ord 指数 G 进行了测算，测算结果均表明我国房地产市场需求侧指标 lnqd 存在正向的空间自相关。

上述对莫兰指数的测算结果是基于"全局莫兰指数 I"进行的，因此，为了更具体地分析某一个区域空间聚集情况，可以进一步计算"局部莫兰指数 I"并将之绘制成散点图。

局部莫兰指数散点图将坐标系分成了四个象限：第一象限表明高值区域与高值区域的聚合，可以用 HH 表示；第二象限表明低值区域被高值区域围

绕，可以用 LH 表示；第三象限表明低值区域与低值区域的集合，可以用 LL
表示；第四象限表明高值区域被低值区域围绕，可以用 HL 表示。

在坐标系内，根据所有的点的分布拟合一条直线，则直线的斜率为莫兰
指数。莫兰指数的取值范围介于 –1 到 1 之间，等于 0 表示无空间自相关，越
接近 1 表示正空间自相关，越接近 –1 表示负空间自相关。

对我国房地产市场需求侧指标 lnqd 的局部莫兰指数 I 进行测算并绘制散
点图，其中 2005 年局部莫兰指数 I 的散点图见图 36 所示，2014 年局部莫兰指
数 I 的散点图见图 37 所示。

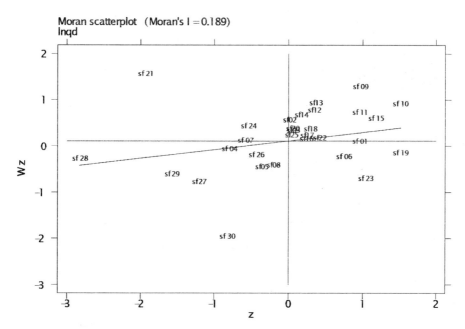

图 36　我国房地产市场需求侧指标 lnqd 在 2005 年的局部莫兰指数散点图

如图 36 所示，我国房地产市场需求侧指标 lnqd 在 2005 年的莫兰指数为
0.189，表明存在正的空间自相关。图中各代码与具体省（区、市）之间的对
照关系见表 22 所示。从不同省（区、市）在四个象限中的分布情况来看，多
数省（区、市）分布在第一象限（HH）和第三象限（LL），即高值区域与高
值区域聚集（HH）、低值区域与低值区域聚集（LL）两个象限。如上海、江
苏、浙江、安徽、福建等均分布在第一象限（HH），而陕西、甘肃、青海、
宁夏、新疆等则分布在第三象限（LL）；海南和贵州分布在第二象限（LH），

表明低值区域被高值区域围绕；辽宁、广东、四川分布在第四象限（HL），表明高值区域被低值区域围绕。

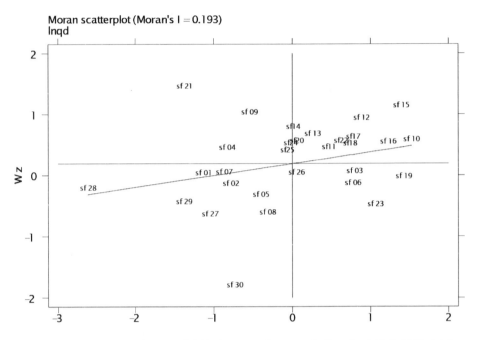

图37 我国房地产市场需求侧指标 lnqd 在 2014 年的局部莫兰指数散点图

如图37所示，我国房地产市场需求侧指标 lnqd 在2014年的莫兰指数为0.193，表明存在正的空间自相关。图中各代码与具体省（区、市）之间的对照关系见表22所示。从不同省（区、市）在四个象限中的分布情况来看，多数省（区、市）分布在第一象限（HH）和第三象限（LL）。如江苏、浙江、安徽、福建、山东、河南、湖北、湖南等均分布在第一象限（HH），而吉林、黑龙江、甘肃、青海、宁夏、新疆等则分布在第三象限（LL）；山西、海南分布在第二象限（LH），表明低值区域被高值区域围绕；广东、四川分布在第四象限（HL），表明高值区域被低值区域围绕。

从图36和图37两个图的比较来看，可以发现少数省（区、市）的房地产市场需求侧的动态跃迁情况，如上海从2005年的第一象限（HH）跃迁到第二象限（LH），其他发生动态跃迁的省（区、市）包括天津、内蒙古、河北等。不过总的来看，大部分省（区、市）在四个象限的分布情况没有发生动态跃迁。

表 22　局部莫兰指数 I 散点图中省（区、市）与代码对照表

省 （区、市）	代码	省 （区、市）	代码	省 （区、市）	代码	省 （区、市）	代码	省 （区、市）	代码
北京	sf01	吉林	sf07	福建	sf13	广东	sf19	云南	sf25
天津	sf02	黑龙江	sf08	江西	sf14	广西	sf20	陕西	sf26
河北	sf03	上海	sf09	山东	sf15	海南	sf21	甘肃	sf27
山西	sf04	江苏	sf10	河南	sf16	重庆	sf22	青海	sf28
内蒙	sf05	浙江	sf11	湖北	sf17	四川	sf23	宁夏	sf29
辽宁	sf06	安徽	sf12	湖南	sf18	贵州	sf24	新疆	sf30

注：省（区、市）和对应的代码根据研究需要随机设定

5.2.4 房地产市场供给侧空间自相关测量

在数据准备的基础上，根据莫兰指数 I、吉尔里指数 C 和 Getis-Ord 指数 G 的测算方法对我国房地产市场需求侧的空间自相关性进行测算和检验。

5.2.4.1 三种指数的测算结果

根据前面介绍的莫兰指数 I、吉尔里指数 C 和 Getis-Ord 指数 G 的计算方法可以计算我国房地产市场供给的空间效应，并进行检验。本小节使用的软件为 Stata14，在进行检验的过程中均使用双边检验进行，因为单边检验的假设前提是只存在正空间自相关。

我国房地产市场供给侧指标 lnqs 的莫兰指数 I 计算结果及检验见表 23 所示；吉尔里指数 C 计算结果及检验见表 24 所示；Getis-Ord 指数 G 计算结果及检验见表 25 所示。

表 23　我国房地产市场供给侧指标 lnqs 的莫兰指数 I 计算结果及检验

	Moran's I	E(I)	sd(I)	z	p 值
2005	0.262	−0.034	0.110	2.694	0.007
2006	0.186	−0.034	0.109	2.029	0.042
2007	0.156	−0.034	0.110	1.741	0.082
2008	0.166	−0.034	0.109	1.837	0.066
2009	0.209	−0.034	0.111	2.193	0.028

2010	0.171	−0.034	0.111	1.848	0.065
2011	0.173	−0.034	0.109	1.907	0.057
2012	0.159	−0.034	0.111	1.749	0.080
2013	0.185	−0.034	0.111	1.972	0.049
2014	0.191	−0.034	0.110	2.049	0.040

根据表 23 中显示的结果可知，我国 30 个省级行政区的房地产市场供给指标 lnqs 从 2005 年到 2014 年的莫兰指数 I 都为正，即从全局莫兰指数看，我国房地产市场供给侧指标 lnqs 存在正的自相关性。从莫兰指数 I 的数值变化情况来看，2005—2009 年之间以 2007 年为分界线呈现先下降再上升的状态，2009—2012 年之间处于下降状态，2012 年之后则呈现出上升趋势。从 p 值来看，在 0.05 的显著性水平下，2005 年、2006 年、2009 年、2013 年、2014 年五年通过检验；如果在 0.1 的显著性水平下，则全部通过检验。由此可见，根据莫兰指数 I 的计算和检验结果可知，我国房地产市场供给存在正的空间自相关。

表 24　我国房地产市场供给侧指标 lnqs 的吉尔里指数 C 计算结果及检验

	Geary's c	E(c)	sd(c)	z	p 值
2005	0.529	1.000	0.163	−2.881	0.004
2006	0.615	1.000	0.173	−2.219	0.026
2007	0.636	1.000	0.166	−2.197	0.028
2008	0.648	1.000	0.171	−2.059	0.039
2009	0.657	1.000	0.154	−2.224	0.026
2010	0.691	1.000	0.151	−2.051	0.040
2011	0.684	1.000	0.172	−1.840	0.066
2012	0.637	1.000	0.156	−2.332	0.020
2013	0.634	1.000	0.152	−2.411	0.016
2014	0.670	1.000	0.161	−2.049	0.040

根据表 24 中显示的结果可知，我国 30 个省级行政区的房地产市场供给指标 lnqs 从 2005 年到 2014 年的吉尔里指数 C 的计算结果均大于 0 且小于 1，即

从吉尔里指数 C 的计算结果看，我国房地产市场供给侧指标 lnqs 同样存在正的自相关性。从吉尔里指数 C 的数值变化情况来看，2005—2010 年之间处于上升状态，2010—2013 年之间呈现出下降趋势，2014 年略有上升。因为吉尔里指数 C 与莫兰指数 I 之间呈现出反向变动关系，所以与莫兰指数 I 的计算结果能相互印证。从 p 值来看，在 0.05 的显著性水平下，全部通过检验。由此可见，根据吉尔里指数 C 的计算和检验结果可知，我国房地产市场供给存在正的空间自相关。

表 25　我国房地产市场供给侧指标 lnqs 的 Getis-Ord 指数 G 计算结果及检验

	Getis & Ord's G	E(G)	sd(G)	z	p 值
2005	0.154	0.149	0.003	1.547	0.122
2006	0.154	0.149	0.003	1.688	0.091
2007	0.154	0.149	0.003	1.920	0.055
2008	0.154	0.149	0.002	2.117	0.034
2009	0.155	0.149	0.002	2.409	0.016
2010	0.154	0.149	0.002	2.195	0.028
2011	0.154	0.149	0.002	2.033	0.042
2012	0.154	0.149	0.002	2.332	0.020
2013	0.155	0.149	0.002	2.483	0.013
2014	0.155	0.149	0.002	2.402	0.016

根据表 25 中显示的结果可知，我国 30 个省级行政区的房地产市场供给指标 lnqs 从 2005 年到 2014 年的 Getis-Ord 指数 G 的计算结果均高于其期望值 E(G)，即从 Getis-Ord 指数 G 的计算结果看，我国房地产市场供给侧指标 lnqs 存在热点区域，即高值与高值聚集的区域。从 Getis-Ord 指数 G 的 p 值来看，在 0.05 的显著性水平下，仅有 2005 年、2006 年、2007 年三年没有通过检验；如果在 0.1 的显著性水平下，则只有 2005 年未能通过检验。由此可见，根据 Getis-Ord 指数 G 的计算和检验结果可知，我国房地产市场供给存在正的空间自相关，且存在热点区域。

5.2.4.2 莫兰指数散点图

上述对莫兰指数的测算结果是基于"全局莫兰指数 I"进行的，因此，为了更具体地分析某一个区域空间聚集情况，可以进一步计算"局部莫兰指数 I"并将之绘制成散点图。

对我国房地产市场供给侧指标 lnqs 的局部莫兰指数 I 进行测算并绘制散点图，其中 2005 年局部莫兰指数 I 的散点图见图 38 所示，2014 年局部莫兰指数 I 的散点图见图 39 所示。

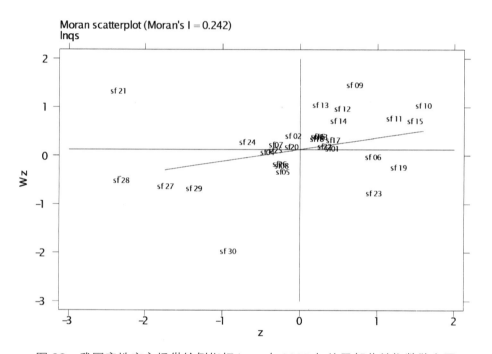

图 38　我国房地产市场供给侧指标 lnqs 在 2005 年的局部莫兰指数散点图

如图 38 所示，我国房地产市场供给侧指标 lnqs 在 2005 年的莫兰指数为 0.242，表明存在正的空间自相关。图中各代码与具体省（区、市）之间的对照关系见表 22 所示。从不同省（区、市）在四个象限中的分布情况来看，多数省（区、市）分布在第一象限（HH）和第三象限（LL），即高值区域与高值区域聚集（HH）、低值区域与低值区域聚集（LL）两个象限。如上海、江苏、浙江、安徽、福建、江西、山东等均分布在第一象限（HH），而甘肃、青海、宁夏、新疆等则分布在第三象限（LL）；海南、贵州、天津分布在第二象限（LH），表明低值区域被高值区域围绕；辽宁、广东、四川分布在第四象限（HL），表明高值区域被低值区域围绕。

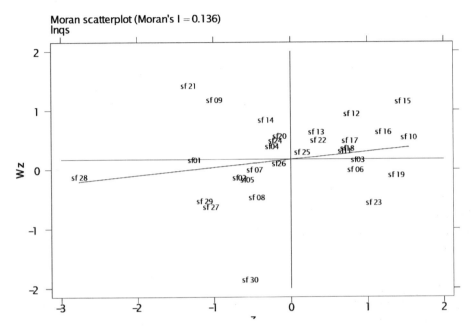

图 39　我国房地产市场供给侧指标 lnqs 在 2014 年的局部莫兰指数散点图

如图 39 所示，我国房地产市场供给侧指标 lnqs 在 2014 年的莫兰指数为 0.136，表明存在正的空间自相关。图中各代码与具体省（区、市）之间的对照关系见表 22 所示。从不同省（区、市）在四个象限中的分布情况来看，多数省（区、市）分布在第一象限（HH）和第三象限（LL）。如江苏、浙江、安徽、福建、山东、河南、湖北、湖南等均分布在第一象限（HH），而内蒙古、吉林、黑龙江、甘肃、青海、宁夏、新疆等则分布在第三象限（LL）；山西、上海、江西、广西、海南分布在第二象限（LH），表明低值区域被高值区域围绕；广东、四川分布在第四象限（HL），表明高值区域被低值区域围绕。

从图 38 和图 39 两个图的比较来看，可以发现少数省（区、市）的房地产市场需求侧的动态跃迁情况，如上海、江西从 2005 年的第一象限（HH）跃迁到第二象限（LH），其他发生动态跃迁的省（区、市）包括天津、吉林等。不过总的来看，大部分省（区、市）在四个象限的分布情况没有发生动态跃迁。

5.3 房地产市场发展需求侧和供给侧的空间聚集效应

莫兰指数 I、吉尔里指数 C 和 Getis-Ord 指数 G 都可以对空间序列的空间效应性进行检验，但是这些指数的检验结果只是对空间序列是否存在空间效应进行初步的判断，就像回归分析之前计算各指标的相关系数是同样的道理。因此为了更深入地分析，还需要建立正式的空间计量模型。

5.3.1 空间聚集效应的理论模型及研究方法

根据空间效应模型的理论，空间效应模型具有不同的形式，具体包括空间自回归模型、空间误差模型、空间杜宾模型等不同形式。下面分别对不同模型形式进行介绍，并根据本部分的实证建模需要，对空间面板数据的空间杜宾模型研究进行梳理。

5.3.1.1 空间自回归模型 (SAR 模型)

时间序列模型可能存在的一个问题是时间自回归过程，即通常所说的 AR(p) 过程，这表明被解释变量受自身过去数据的影响；而在考虑空间模型的过程中，实际上与时间序列模型存在类似的情况，所不同的是时间序列模型的自相关存在于时间维度上，受以往时间段的影响；而空间序列模型的自相关存在于空间维度上，受其他区域的影响。

从最简单的时间序列自回归模型入手进行理解，设时间序列自回归模型如下：

$$y_t = \beta y_{t-1} + \varepsilon_t \qquad (\text{ t=2,3,······n }) \qquad (5\text{--}10)$$

$$y_t = \beta y_{t-1} + \alpha_i x_{it} + \varepsilon_t \qquad (\text{ t=2,3,······n }) \qquad (5\text{--}11)$$

其中 5-11 式在 5-10 式的基础上增加了解释变量 $_{it}$，两个模型表达的意思有一点是相同的，即 y_t 受到其自身过去值的影响，即 y_t 受到 y_{t-1} 的影响。

如果在上述时间自回归的基础上增加空间权重矩阵，则时间自回归模型可以变化成为空间自回归模型，假设空间权重矩阵为 W，模型 5-10 的变化如下：

$$y = \lambda W y + \varepsilon \qquad (5\text{-}12)$$

如果将空间自回归模型5-12中的空间权重矩阵设置成为次对角线元素为1，其余元素均为0的4×4矩阵，如下所示：

$$W = \begin{pmatrix} 0 & 0 & 0 & 0 \\ 1 & 0 & 0 & 0 \\ 0 & 1 & 0 & 0 \\ 0 & 0 & 1 & 0 \end{pmatrix} \qquad (5\text{-}13)$$

将矩阵5-13与模型5-12结合，即将矩阵5-13代入模型5-12中，可以得到如下表达式：

$$y = \begin{pmatrix} y_1 \\ y_2 \\ y_3 \\ y_4 \end{pmatrix} = \lambda \begin{pmatrix} 0 & 0 & 0 & 0 \\ 1 & 0 & 0 & 0 \\ 0 & 1 & 0 & 0 \\ 0 & 0 & 1 & 0 \end{pmatrix} \begin{pmatrix} y_1 \\ y_2 \\ y_3 \\ y_4 \end{pmatrix} + \begin{pmatrix} \varepsilon_1 \\ \varepsilon_2 \\ \varepsilon_3 \\ \varepsilon_4 \end{pmatrix} \qquad (5\text{-}14)$$

将模型5-14中的 W 与 y 进行行列式乘法，可以得到如下四个等式组：

$$\begin{cases} y_1 = \varepsilon_1 \\ y_2 = \lambda y_1 + \varepsilon_2 \\ y_3 = \lambda y_2 + \varepsilon_3 \\ y_4 = \lambda y_3 + \varepsilon_4 \end{cases} \qquad (5\text{-}15)$$

从等式组5-15可以发现一个特点，即如果将模型5-10中的 n 设定为4，则会发现模型5-10所得的等式组和等式5-15相同。从这里可以看出，如果将空间权重矩阵设置成5-13所示，并将模型5-12中的空间维度转换成为时间维度，则模型5-12与5-13的结合就转变成为模型5-10（n=4）的形式。从上述角度看，可知时间自回归模型 AR（1）过程是空间自回归模型中的一个特例。另外，因为时间自回归的方向只有一个方向，即受过去时间的影响，而空间自回归的方向则不受此限制，因此在空间自回归模型中，空间权重矩阵 W 的形式是多样的。

在空间自回归模型5-12的基础上，如果引入解释变量 X，则模型5-12转变成如下形式：

$$y = \lambda Wy + X\beta + \varepsilon \qquad (5-16)$$

模型 5-16 表示被解释变量 y 受到解释变量的影响，同时还受到其他区域的 y 的影响。模型 5-12 表示纯空间自回归模型（纯 SAR 模型），而模型 5-16 表示空间自回归模型（SAR 模型）。如果模型 5-16 中的 λ =0，则模型 5-16 就会转变成为普通的线性回归模型。

5.3.1.2 空间杜宾模型 (SDM 模型)

模型 5-12 所示的纯空间自回归模型（纯 SAR 模型）和模型 5-16 所示的空间自回归模型（SAR 模型）分别表示某一区域的被解释变量 y 受到其他区域的 y 的影响。如果进一步将解释变量 X 和空间因素的影响纳入模型，即考虑某一区域的被解释变量 y 除了受到本区域解释变量 X 的影响之外，还受到其他区域的解释变量 X 的影响，模型形式会从 SAR 模型转换成为 SDM 模型，模型就会转变成为如下形式：

$$y = X\beta + WX\delta + \varepsilon \qquad (5-17)$$

模型 5-17 表示某区域的被解释变量 y 的影响因素包括本区域的解释变量 X，其他区域的解释变量 X，其中 W 表示空间权重矩阵。

如果将模型 5-17 和模型 5-16 中的因素综合起来，则模型可以转变成为如下形式：

$$y = \lambda Wy + X\beta + WX\delta + \varepsilon \qquad (5-18)$$

模型 5-18 表示某区域的被解释变量 y 的影响因素包括本区域的解释变量 X，其他区域的被解释变量 y，还有来自其他区域的解释变量 X，其中 W 表示空间权重矩阵。模型 5-17 和模型 5-18 均为空间杜宾模型。

5.3.1.3 空间误差模型 (SEM 模型)

空间误差模型 (SEM 模型) 是在空间自回归模型 (SAR 模型) 的基础上，考虑误差项的空间自回归得到的空间模型，其表示式如下所示：

$$\begin{cases} y = \lambda Wy + \mu \\ \mu = \rho Mu + \varepsilon \\ \varepsilon \sim N(0, \sigma^2 I_n) \end{cases} \qquad (5-19)$$

从模型 5-19 可以看出，扰动项 μ 存在自回归过程，即扰动项 μ 中存在不包含在 X 中，但是对 y 有影响的遗漏变量。W 表示空间权重矩阵，M 表示误差项的空间权重矩阵，M 可以和 W 相同。

如果将模型 5-19 中的第一个表达式右侧增加解释变量 X，即将其转变成为模型 5-16 所示的形式，则模型 5-19 转变成为如下模型形式：

$$\begin{cases} y = \lambda W y + X \beta + \mu \\ \mu = \rho M u + \varepsilon \\ \varepsilon \sim \mathrm{N}(0, \sigma^2 I_n) \end{cases} \qquad （5-20）$$

以上模型实际上是空间自回归模型和空间误差模型的组合形式，被称为带空间自回归误差项的空间自回归模型 (SARAR 模型)。

5.3.1.4 空间面板模型

将上述截面数据模型扩展到面板数据，则相应的空间模型就扩展成为空间面板模型。空间面板模型最一般的形式如下所示，根据不同系数的取值不同可以变化成为上述三种不同的空间面板模型：

$$\begin{cases} y_{it} = \tau y_{i,t-1} + \rho w_i' y_t + x_{it}' \beta + d_i' X_t \delta + \mu_i + \gamma_t + \varepsilon_{it} \\ \varepsilon_{it} = \lambda m_i' \varepsilon_i + \upsilon_{it} \end{cases} \qquad （5-21）$$

模型 5-21 中 $\tau y_{i,t-1}$ 表示被解释变量 y_{it} 的一阶滞后项，表明是动态面板模型；$\rho w_i' y_t$ 表示被解释变量 y_{it} 的空间自回归项，表明某区域的被解释变量 y_{it} 受其他区域被解释变量的影响；$x_{it}' \beta$ 表示被解释变量 y_{it} 的解释变量项；$d_i' X_t \delta$ 表示被解释变量 y_{it} 受其他区域的解释变量的影响；μ_i 表示截面个体效应，γ_t 表示时间个体效应，$\lambda m_i' \varepsilon_i$ 表示随机扰动项的空间自回归项。

如果 $\lambda = 0$，则 5-21 转变成为空间面板杜宾模型，即空间面板 SDM 模型；如果 $\lambda = 0$，$\delta = 0$，则模型 5-21 转变成为空间面板自回归模型，即空间面板 SAR 模型；如果 $\tau = 0$，$\delta = 0$，则模型 5-21 转变成为空间面板自相关模型（SAC 模型)，即上面所述的 SARAR 模型；如果 $\tau = 0$，$\rho = 0$，$\delta = 0$，则模型 5-21 转变成为空间面板误差模型，即空间面板 SEM 模型。

对空间面板模型的估计与普通的面板数据模型估计思路一致，首先需要根据实际需要选择模型形式，其次需要根据豪斯曼检验的结果选择固定效应模型或者随机效应模型。对于模型形式的选择，勒沙杰和佩斯在2009年提出应该首先选用SDM模型，通过SDM模型的参数估计结果推断SDM模型是否可以简化成为SAR模型或者SEM模型，或者更一般的OLS模型。

本小节为了实证检验我国房地产市场供给和需求的空间聚集效应，在第四章的面板数据和计量识别结果的基础上，首先在SDM模型估计的基础上判断SDM模型是否可以简化成为SAR模型。另外，因此研究的面板数据属于短面板，所以暂时不考虑空间误差模型形式和时间个体效应和被解释变量的一阶滞后项。在此基础上，进行豪斯曼检验，根据豪斯曼检验的结果决定采用固定效应模型还是随机效应模型。

5.3.2 房地产市场发展需求侧空间聚集效应的实证检验

本小节根据我国30个省级行政区2005—2014年的空间面板数据，对我国房地产市场需求侧的空间聚集效应进行实证检验。

根据我国房地产市场影响因素的计量识别一章的分析结果进行建模并分析。在模型4-12的基础上比照模型5-18的形式，建立我国房地产市场需求侧影响因素的空间面板杜宾模型如下：

$$y_{it} = \lambda W y_{it} + X\beta + WX\delta + \mu_i + \varepsilon_{it} \qquad （5-22）$$

其中 y_{it} 表示我国房地产市场需求侧指标lnqd；X是根据模型4-12计量识别之后确定的影响我国房地产市场需求lnqd的各个影响因素向量，包括住宅销售价格的增长速度（pg）、城镇居民收入水平（lnic）、个人按揭贷款情况（lndkp）和人口规模（lnpop）四个因素；W表示根据相邻与否进行赋值之后得到的我国30个省级行政区的空间权重矩阵；μ_i 表示个体效应。

模型5-22是我国房地产市场需求侧的空间面板杜宾模型（SDM模型），对该模型进行估计首先需要确认是否能将SDM模型简化成为SAR模型，然后在此基础上进行豪斯曼检验。

因此，在随机效应和稳健标准误的情况下估计空间杜宾模型5-22，得到如表26中模型序号为1的估计结果，从估计结果中可以看出模型中WX部分的四个影响因素均不显著。因此，在去掉模型中WX部分之后继续在随机效应和稳健标准误情况下进行估计，估计结果见表26中模型序号为2的估计结果，实际上在模型5-22的基础上去掉WX部分之后，空间面板模型由杜宾模型（SDM模型）转变成为空间自相关模型（SAR模型）。作为比较，同样可以在固定效应和稳健标准误情况下对模型5-22进行估计，估计结果见表26中模型序号为3的估计结果，在去掉WX部分之后进行固定效应估计的结果则见模型序号为4的估计结果。以上四个模型的一个共同特点是空间自回归系数均为正，并且均是显著的，因此可以认为我国房地产市场需求侧指标lnqd存在正向的空间聚集效应。

为了确认模型的形式，是采用固定效应模型还是随机效应模型，需要对模型的形式进行豪斯曼检验。因为豪斯曼检验不能在稳健标准误的情况下进行，因此需要在普通标准误的情况下估计固定效应和随机效应的SAR模型，并在估计结果基础上进行豪斯曼检验。在随机效应和普通标准误情况下对SAR模型进行估计，估计结果见表26中模型序号为5的估计结果；在固定效应和普通标准误情况下对SAR模型进行估计，估计结果见表26中模型序号为6的估计结果。在此基础上，豪斯曼检验的卡方统计量为57.13，对应的p值为0.0000，所以根据豪斯曼检验结果可知，最终的模型形式应该采用固定效应情况下的SAR模型。最终的估计结果即为表26中模型序号为4的估计结果。

表26 我国房地产市场需求侧空间效应实证模型及结果

模型序号	1	2	3	4	5	6
面板模型形式	RE	RE	FE	FE	RE	FE
空间计量模型形式	SDM	SAR	SDM	SAR	SAR	SAR
标准误	Robust	Robust	Robust	Robust	Std.Err.	Std.Err.
R^2	0.8465	0.8338	0.7948	0.7804	0.8338	0.7804
Main						
pg	0.0009	0.0025	0.0019	0.0027	0.0025	0.0027
	0.52	2.23	1.59	2.61	1.86	2.44
	0.601	0.026	0.111	0.009	0.063	0.015
lnic	0.3064	0.1568	0.2759	0.6512	0.1568	0.6512
	0.74	0.68	0.54	3.93	1.42	5.78
	0.460	0.493	0.590	0.000	0.156	0.000

续表

lndkp	0.2422	0.2449	0.1214	0.1344	0.2449	0.1344
	4.33	4.63	2.95	3.80	9.62	5.68
	0.000	0.000	0.003	0.000	0.000	0.000
lnpop	0.5053	0.4696	−2.9767	−2.1739	0.4696	−2.1739
	4.97	4.00	−4.32	−3.24	5.77	−8.35
	0.000	0.000	0.000	0.001	0.000	0.000
c	−1.3422	−2.3845			−2.3845	
	−0.46	−1.06			−2.45	
	0.645	0.290			0.014	
WX						
pg	0.0034		0.0027			
	1.34		1.48			
	0.180		0.139			
lnic	−0.0811		0.2851			
	−0.27		0.53			
	0.789		0.598			
lndkp	−0.0324		0.0145			
	−0.56		0.31			
	0.575		0.757			
lnpop	−0.2518		2.1758			
	−1.44		1.28			
	0.149		0.202			
Spatial						
rho	0.2403	0.1657	0.2985	0.2980	0.1657	0.2980
	3.13	2.17	3.28	3.38	2.62	4.76
	0.002	0.030	0.001	0.001	0.009	0.000

注：被解释变量为住宅销售面积的自然对数 lnqd；实证结果中第一行为估计系数值，第二行为 z 检验值，第三行为对应的 p 值；面板模型形式中 FE 表示固定效应模型，RE 表示随机效应模型；空间计量模型形式中 SDM 表示空间杜宾模型，SAR 表示空间自相关模型；标准误中 Robust 表示在计算 z 检验值对应的 p 值时使用稳健的标准误，Std.Err. 表示在计算 z 检验值对应的 p 值时使用普通标准误；rho 表示空间自回归系数。

根据表 26 中模型序号为 4 的最终估计结果可知，我国房地产市场需求侧指标 lnqd 的空间自相关系数为 0.298，表明从全局来看需求侧指标 lnqd 存在正向的空间自相关；住宅销售价格的增长速度（pg）、城镇居民收入水平（lnic）、个人按揭贷款情况（lndkp）和人口规模（lnpop）四个因素对需求侧指标 lnqd 的影响均显著，影响方向与第四章的计量识别结果相同。

5.3.3 房地产市场发展供给侧空间聚集效应的实证检验

本小节根据我国 30 个省级行政区 2005 年到 2014 年的空间面板数据，对我国房地产市场供给侧的空间聚集效应进行实证检验。

根据我国房地产市场影响因素的总体分析一章的分析结果进行建模并分析。在模型 4-13 的基础上比照模型 5-18 的形式，建立我国房地产市场供给侧影响因素的空间面板杜宾模型，模型形式如模型 5-22 所示。其中 y_{it} 表示我国房地产市场供给侧指标 lnqs；X 是根据模型 4-13 计量识别之后确定的影响我国房地产市场供给 lnqs 的各个影响因素向量，包括当年的住宅销售面积（lnqd）、房地产开发企业自筹资金比例（mzv）、土地购置面积（lnlm）、土地购置价格（lnlp）四个因素；W 表示根据相邻与否进行赋值之后得到的我国 30 个省级行政区的空间权重矩阵；μ_i 表示个体效应。需要说明的是模型 4-13 计量识别确定的影响因素有六个，除上述四个影响因素之外，还包括滞后一期的住宅销售面积和房地产开发企业自筹资金的增长，由于空间计量模型对差分变量和滞后变量的限制，所以在此没有将这两个变量纳入此处的空间计量模型中。

与上一小节需求侧的模型估计方法一样，对空间面板杜宾模型（SDM 模型）进行估计，首先需要确认是否能将 SDM 模型简化成为 SAR 模型，然后在此基础上进行豪斯曼检验。

因此，在随机效应和稳健标准误的情况下估计房地产市场供给侧的空间杜宾模型，得到如表 27 中模型序号为 1 的估计结果，从估计结果中可以看出模型的 WX 部分的四个影响因素中只有 lnqd 是显著的，其余三个影响因素不显著。因此，在去掉空间杜宾模型的 WX 部分中的 mzv、lnlm、lnlp 三个变量之后继续在随机效应和稳健标准误情况下进行估计，估计结果见表 27 中模型序号为 2 的估计结果，此时的模型仍然是空间杜宾模型（SDM 模型）。作为比较，同样可以在固定效应和稳健标准误情况下对房地产市场供给侧的空间杜宾模型进行估计，估计结果见表 27 中模型序号为 3 的估计结果，在去掉空间杜宾模型的 WX 部分中的 mzv、lnlm、lnlp 三个变量之后进行固定效应估计的结果则见模型序号为 4 的估计结果。以上四个模型的一个共同特点是空间自回归系数均为正，并且均是显著的，因此，可以肯定地认为，我国房地产市场供给侧指标 lnqs 存在正向的空间聚集效应；而且空间杜宾模型的 WX 部分中的 lnqd 也是显著的，说明房地产市场供给侧指标 lnqs 还受到相邻区域的销售情况的影响。

为了确认模型的形式，是采用固定效应模型还是随机效应模型，需要对模型的形式进行豪斯曼检验。因为豪斯曼检验不能在稳健标准误的情况下进行，因此需要在普通标准误的情况下估计固定效应和随机效应的 SAR 模型，并在估计结果基础上进行豪斯曼检验。在随机效应和普通标准误情况下对 SAR 模型进行估计，估计结果见表 27 中模型序号为 5 的估计结果；在固定效应和普通标准误情况下对 SAR 模型进行估计，估计结果见表 27 中模型序号为 6 的估计结果。在此基础上，豪斯曼检验的卡方统计量为 -23.24，卡方值小于 0，所以根据豪斯曼检验结果可知，最终的模型形式应该采用随机效应情况下的 SAR 模型。最终的估计结果即为表 27 中模型序号为 2 的估计结果。

表 27　我国房地产市场供给侧空间效应实证模型及结果

模型序号	1	2	3	4	5	6
面板模型形式	RE	RE	FE	FE	RE	FE
空间计量模型形式	SDM	SDM	SDM	SDM	SDM	SDM
标准误	Robust	Robust	Robust	Robust	Std.Err.	Std.Err.
R2	0.9499	0.9394	0.8697	0.8677	0.9394	0.8677
Main						
	0.7068	0.7242	0.6895	0.7001	0.7242	0.7001
lnqd	16.90	16.07	10.11	10.93	23.51	17.15
	0.000	0.000	0.000	0.000	0.000	0.000
	0.0057	0.0072	0.0068	0.0065	0.0072	0.0065
mzv	3.29	4.89	2.77	2.92	5.64	4.01
	0.001	0.000	0.006	0.004	0.000	0.000

续表

lnlm	0.2329	0.2224	0.2573	0.2600	0.2224	0.2600
	6.51	6.82	6.31	6.00	7.99	7.85
	0.000	0.000	0.000	0.000	0.000	0.000
lnlp	0.0579	0.0847	0.0911	0.0959	0.0847	0.0959
	2.43	3.66	2.64	2.46	3.93	3.49
	0.015	0.000	0.008	0.014	0.000	0.000
c	−0.7249	−1.2466			−1.2466	
	−2.19	−3.71			−4.99	
	0.029	0.000			0.000	
WX						
lnqd	−0.3066	−0.3226	−0.2582	−0.2356	−0.3226	−0.2356
	−4.27	−4.09	−2.34	−2.25	−5.13	−3.07
	0.000	0.000	0.019	0.025	0.000	0.002
mzv	0.0023		−0.0034			
	1.08		−1.08			
	0.281		0.279			
lnlm	−0.1072		0.0685			
	−1.43		0.97			
	0.152		0.332			
lnlp	0.0220		0.0478			
	0.56		0.98			
	0.579		0.326			
Spatial						
rho	0.4792	0.4591	0.4131	0.4319	0.4591	0.4319
	11.98	9.99	7.86	8.61	9.01	8.46
	0.000	0.000	0.000	0.000	0.000	0.000

　　注：被解释变量为住宅新开工面积的自然对数 lnqs，作为我国房地产市场供给侧的代理变量；实证结果中第一行为估计系数值，第二行为 z 检验值，第三行为对应的 p 值；面板模型形式中 FE 表示固定效应模型，RE 表示随机效应模型；空间计量模型形式中 SDM 表示空间杜宾模型，SAR 表示空间自相关模型；标准误中 Robust 表示在计算 z 检验值对应的 p 值时使用稳健的标准误，Std.Err. 表示在计算 z 检验值对应的 p 值时使用普通标准误；rho 表示空间自回归系数。

根据表 27 中模型序号为 2 的最终估计结果可知，我国房地产市场供给侧指标 lnqs 的空间自相关系数为 0.4591，表明从全局来看供给侧指标 lnqs 存在正向的空间自相关；而且因为空间杜宾模型的 WX 部分中的 lnqd 也是显著的，说明房地产市场供给侧指标 lnqs 还受到相邻区域的销售情况的影响，从符号来看，这种影响是负向的。另外，当年的住宅销售面积（lnqd）、房地产开发企业自筹资金比例（mzv）、土地购置面积（lnlm）、土地购置价格（lnlp）四个因素对供给侧指标 lnqs 的影响均为正向且显著，影响方向与第四章的计量识别结果相同。

5.4 本章小结

5.4.1 研究结论

在本章的第一节，首先对我国住宅销售面积的同比增长率变化情况和住宅新开工面积同比增长率变化情况进行了描述分析，从全国平均水平和东部、中部、西部、东北四大区域分别进行分析并进行比较。

通过对我国住宅销售面积的同比增长率的变化情况分析可以发现：（1）我国住宅销售面积同比增长率在 2005—2014 年之间可以以 2009 年为界划分为两个不同阶段，2005—2008 年呈总体下降趋势，2008—2009 年增长率迅速上升，2009—2014 年再次呈现总体下降趋势；（2）东部地区的增长率在下降阶段要低于全国平均水平，在增长率上升阶段要高于全国平均水平，东部地区的住宅销售面积同比增长率要"领先"于全国平均水平；（3）中部地区的增长率走势与全国平均水平的走势比较一致，而且其增长率在下降阶段普遍高于东部地区，因此在住宅销售情况上，中部地区比东部地区更"抗跌"；（4）东北地区住宅销售面积的同比增长率在 2009 年之后处于持续下跌趋势，与其他三个区域的表现存在差异。

通过对我国住宅新开工面积的同比增长率的变化情况分析可以发现：（1）我国住宅新开工面积同比增长率在 2005—2014 年之间可以以 2010 年为界划分为两个不同阶段；（2）东部地区的住宅新开工面积同比增长率变化情况与全国

平均水平的走势基本一致，但是东部地区的走势要"领先"于全国平均水平；（3）中部地区的增长率变化情况在2012年之前相比其他三个区域更加平稳；（4）东北地区的增长率变化情况在2010年之后呈现持续下跌趋势，与其他三个区域迥然不同。将上述两个指标的变化情况进行比较可以发现，住宅销售面积的同比增长率的顶点出现在2009年，而住宅新开工面积的同比增长率的顶点出现在2010年，后者略滞后于前者，可能是因为房地产开发企业在进行投资决策的时候会考虑房地产市场前一年的需求情况。

在本章第二节，根据莫兰指数I、吉尔里指数C、Getis-Ord指数G三种测量和检验指标空间自相关性的指数，本书根据我国30个省级行政区相邻关系设置空间权重矩阵，并利用30个省级行政区从2005年到2014年的数据，对我国住宅销售面积和新开工面积的空间自相关性进行测算和检验。根据检验结果可知，我国住宅销售面积的自然对数以及住宅新开工面积的自然对数两个指标均存在空间自相关。在此基础上进一步测算局部莫兰指数，并绘制莫兰指数散点图，在散点图的基础上同样可以发现两个指标在不同年份的局部莫兰指数为正，大部分省（区、市）均分布在第一象限和第三象限，即大部分省（区、市）表现为高值与高值聚集的区域、低值与低值聚集的区域。

在本章第二节的基础上可知我国住宅的销售和供给均存在显著的空间自相关性，因此在本章第三节，本书进一步在第四章供给和需求影响因素计量识别的基础上，将空间因素纳入模型，分别从需求和供给两方面建立空间杜宾模型（SDM模型），在面板数据的基础上对空间杜宾模型进行简化，并进行豪斯曼检验，最终确定模型形式和进行空间计量拟合。根据第三节的拟合结果发现我国住宅销售面积受周围区域的销售情况影响，影响方向为正，其空间相关系数为0.2980；而我国住宅新开工面积不仅受周围区域的新开工面积的影响，其空间自相关系数为0.4591，而且还受到周围区域销售情况的影响。

5.4.2 研究结论分析

1. 从需求侧和供给侧对我国房地产市场发展的现状进行描述统计分析可知，我国房地产市场区域分化现象比较严重，东部地区、中部地区、西部地区和东北地区各自的表现各不相同。可能的原因是我国疆域辽阔，不同区域之间的经济、社会等发展水平存在较大的差异，而房地产市场的一个重要特点是房屋这种产品具有不可移动性，因此房屋的价值与其所在的城市区位优势和竞争力，以及房屋周围配套的各类医疗、教育、交通等资源紧密地联系在一起。如果城市区位优势好、竞争力强，房屋相配套的各类教育、医疗等资源优质的话，在房地产市场向好的情况下这类房屋的价格上涨也较快，即使在房地产市场下行的情况下这类房屋的抗跌能力也较强。

2. 从需求侧和供给侧对我国房地产市场的空间自相关性进行测量发现，无论是需求侧还是供给侧均存在正向的空间自相关性。而且根据局部莫兰指数散点图的分布可知大部分省（区、市）的空间自相关性表现为高值与高值聚集或者低值与低值聚集。这表明房地产市场不仅具有广泛的行业关联性，而且具有空间关联性，一个区域的房地产市场繁荣可以带动周围区域的房地产市场繁荣。这说明了房地产市场的外部性较强，可以通过空间溢出效应影响周围的房地产市场。

第6章 我国房地产市场发展供给需求的政策因素分析

本书在定性分析部分对房地产市场的特征和运行规律进行分析可知，房地产市场具有垄断竞争性、信息不对称性、地域性等特点，而且与经济周期等密切相关。因此本书在构建实证检验的研究框架时将影响因素分为市场角度和市场失灵角度两方面进行研究。

前面两章的计量分析从市场角度对我国房地产市场的需求侧和供给侧影响因素分别进行了识别，并更进一步考虑房地产市场区域分化和地域性，将空间因素纳入计量模型，通过空间计量的方法从区域差异的角度分析了我国房地产市场需求侧和供给侧影响因素的空间自相关性和空间聚集效应。

本章在本书第三章第四节影响我国房地产市场发展的政策因素基本分析的基础上，从市场失灵的角度进一步对我国房地产市场的需求侧和供给侧的政策因素进行计量分析。本章主要研究的政策因素包括财政政策、货币金融政策两方面。

6.1 宏观经济基本面与税收因素对房地产市场发展供求的影响

本小节主要考察财政政策对我国房地产市场需求侧和供给侧的影响，而财政政策中涉及房地产市场的方面主要包括土地政策、税收政策，由于土地政策已经在第四章中进行了分析，所以本小节主要分析房产税对我国房地产市场需求侧和供给侧的影响。

6.1.1 需求侧和供给侧计量模型构建

为了分析房产税对我国房地产市场需求侧和供给侧的影响，需要建立税收与住宅需求、税收与住宅供给之间的计量模型，同时根据影响因素的基本分析可知，宏观经济基本面的情况也对房地产市场存在较大影响。因此，在构建计量模型的过程中，将宏观经济基本面作为控制变量纳入模型。

根据上述思路和要研究的变量可以构建需求侧和供给侧的计量模型如下：

需求侧：qd = f (gdp , fs)   (6-1)

供给侧：qs = f (gdp , fs)   (6-2)

qd：表示住宅销售面积，作为房地产市场需求侧的代理变量；

qs：表示住宅新开工面积，作为房地产市场供给侧的代理变量；

gdp：表示可比价国内生产总值；

fs：表示可比价房产税。

在对经济变量进行计量分析前，一般会通过取对数的方式对经济变量进行处理，通过对变量取对数可以缩小经济变量的绝对值，改善异方差情况，同时通过对经济变量取对数之后进行估计得到的不同影响因素的系数为该系数对被解释变量的弹性。因此，对需求侧模型6-1和供给侧模型6-2中的变量进行取对数处理，两个模型变形成为如下形式：

$$\ln qd = \alpha_0 + \alpha_1 \ln gdp + \alpha_2 \ln fs + \varepsilon \qquad (6-3)$$

$$\ln qs = \beta_0 + \beta_1 \ln gdp + \beta_2 \ln fs + \mu \qquad (6-4)$$

其中 α_0 和 β_0 表示常数项，α_1 和 β_1 分别表示国内生产总值 GDP 对住宅销售面积和住宅新开工面积的弹性系数，α_2 和 β_2 分别表示房产税对住宅销售面积和住宅新开工面积的弹性系数，ε 和 μ 为扰动项。

另外，为了消除不可观测变量的影响，一个有效的解决办法是使用面板数据对计量模型进行分析，面板数据包括时间序列和截面数据两个维度，通过固定效应模型或者随机效应模型可以有效消除不可观测变量对被解释变量的影响，同时通过增加样本容量可以降低估计误差。

6.1.2 数据来源与数据处理

6.1.2.1 数据来源与数据预处理

为了研究房产税对我国房地产市场需求侧和供给侧的影响，搜集的面板数据时间维度从2005年到2014年，数据频率为年度数据，空间维度包括中国大陆30个省级行政区，其中西藏自治区的数据缺失，所以在本章研究中没有包括西藏。

根据计量模型6-3和模型6-4的设置，通过国家统计局网站和相关统计年鉴，可以搜集到住宅销售面积、住宅新开工面积、国内生产总值、房产税四个指标从2005年至2014年的年度分省数据。

为了消除通货膨胀对国内生产总值和房产税的影响，使不同省（区、市）不同时间的国内生产总值和房产税具有可比性，还需要搜集各指标相关的价格指数，通过国家统计局网站和相关统计年鉴，可以搜集到2005—2014年以下指标的年度分省数据，包括国内生产总值（GDP）指数和居民消费价格指数（CPI）。

对模型中受通货膨胀影响的指标进行处理以剔除通货膨胀因素的影响。第一步将国内生产总值（GDP）指数和居民消费价格指数（CPI）转换成为以2005年为基期的数据；第二步根据以上两个指标的定基数据计算国内生产总值和房产税的可比价指标，其中国内生产总值利用定基的国内生产总值（GDP）指数剔除通货膨胀因素；房产税利用定基的居民消费价格指数（CPI）剔除通货膨胀因素。所有数据的预处理均通过 Excel 完成。

6.1.2.2 数据指标的描述性统计分析

在进行计量分析之前，对需求侧模型6-3和供给侧模型6-4中的变量进行描述性统计分析，以了解数据的统计特征。对模型6-3和模型6-4中涉及的不同指标进行描述统计分析，结果见表28所示，描述统计结果包括样本容量、均值、标准差、偏度、峰度、最小值、最大值。

表 28　需求侧模型 6-3 和供给侧模型 6-4 中数据指标的描述性统计结果

变量	样本容量	均值	标准差	偏度	峰度	最小值	最大值
lnqd	300	7.6200	0.8559	−0.7201	3.7652	4.6864	9.2293
lnqs	300	7.8700	0.8289	−0.6186	3.5404	5.1558	9.4102
lngdp	300	9.0013	0.9469	−0.5867	3.2661	6.2977	10.9335
lnfs	300	12.0151	1.0539	−0.2107	3.1586	9.1495	14.4232

注：各指标使用的数据为面板数据，描述统计结果保留4位小数。

在表 28 中，lnqd 表示住宅新开工面积的自然对数，lnqd 表示住宅销售面积的自然对数，lngdp 表示可比价国内生产总值的自然对数，lnfs 表示房产税的自然对数。

通过 JB 统计量对以上指标的正态性进行检验发现，在0.05的显著性水平下，以上4个指标中 lnfs 指标接受了正态分布的原假设，其 JB 统计量为2.5337，JB 统计量对应的 p 值为0.2817，其余3个指标均拒绝了正态分布的原假设。

在上述描述统计分析的基础上进一步计算各指标之间的相关关系，计算结果见表 29 所示。

表 29　需求侧模型 6-3 和供给侧模型 6-4 中数据指标之间的相关关系

		lnqd	lnqs
lngdp		0.8961	0.8785
		0.0000	0.0000
lnfs		0.7916	0.7567
		0.0000	0.0000

注：各指标使用的数据为面板数据，描述统计结果保留4位小数。表中各指标第一行为相关系数，第二行为相关系数对应的 p 值。

从表 29 中的相关系数对应的 p 值可知，在0.05的显著性水平下，住宅销售面积与国内生产总值和房产税之间存在较强的正相关关系，住宅新开工面积与国内生产总值和房产税之间同样存在较强的正相关关系。

6.1.2.3 数据指标的平稳性检验

在涉及时间序列数据的计量分析中，为了避免虚假回归的问题，需要对数据的平稳性进行检验。对面板数据指标进行平稳性检验的方法包括 LLC 检验、Breitung 检验、IPS 检验、ADF-Fisher 检验、PP-Fisher 检验等。一般情况下为了简便，可以同时通过 LLC 检验和 ADF-Fisher 检验的结果进行判断，如果两种检验方法均显著，则表示检验的序列平稳。

在面板上数据平稳性检验的实际检验过程中，其检验步骤与时间序列的检验步骤相同，同样需要对原序列进行水平层次的平稳性检验，经过检验发现原序列非平稳的情况下，再依次对原序列的一阶差分和二阶差分进行平稳性检验，而各层次的检验过程中又分有漂移项和趋势项、有漂移项、无漂移项无趋势项三种不同情况（具体检验步骤见表 10 所示）。

根据上述方法对需求侧模型 6-3 和供给侧模型 6-4 中的数据指标进行平稳性检验，检验结果见表 30。

表 30　需求侧模型 6-3 和供给侧模型 6-4 中数据指标的平稳性检验结果

变量	方程	检验模型	LLC 统计量	LLC 统计量的 p 值	Fisher-ADF 统计量	Fisher-ADF 统计量 p 值	平稳性
lnqd	水平方程	(c,t)	−5.7786	0.0000	79.3292	0.0481	平稳
lnqs	水平方程	(c,t)	−3.1241	0.0009	41.2714	0.9690	非平稳
	水平方程	(c,0)	−10.7509	0.0000	90.1465	0.0071	平稳
lngdp	水平方程	(c,t)	4.1356	1.0000	21.8420	1.0000	非平稳
	水平方程	(c,0)	−22.5103	0.0000	182.6040	0.0000	平稳
lnfs	水平方程	(c,t)	−8.0768	0.0000	68.3828	0.2140	非平稳
	水平方程	(c,0)	0.0451	0.5180	20.1941	1.0000	非平稳
	水平方程	(0,0)	25.8494	1.0000	0.6236	1.0000	非平稳
	一阶差分	(c,t)	−21.2566	0.0000	152.1080	0.0000	平稳

注：检验统计量和相应 p 值保留 4 位小数。检验模型（c,t）表示所检验的模型包含漂移项和趋势项，（c,0）表示所检验的模型仅包含漂移项，（0,0）表示所检验的模型既不含漂移项也不含趋势项。

根据表 30 的检验结果可知，在显著性水平为 0.05 的情况下，住宅销售面积的自然对数（lnqd）、住宅新开工面积的自然对数（lnqs）、可比价国内生产总值的自然对数（lngdp）这三个指标为平稳序列，即 I(0)；可比价房产税的自然对数（lnfs）为一阶单整序列，即 I(1)。

6.1.3 需求侧和供给侧面板数据模型的选择与拟合结果

为了进一步研究需求侧模型6-3和供给侧模型6-4，根据数据特征，还需要对面板数据的模型形式进行选择，选择的依据一般为F检验和H（豪斯曼）检验，F检验用于确定选择混合效应模型或个体固定效应模型，H（豪斯曼）检验用于确定模型的形式，是选择个体固定效应模型还是个体随机效应模型。与第四章的研究思路相同，因为豪斯曼检验结果成立的前提是扰动项不存在异方差，如果前提条件不成立，则豪斯曼检验结果可能存在问题。因此，为了规避异方差的问题，可以在计算聚类稳健标准误的情况下计算各解释变量的t统计量或z统计量及对应的p值，然后采用辅助回归式4-11进行检验。

根据以上分析思路和方法，对我国房地产市场需求侧模型6-3和供给侧模型6-4进行计量分析，对其中不平稳的变量lnfs需要进行一阶差分处理，逐步回归结果见表31所示。

表31　需求侧模型6-3和供给侧模型6-4计量拟合结果

解释变量	需求侧模型 6-3	供给侧模型 6-4
c	0.4202	0.3864
	0.6900	0.7000
	0.4930	0.4860
lngdp	0.7962	0.8273
	11.4500	13.0700
	0.0000	0.0000
D(lnfs)	0.3055	0.4328
	2.0100	2.7700
	0.0450	0.0060
Sargan-Hansen 统计量	2.027	3.544
P 值	0.3629	0.1700
模型形式	RE	RE
R2(overall)	0.7934	0.761
样本数	270	270
分组数	30	30

注：需求侧模型6-3被解释变量为住宅销售面积的自然对数lnqd，供给侧模型

6-4被解释变量为住宅新开工面积的自然对数 lnqs；各解释变量估计结果第一行为估计系数值，第二行为 t 检验值，第三行为对应的 p 值；D(lnfs) 表示对变量 lnfs 进行一阶差分处理，因为根据前面的平稳性检验可知，这两个变量的面板数据序列为一阶单整序列；模型形式 RE 表示随机效应模型；个体随机效应模型对各省（区、市）的截距项没有列出；计量分析所用软件为 stataMP 14 版。

根据表31中的计量拟合结果，可以写出需求侧模型6-3和供给侧模型6-4的最终形式，分别如下：

需求侧： $\ln qd_{it} = 0.4202 + 0.7962 \ln gdp_{it} + 0.3055 D(\ln fs_{it})$ 　　（6-5）

$$(0.69) \quad (11.45)^{***} \quad\quad\quad (2.01)^{**}$$

供给侧： $\ln qs_{it} = 0.3864 + 0.8273 \ln gdp_{it} + 0.4328 D(\ln fs_{it})$ 　　（6-6）

$$(0.70) \quad (13.07)^{***} \quad\quad\quad (2.77)^{**}$$

模型6-5的拟合优度 R2 为0.7934，模型6-6的拟合优度 R2 为0.761，拟合优度均较好。从需求侧模型最终拟合结果可知，房产税的增量和国内生产总值两个宏观指标均对住宅销售面积有正向的显著影响；从供给侧模型最终拟合结果可知，房产税的增量和国内生产总值两个宏观指标均对住宅新开工面积同样有正向的显著影响。

国内生产总值对住宅销售面积和住宅新开工面积的影响均为正向，即宏观经济基本面对房地产市场有正向的促进作用。房地产市场作为国民经济的支柱产业，两者之间息息相关。

为什么房产税的增加对住宅销售面积和新开工面积的影响为正呢？理解这个特点，需要从两方面进行。第一是因为房产税的增加意味着房价的增加，根据第四章的计量分析结果可知住宅销售面积受到房价增速的正向影响。因此，在此处税收对需求和供给的传导路径为房产税增加导致房价增加，房价增加导致需求增加，需求增加导致供给增加。第二是因为房产税税率相对于房地产投资的收益率或者房地产销售的利润率来说并不是很高，同时房地产市场越繁荣也会反过来促进房产税的增加。

6.1.4 需求侧和供给侧的面板数据向量自回归模型（PVAR 模型）

前面通过面板数据的随机效应模型研究了房产税与房地产市场需求侧和供给侧之间的弹性。但是在实际分析中我们也同样关注政策变动对房地产市场的影响，因此有必要利用面板数据的向量自回归模型（PVAR 模型）进一步研究房产税的变动对房地产市场的影响。

6.1.4.1 需求侧和供给侧的 PVAR 模型构建

面板数据向量自回归模型的模型形式（PVAR 模型）与时间序列的向量自回归模型（VAR 模型）类似，其最大的特点是模型形式不以经济理论为基础，是一种非结构化的模型。根据本小节要研究的问题，可以建立如下形式的面板数据向量自回归模型：

$$Y_{it} = \alpha_1 Y_{it-1} + \alpha_2 Y_{it-2} + \ldots \alpha_p Y_{it-p} + \varepsilon_{it} \tag{6-7}$$

其中 i 表示截面个数，Yit 表示内生变量向量，在本小节的研究中需求侧的内生变量包括 lnqdit 和 lnfsit 两个；在供给侧的内生变量包括 lnqsit 和 lnfsit 两个。p 表示内生变量的之后阶数。

将模型6-7按照需求侧的内生变量进行变形，可以得到需求侧的 PVAR 模型如下：

$$\ln qd_{it} = \alpha_{11} \ln qd_{it-1} + \alpha_{12} \ln qd_{it-2} + \cdots\cdots \alpha_{1p} \ln qd_{it-p} + \beta_{11} \ln fs_{it-1} +$$

$$\beta_{12} \ln fs_{it-2} + \cdots\cdots \beta_{1p} \ln fs_{it-p} + \varepsilon_{it}$$

$$\ln fs_{it} = \alpha_{21} \ln qd_{it-1} + \alpha_{22} \ln qd_{it-2} + \cdots\cdots \alpha_{2p} \ln qd_{it-p} + \beta_{21} \ln fs_{it-1} +$$

$$\beta_{22} \ln fs_{it-2} + \cdots\cdots \beta_{2p} \ln fs_{it-p} + \varepsilon_{it} \tag{6-8}$$

将模型6-7按照供给侧的内生变量进行变形，可以得到需求侧的 PVAR 模型如下：

$$\ln qs_{it} = \alpha_{11} \ln qs_{it-1} + \alpha_{12} \ln qs_{it-2} + \cdots\cdots \alpha_{1p} \ln qs_{it-p} + \beta_{11} \ln fs_{it-1} +$$

$$+ \beta_{12} \ln fs_{it-2} + \cdots\cdots \beta_{1p} \ln fs_{it-p} + \varepsilon_{it}$$

$$\ln fs_{it} = \alpha_{21} \ln qs_{it-1} + \alpha_{22} \ln qs_{it-2} + \cdots\cdots \alpha_{2p} \ln qs_{it-p} + \beta_{21} \ln fs_{it-1} +$$

$$\beta_{22} \ln fs_{it-2} + \cdots \beta_{2p} \ln fs_{it-p} + \varepsilon_{it} \qquad (6-9)$$

在以上模型的基础上，利用面板数据进行 PVAR 分析，分析包括三个步骤，一是根据面板数据对模型进行估计并检验模型的稳定性，而在估计模型之前还涉及模型内生变量滞后阶数的选择，即模型6-7中 p 的确定；第二步和第三步分别是对模型进行脉冲响应函数分析和对模型进行方差分解。

6.1.4.2 需求侧和供给侧的 PVAR 模型估计与稳定性检验

对 PVAR 模型进行估计之前需要对模型中内生变量的滞后阶数进行确定，根据 Andrews 和 Lu (2001) 提出的标准可知，想要确定 PVAR 模型中内生变量的最优滞后阶数，可以根据使 MBIC 指标、MAIC 指标和 MQIC 指标的值最小化的滞后阶数来确定。

因此，根据上述原则，在 stata12 中利用 Michael R.M. Abrigo 和 Inessa Love 编制的 PVAR 程序包进行分析，考察最大滞后阶数为3阶，以1到4阶为工具变量，分析结果见表32所示。

表32 需求侧和供给侧 PVAR 模型最优滞后阶数

	lag	CD	J	J pvalue	MBIC	MAIC	MQIC
需求侧 PVAR	1	0.9839	31.8338	0.0015	−25.6161	7.8338	−5.7504
	2	0.9890	7.6541	0.4680	−30.6459	−8.3459	−17.4021
	3	0.9667	0.2418	0.9933	−18.9082	−7.7582	−12.2862
供给侧 PVAR	lag	CD	J	J pvalue	MBIC	MAIC	MQIC
	1	0.9630	25.4404	0.0129	−32.0095	1.4404	−12.1437
	2	0.9699	9.2094	0.3249	−29.0905	−6.7906	−15.8467
	3	0.9074	1.8628	0.7610	−17.2871	−6.1372	−10.6652

注：估计结果保留4位小数。

根据表32中的估计结果以及前面的最优滞后阶数判断标准，即使 MBIC 指标、MAIC 指标和 MQIC 指标的值最小化的滞后阶数为最优滞后阶数，可知需求侧 PVAR 和供给侧 PVAR 两个模型内生变量的最优滞后阶数均为2阶。

在确定了最优滞后阶数的基础上进一步对模型6-8和模型6-9进行 GMM 估计，估计结果见表33所示。

表 33 需求侧和供给侧 PVAR 模型的 GMM 估计结果

需求侧 PVAR			供给侧 PVAR		
	lnqd	dlnfs		lnqs	dlnfs
lnqd(−1)	0.3027	0.0899	lnqs(−1)	−0.3038	0.0532
	2.5000	1.2400		−1.8400	0.9500
	0.0120	0.2150		0.0650	0.3440
lnqd(−2)	−0.0072	0.1589	lnqs(−2)	−0.0497	0.1328
	−0.1200	4.8800		−0.4800	3.3400
	0.9060	0.0000		0.6310	0.0010
dlnfs(−1)	0.6337	−0.5180	dlnfs(−1)	−0.0685	−0.7240
	3.3300	−4.5300		−0.1800	−5.4600
	0.0010	0.0000		0.8580	0.0000
dlnfs(−2)	0.5003	−0.4103	dlnfs(−2)	0.3536	−0.4887
	2.6000	−3.6900		1.0300	−4.0400
	0.0090	0.0000		0.3030	0.0000

注：估计结果保留4位小数；各解释变量估计结果第一行为估计系数值，第二行为 z 统计量，第三行为对应的 p 值；dlnfs 表示对 lnfs 进行一阶差分处理。需求侧模型进行 GMM 估计的工具变量为 lnqd 和 dlnfs 的1到4阶滞后变量；供给侧模型进行 GMM 估计的工具变量为 lnqs 和 dlnfs 的1到4阶滞后变量。

在 PVAR 模型估计结果的基础上，想要进一步对模型进行脉冲响应函数和方差分解分析，需要对模型进行稳定性检验。稳定性检验的步骤是计算出 PVAR 模型的特征根，如果变量特征根的倒数都落在单位元内，则表明建立的 PVAR 模型是稳定的，可以进行后续分析。对需求侧 PVAR 模型和供给侧 PVAR 模型进行稳定性检验，检验结果见表34所示。

表 34 需求侧和供给侧 PVAR 模型的稳定性检验

需求侧 PVAR			供给侧 PVAR		
特征根实部	特征根虚部	特征根的模	特征根实部	特征根虚部	特征根的模
−0.28052	0.678878	0.734553	−0.33455	−0.67111	0.749878
−0.28052	−0.67888	0.734553	−0.33455	0.671114	0.749878
0.587242	0	0.587242	−0.44855	0	0.448554
−0.24155	0	0.241555	0.089813	0	0.089813

根据表 34 中显示的结果可知，需求侧 PVAR 模型和供给侧 PVAR 模型的特征根的模均小于 1，即两个模型的特征根倒数均位于单位元内，见图 40 所示。由此可知需求侧 PVAR 模型和供给侧 PVAR 模型均是稳定的。

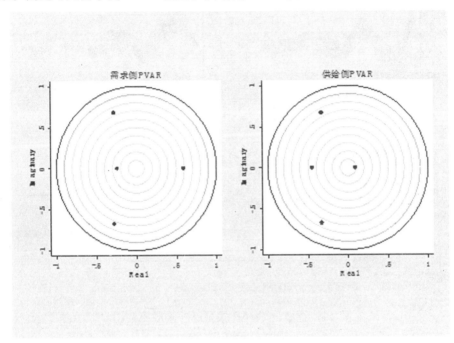

图 40　需求侧和供给侧 PVAR 模型的稳定性检验

6.1.5 需求侧和供给侧的 PVAR 模型脉冲响应函数（IRF）

在 PVAR 模型中，因为模型中内生变量的滞后阶数等因素的影响，一般对 PVAR 模型进行分析并不是通过模型估计结果中各变量的系数进行，而是在稳定性检验的基础上，对模型进行脉冲响应函数和方差分解，进而分析模型中各变量之间的互动关系。脉冲响应函数分析的思路实际上就是对 PVAR 模型中的一个内生变量给予一个标准差的外部冲击，然后观察由该变量引起的其他变量的变化情况。

根据需求侧 PVAR 模型进行脉冲响应函数分析，在进行正交化脉冲分析时使用残差协方差矩阵的 Cholesky 因子，需求侧 PVAR 模型的脉冲响应函数图见图 41 所示，其中阴影部分的上下界为通过 200 次的蒙特卡罗算法计算出的 95% 的置信区间。

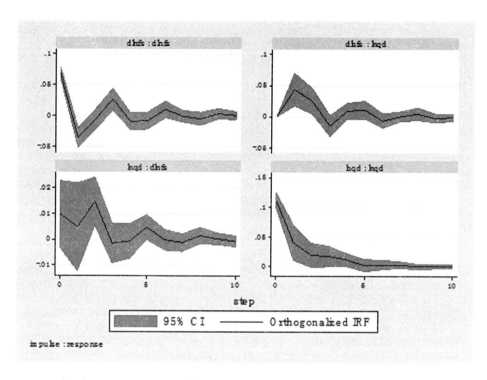

图 41　需求侧 PVAR 模型脉冲响应函数图

从图 41 可以看出给予房产税指标 dlnfs 一个标准差的正冲击，首先会带来住宅需求的正向变化，之后影响力逐渐下降，由正转负，然后围绕 0 值小幅波动；反过来给予住宅需求一个标准差的正向冲击，会导致房产税略滞后的正向变化，之后影响逐渐下降。

根据供给侧 PVAR 模型进行脉冲响应函数分析，在进行正交化脉冲分析时使用残差协方差矩阵的 Cholesky 因子，供给侧 PVAR 模型的脉冲响应函数图见图 42 所示，其中阴影部分的上下界为通过 200 次的蒙特卡罗算法计算出的 95% 的置信区间。

从图 42 可以看出给予房产税指标 dlnfs 一个标准差的正冲击，将会带来住宅新开工面积略滞后的正向变化，变化幅度不大，之后影响力逐渐下降，由正转负，然后围绕 0 值小幅波动；反过来给予住宅新开工面积一个标准差的正向冲击，会导致房产税的反向变化，这可能是因为住宅的建设周期影响，使新开工面积增加导致需求增加有一个时间滞后。

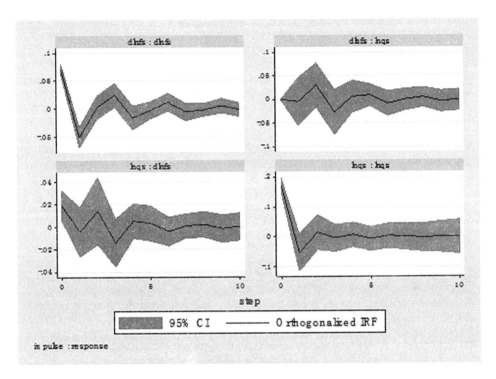

图42 供给侧 PVAR 模型脉冲响应函数图

6.1.6 需求侧和供给侧的 PVAR 模型方差分解

在对需求侧 PVAR 模型和供给侧 PVAR 模型进行了脉冲响应函数分析之后，再对两个模型进行方差分解分析，方差分解结果见表35所示。

表35 需求侧和供给侧 PVAR 模型的方差分解结果

需求侧 PVAR 方差分解结果				供给侧 PVAR 方差分解结果			
响应变量	预测期数	冲击变量 lnqd	冲击变量 dlnfs	响应变量	预测期数	冲击变量 lnqs	冲击变量 dlnfs
lnqd	0	0	0	lnqs	0	0	0
	1	1	0		1	1	0
	2	0.880508	0.119492		2	0.99928	0.00072
	3	0.850523	0.149477		3	0.972636	0.027364
	4	0.843145	0.156855		4	0.951887	0.048113

续表

	5	0.839937	0.160063		5	0.950995	0.049005
	6	0.834418	0.165582		6	0.948706	0.051294
	7	0.832734	0.167266		7	0.946707	0.053293
lnqd	8	0.832817	0.167183	lnqs	8	0.946707	0.053293
	9	0.831763	0.168237		9	0.94605	0.05395
	10	0.831586	0.168414		10	0.945726	0.054274
	0	0	0		0	0	0
	1	0.020359	0.979641		1	0.067563	0.932437
	2	0.019936	0.980064		2	0.047922	0.952079
	3	0.05304	0.946961		3	0.070831	0.929169
	4	0.047969	0.952032		4	0.087166	0.912834
dlnfs	5	0.0475	0.9525	dlnfs	5	0.087346	0.912654
	6	0.050026	0.949974		6	0.088104	0.911896
	7	0.049327	0.950674		7	0.088532	0.911468
	8	0.049509	0.950491		8	0.088261	0.911739
	9	0.049656	0.950345		9	0.08857	0.91143
	10	0.04959	0.95041		10	0.088657	0.911343

根据表 35 所示的结果可知，需求侧 PVAR 模型中在预测的第十期时，冲击变量 dlnfs 可以解释 16.84% 的 lnqd 的变化，而冲击变量 lnqd 可以解释 4.96% 的 dlnfs 的变化；供给侧 PVAR 模型中在预测的第十期时，冲击变量 dlnfs 可以解释 5.43% 的 lnqs 的变化，而冲击变量 lnqs 可以解释 8.87% 的 dlnfs 的变化。

6.2 货币供应量、利率与汇率因素对房地产市场发展供求的影响

本小节主要考察货币政策以及汇率对我国房地产市场需求侧和供给侧的影响，主要包括货币供应量、5 年以上的中长期贷款利率、人民币汇率三方面的因素。

6.2.1 需求侧和供给侧的计量模型构建

为了分析货币供应量、5年以上的中长期贷款利率、人民币汇率对我国房地产市场需求侧和供给侧的影响，需要分别建立这三个因素与住宅需求、住宅供给之间的计量模型。

根据上述思路和要研究的变量可以构建需求侧和供给侧的计量模型如下：

需求侧：qd = f (m , rc, er)　　　　　　　　　　　　　　　(6-10)

供给侧：qs = f (m , rc, er)　　　　　　　　　　　　　　　(6-11)

qd：表示住宅销售面积，作为房地产市场需求侧的代理变量；

qs：表示住宅新开工面积，作为房地产市场供给侧的代理变量；

m：表示广义货币供应量，在我国主要包括流通中的现金、企事业单位活期存款、企事业单位定期存款、居民储蓄存款和其他存款；

rc：表示5年以上的中长期贷款利率；

er：表示实际有效汇率指数。

在对经济变量进行计量分析前，一般会对经济变量进行取对数处理，通过对变量取对数可以缩小经济变量的绝对值，改善异方差情况，同时通过对经济变量取对数之后进行估计得到的不同影响因素的系数为该系数对被解释变量的弹性。因此，对需求侧模型6-10和供给侧模型6-11中的变量进行取对数处理，两个模型变形成为如下形式：

$$\ln qd = \alpha_0 + \alpha_1 \ln m + \alpha_2 rc + \alpha_3 er + \varepsilon \qquad (6-12)$$

$$\ln qs = \beta_0 + \beta_1 \ln m + \beta_2 rc + \beta_3 er + \mu \qquad (6-13)$$

其中 α_0 和 β_0 表示常数项，α_1 和 β_1 分别表示广义货币供应量对住宅销售面积和住宅新开工面积的弹性系数，α_2 和 β_2 分别表示5年以上中长期贷款利率对住宅销售面积和住宅新开工面积的系数，α_3 和 β_3 分别表示人民币有效汇率对住宅销售面积和住宅新开工面积的系数，ε 和 μ 为扰动项。

6.2.2 数据来源与数据处理

6.2.2.1 数据来源与数据预处理

为了研究货币供应量、5年以上的中长期贷款利率、人民币汇率对我国房地产市场需求侧和供给侧的影响，搜集的数据从2005年到2014年，数据频率为季度数据，这三个因素为全国统一的指标，因此数据为全国范围的时间序列。

根据计量模型6-12和模型6-13的设置，通过国家统计局网站和相关统计年鉴，可以搜集到全国总体的住宅销售面积、住宅新开工面积、广义货币供应量M2、5年以上的中长期贷款利率四个指标从2005年第1季度至2014年第4季度的数据。另外从国际清算银行可以搜集到人民币实际有效汇率指数从2005年1月至2014年12月的月度数据。

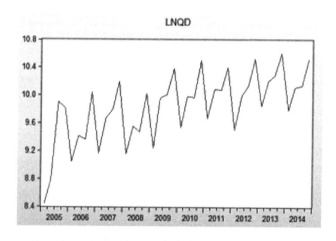

为了将人民币实际有效汇率从月度数据转换成为季度数据，本小节通过季度内三个月数据的算数平均值进行计算得到。因为搜集的数据为季度数据，所以数据可能存在季节性因素，对上述搜集的指标作图可以发现住宅销售面积和住宅新开工面积包含比较强的季节波动因素，见图43所示。

在进行回归分析的过程中，需要对季节

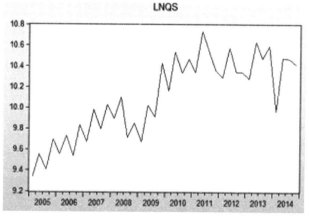

图43　需求侧代理变量 lnqd 和供给侧代理变量 lnqs
时间序列图

因素进行调整，本小节通过 Eviews7.2软件，运用 Tramo/Seats 方法对 lnqd 和 lnqs 两个指标进行季节调整，消除季节影响。lnqd 和 lnqs 两个指标经过季节调整之后的序列分别记为 lnqd_sa 和 lnqs_qs。

6.2.2.2 需求侧模型和供给侧模型中数据指标的描述性统计分析

在进行计量分析之前，对需求侧模型6-12和供给侧模型6-13中的变量进行描述性统计分析，以了解数据的统计特征。对模型6-12和模型6-13中涉及的不同指标进行描述统计分析，结果见表36所示，描述统计结果包括样本容量、均值、标准差、偏度、峰度、最小值、最大值、JB 统计量、JB 统计量对应的 p 值。

表36 需求侧模型6-12和供给侧模型6-13中数据指标的描述性统计结果

	lnqd_sa	lnqs_sa	lnqd	lnqs	lnm	rc	er
均值	9.8372	10.1016	9.8346	10.1018	14.3838	6.6103	100.1153
中值	9.9547	10.2044	9.9625	10.1340	14.4310	6.5500	100.0550
最大值	10.2667	10.6104	10.6038	10.7329	15.1065	7.8300	123.3600
最小值	8.9122	9.4193	8.4419	9.3421	13.5692	5.9400	83.0000
标准差	0.3406	0.3620	0.4933	0.3843	0.4902	0.5725	11.5116
偏度	−0.9762	−0.3073	−0.7206	−0.2522	−0.1045	0.8013	0.1748
峰度	3.4222	1.6581	3.2582	1.8423	1.6667	2.8263	1.9354
JB 统计量	6.6506	3.6307	3.5730	2.6579	3.0355	4.3304	2.0928
JB 统计量 p 值	0.0360	0.1628	0.1675	0.2648	0.2192	0.1147	0.3512

注：各指标使用的数据为时间序列数据，描述统计结果保留4位小数；lnqd 和 lnqs 分别表示对变量 qd 和变量 lnqs 取对数处理，lnqd_sa 和 lnqs_sa 分别表示对变量 lnqd 和变量 lnqs 运用 Tramo/Seats 方法进行季节调整之后的季节调整序列。

从表36的描述统计结果可知，7个指标中除了指标 lnqd_sa 外，其余6个指标的 JB 统计量对应的 p 值均大于0.05，因此在显著性水平0.05的情况下，除了指标 lnqd_sa 外，其余6个指标均服从正态分布。

在上述描述统计分析的基础上进一步计算各指标之间的相关系数并根据对应的 p 值判断指标之间的相关关系是否显著，计算结果见表37所示。

表37　需求侧模型6-12和供给侧模型6-13中数据指标之间的相关关系

	lnqd_sa	lnm	rc	er		lnqs_sa	lnm	rc	er
lnqd_sa	1.0000				lnqs_sa	1.0000			
lnm	0.8860*	1.0000			lnm	0.9020*	1.0000		
	0.0000					0.0000			
rc	−0.0800	−0.0619	1.0000		rc	0.0157	−0.0619	1.0000	
	0.6235	0.7045				0.9235	0.7045		
er	0.8121*	0.9540*	−0.1080	1.0000	er	0.7757*	0.9540*	−0.1080	1.0000
	0.0000	0.0000	0.5070			0.0000	0.0000	0.5070	

注：各指标使用的数据为时间序列数据，描述统计结果保留4位小数。表中各指标第一行为相关系数，第二行为相关系数对应的 p 值。

从表37中的相关系数对应的 p 值可知，在0.05的显著性水平下，住宅销售面积（lnqd_sa）与广义货币供应量 (lnm)、人民币有效汇率 (er) 之间存在显著的正相关关系，住宅新开工面积 (lnqs_sa) 与广义货币供应量 (lnm)、人民币有效汇率 (er) 之间同样存在显著的正相关关系。同时，还可以发现广义货币供应量 (lnm) 和人民币有效汇率 (er) 之间存在较强的正相关关系。

6.2.2.3 需求侧模型和供给侧模型中数据指标的平稳性检验

在涉及时间序列数据的计量分析中，首先需要使用 ADF 单位根检验法对数据的平稳性进行检验，这样可以避免出现虚假回归的问题。在实际检验过程中，检验步骤为先对原序列进行水平层次的平稳性检验，经过检验发现原序列非平稳的情况下，再依次对原序列的一阶差分和二阶差分进行平稳性检验，而各层次的检验过程中又分有漂移项和趋势项、有漂移项、无漂移项无趋势项三种不同情况（具体检验步骤见表10所示）。另外，在使用 ADF 方法检验变量平稳性的过程中，变量的滞后步长基于 SIC 标准由计量分析软件自动进行选择。根据上述方法和步骤对模型6-12和模型6-13中的数据指标进行平稳性检验，检验结果见表38所示。

表38 需求侧模型6-12和供给侧模型6-13中的数据指标平稳性检验结果

变量	方程	检验模型	t统计量	p值	平稳性
lnqd_sa	水平方程	(c,t)	-2.4304	0.3589	非平稳
	水平方程	(c,0)	-2.8048	0.0668	非平稳
	水平方程	(0,0)	0.9108	0.9000	非平稳
	一阶差分	(c,t)	-3.5270	0.0515	非平稳
	一阶差分	(c,0)	-3.5243	0.0129	平稳
lnqs_sa	水平方程	(c,t)	-2.3919	0.3778	非平稳
	水平方程	(c,0)	-1.7534	0.3974	非平稳
	水平方程	(0,0)	1.2241	0.9409	非平稳
	一阶差分	(c,t)	-7.2213	0.0000	平稳
lnm	水平方程	(c,t)	-0.1848	0.9912	非平稳
	水平方程	(c,0)	-1.5405	0.5029	非平稳
	水平方程	(0,0)	13.7855	1.0000	非平稳
	一阶差分	(c,t)	-4.9387	0.0016	平稳
rc	水平方程	(c,t)	-2.6710	0.2536	非平稳
	水平方程	(c,0)	-2.6631	0.0898	非平稳
	水平方程	(0,0)	-0.2210	0.6000	非平稳
	一阶差分	(c,t)	-3.7489	0.0309	平稳
er	水平方程	(c,t)	-3.5535	0.0478	平稳

注：检验统计量和相应p值保留4位小数。检验模型（c,t）表示所检验的模型包含漂移项和趋势项，（c,0）表示所检验的模型仅包含漂移项，（0,0）表示所检验的模型既不含漂移项也不含趋势项。计量分析所用软件为Eviews7.2版。

根据表38的检验结果可知，在显著性水平为0.05的情况下，住宅销售面积（lnqd_sa）、住宅新开工面积（lnqs_sa）、广义货币供应量(lnm)、5年以上的中长期贷款利率（rc）这四个指标为一阶单整序列，即I(1)；人民币有效汇率指数（er）为平稳序列，即I(0)。

6.2.3 需求侧模型和供给侧模型的拟合结果

根据以上数据的初步分析结果分别对需求侧模型6-12和供给侧模型6-13进行拟合，需要说明的是，因为搜集的数据为季度数据，所以对被解释变量

lnqd 和 lnqs 进行了季节调整，因此在模型拟合的过程中，模型被解释变量由经过季节调整之后的 lnqd_sa 和 lnqs_sa 代替；因为人民币有效汇率指数 er 为平稳序列，而被解释变量为一阶单整序列，所以人民币有效汇率指数暂不能进入拟合模型。另外，为了避免异方差问题，在进行拟合的过程通过 white 稳健标准误计算各变量的 t 统计量，进而计算相应 p 值并判断变量的显著性。模型拟合结果见表 39 所示。

表 39　需求侧模型 6-12 和供给侧模型 6-13 计量拟合结果

	需求侧模型（lnqd_sa)		供给侧模型 (lnqs_sa)		
	步骤 1	步骤 2	步骤 1	步骤 2	步骤 3
c	1.099003	0.983858	0.175633	0.522694	1.641207
	0.8965	0.9868	0.2452	0.7616	0.9946
	0.3758	0.3300	0.8077	0.4510	0.3266
lnm	0.614416	0.615504	0.669227	0.665949	0.588985
	8.6200	9.0302	14.2417	13.7165	5.0629
	0.0000	0.0000	0.0000	0.0000	0.0000
rc	−0.01505		0.04537		
	−0.3141		1.1781		
	0.7552		0.2463		
ar(1)					0.661386
					6.0180
					0.0000
R2	0.7857	0.7851	0.8187	0.8135	0.8860
T	40	40	40	40	40
F 统计量	67.8241	138.7882	83.5210	165.7911	139.9583
F 统计量 p 值	0.0000	0.0000	0.0000	0.0000	0.0000
DW 值	1.3638	1.3687	0.6928	0.6778	2.0682

注：需求侧模型 6-12 被解释变量为住宅销售面积自然对数的季节调整序列 lnqd_sa，供给侧模型 6-13 被解释变量为住宅新开工面积自然对数的季节调整序列 lnqs_sa；各解释变量估计结果第一行为估计系数值，第二行为 t 检验值，第三行为对应的 p 值；计量分析所用软件为 Eviews7.2 版。

根据表 39 中的步骤 2 的计量拟合结果，可以写出需求侧模型 6–12 和供给侧模型 6–13 的具体形式，分别如下：

$$\text{需求侧：} \quad \ln qd\_sa_{it} = 0.984 + 0.616\ln m_{it} \qquad\qquad (6\text{–}14)$$

$$(0.98) \quad (9.03) \ ***$$

$$\text{供给侧：} \quad \ln qs\_sa_{it} = 0.523 + 0.666\ln m_{it} \qquad\qquad (6\text{–}15)$$

$$(0.76) \quad (13.72) \ ***$$

模型 6–14 的拟合优度为 0.79，模型 6–15 的拟合优度为 0.81，从拟合优度来看，两个模型的拟合情况均较好。另外，模型 6–14 的 DW 值为 1.369，模型 6–15 的 DW 值为 0.678，从 DW 值来看，模型 6–14 和模型 6–15 均可能存在自相关，有必要进行进一步的自相关检验。对模型 6–14 和模型 6–15 的残差进行 Q 统计量检验，检验结果见图 44 所示。

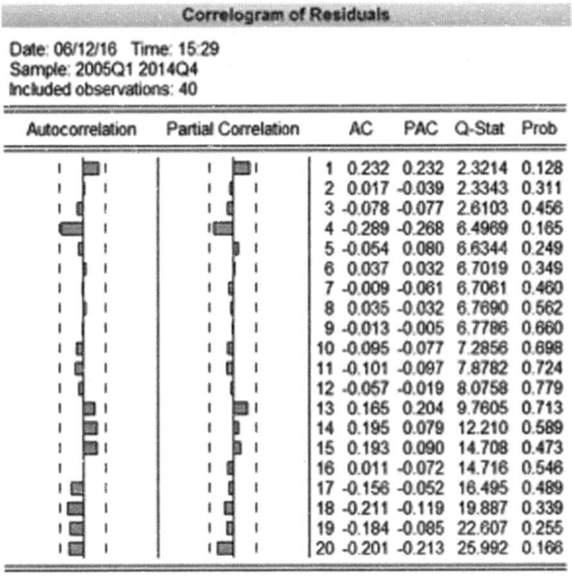

Correlogram of Residuals

Date: 06/12/16   Time: 15:29
Sample: 2005Q1 2014Q4
Included observations: 40

Autocorrelation	Partial Correlation		AC	PAC	Q-Stat	Prob
		1	0.232	0.232	2.3214	0.128
		2	0.017	-0.039	2.3343	0.311
		3	-0.078	-0.077	2.6103	0.456
		4	-0.289	-0.268	6.4969	0.165
		5	-0.054	0.080	6.6344	0.249
		6	0.037	0.032	6.7019	0.349
		7	-0.009	-0.061	6.7061	0.460
		8	0.035	-0.032	6.7690	0.562
		9	-0.013	-0.005	6.7786	0.660
		10	-0.095	-0.077	7.2856	0.698
		11	-0.101	-0.097	7.8782	0.724
		12	-0.057	-0.019	8.0758	0.779
		13	0.165	0.204	9.7605	0.713
		14	0.195	0.079	12.210	0.589
		15	0.193	0.090	14.708	0.473
		16	0.011	-0.072	14.716	0.546
		17	-0.156	-0.052	16.495	0.489
		18	-0.211	-0.119	19.887	0.339
		19	-0.184	-0.085	22.607	0.255
		20	-0.201	-0.213	25.992	0.166

图 44　需求侧模型 6—14 的 Q 统计量检验结果

从图 44 的检验结果可以发现模型 6–14 不存在自相关问题，而模型 6–15 存在自相关问题。因此根据自相关检验结果需要对模型 6–15 进行修订，对模型6-15进行修订的方法为建立 regARMA 模型，即在模型6-15的右侧增加 AR 项以消除残差的自相关问题。

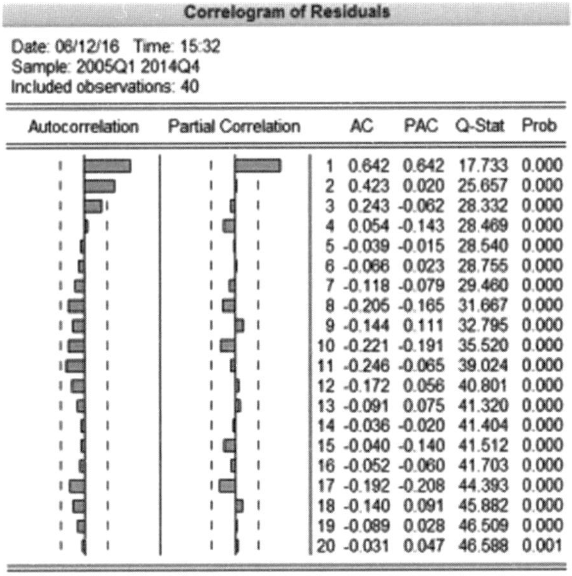

图 44　供给侧模型 6—15 的 Q 统计量检验结果

根据模型6-15残差的 Q 检验统计量及其偏相关图可知需要在模型右侧增加 AR(1) 项，回归结果见表39中供给侧模型的步骤3所示，根据步骤3的拟合结果可以写出模型6-15的最终拟合结果如下：

$$供给侧：\ln qs\_sa_{it} = 1.641 + 0.589\ln m_{it} + 0.661 AR(1) \qquad (6-16)$$
$$(0.99)\quad(5.06)^{***}\quad(6.02)^{***}$$

对模型6-15进行修订之后得到模型6-16，模型6-16的拟合优度为0.89，DW 值为2.068，均在模型6-15的基础上有较大的改善。通过对模型6-16的残差进行 Q 统计量检验，可以发现模型6-16的残差已经不存在自相关了。

从需求侧模型6-14和供给侧模型6-16可知，住宅销售面积（lnqd_sa）与广义货币供应量 (lnm) 之间存在显著的正向关系，两者之间的弹性系数为0.616；住宅新开工面积 (lnqs_sa) 与广义货币供应量 (lnm) 之间同样存在显著的正向关系，两者之间的弹性系数为0.589。

6.2.4 需求侧模型和供给侧模型中变量的协整检验与格兰杰因果检验

根据各指标的平稳性检验结果可知，变量住宅销售面积 lnqd_sa、住宅新开工面积 lnqs_sa 和广义货币供应量 lnm 均为一阶单整序列，因此在上述分析的基础上，可以进一步分析需求侧模型 6-14 和供给侧模型 6-16 中各变量之间的长期协整关系。检验方法为 Johansen 协整检验，1阶滞后的检验结果见表40所示。

表 40 需求侧模型 6-14 和供给侧模型 6-16 中变量间的长期协整检验

	原假设 No. of CE(s)	特征根	迹统计量	0.0.5 置信水平临界值	p 值
需求侧模型	None *	0.508821	28.33856	15.49471	0.0004
	At most 1	0.034206	1.322583	3.841466	0.2501
供给侧模型	None	0.144926	8.066339	15.49471	0.4583
	At most 1	0.054182	2.116784	3.841466	0.1457

通过 Johansen 协整检验对住宅销售面积 lnqd_sa 和广义货币供应量 lnm 进行长期协整检验，可知两个变量之间存在长期协整关系；对住宅新开工面积 lnqs_sa 和广义货币供应量 lnm 进行长期协整检验，可知两个变量之间不存在长期协整关系。

另外，因为同阶单整，所以变量住宅销售面积 lnqd_sa 和广义货币供应量 lnm、住宅新开工面积 lnqs_sa 和广义货币供应量 lnm 满足格兰杰因果检验的前提条件，因此对模型 6-14 和模型 6-16 中变量进行格兰杰因果检验，检验结果见表41所示。

表 41 需求侧模型 6-14 和供给侧模型 6-16 中变量间的格兰杰因果检验

	lnm 不是 lnqd_sa 的格兰杰因	lnqd_sa 不是 lnm 的格兰杰因	lnm 不是 lnqs_sa 的格兰杰因	lnqs_sa 不是 lnm 的格兰杰因
滞后期	2	2	2	2
F 统计量	9.8088	0.4448	2.7804	0.0484
p 值	0.0005	0.6447	0.0766	0.9528
滞后期	4	4	4	4
F 统计量	6.3277	1.0995	3.8728	0.2345

p 值	0.0010	0.3769	0.0130	0.9165
滞后期	6	6	6	6
F 统计量	3.1551	1.0389	2.9084	1.5237
p 值	0.0229	0.4286	0.0318	0.2190
滞后期	8	8	8	8
F 统计量	3.1653	0.8994	2.3018	1.1344
p 值	0.0260	0.5410	0.0780	0.3959

根据表41中的格兰杰因果检验结果可知，广义货币供应量 lnm 是住宅销售面积 lnqd_sa 的格兰杰因，而住宅销售面积 lnqd_sa 不是广义货币供应量 lnm 的因；广义货币供应量 lnm 是住宅新开工面积 lnqs_sa 的格兰杰因，而住宅新开工面积 lnqs_sa 不是广义货币供应量 lnm 的格兰杰因。

6.3 本章小结

6.3.1 研究结论

本章包括两方面的分析，第一方面为宏观经济基本面和房产税对我国房地产市场的影响，第二方面为货币与汇率因素对我国房地产市场的影响。

通过第一方面的分析可知：（1）国内生产总值水平和房产税增量对我国住宅的销售面积和住宅新开工面积均存在显著的正向影响。（2）进一步通过建立面板数据向量自回归模型（PVAR 模型）分析房产税冲击对房产市场的影响动态情况，通过脉冲响应函数的分析可知给予房产税指标 dlnfs 一个标准差的正冲击，将会带来住宅需求 lnqd 的正向变化，之后影响力逐渐下降；给予房产税指标 dlnfs 一个标准差的正冲击，将会带来住宅新开工面积 lnqs 略滞后的正向变化，变化幅度不大，之后影响力逐渐下降。（3）通过方差分解进行分析可知在需求侧 PVAR 模型预测的第十期时，冲击变量 dlnfs 可以解释 16.84%的 lnqd 的变化，而冲击变量 lnqd 可以解释 4.96%的 dlnfs 的变化；在供给侧 PVAR 模型预测的第十期时，冲击变量 dlnfs 可以解释 5.43%的 lnqs 的变化，而冲击变量 lnqs 可以解释 8.87%的 dlnfs 的变化。

通过第二方面的分析可知：（1）住宅销售面积（lnqd_sa）与广义货币供应量(lnm)之间存在显著的正向关系，两者之间的弹性系数为0.616；住宅新开工面积(lnqs_sa)与广义货币供应量(lnm)之间同样存在显著的正向关系，两者之间的弹性系数为0.589。（2）通过Johansen协整检验可知住宅销售面积（lnqd_sa）与广义货币供应量(lnm)之间存在长期协整关系，住宅新开工面积(lnqs_sa)与广义货币供应量(lnm)之间不存在长期协整关系。（3）通过格兰杰因果检验可知广义货币供应量lnm是住宅销售面积lnqd_sa的格兰杰因，而住宅销售面积lnqd_sa不是广义货币供应量lnm的因；广义货币供应量lnm是住宅新开工面积lnqs_sa的格兰杰因，而住宅新开工面积lnqs_sa不是广义货币供应量lnm的格兰杰因。

6.3.2 研究结论分析

第一，房产税对我国房地产市场的需求侧和供给侧均存在显著的正向影响，即房产税越高房地产市场的供给和需求反而更火热。对这个结论的解释可能是因为房产税在一定程度上促进了房价的上涨，房价的上涨给市场中的参与者带来的错觉是房地产市场火热，从而对房地产市场的投资更加活跃。

第二，通过建立面板数据向量自回归模型（PVAR模型），运用脉冲响应函数分析房产税冲击对房地产市场的影响，从需求侧和供给侧的脉冲响应函数结果来看，房产税的变动都会加剧房地产市场需求侧和供给侧的波动。给予房产税一个正向的标准差冲击，都会带来房地产市场需求和供给侧同向的响应，随后影响力下降并由正转负，最后围绕0值上下波动直至消失。由此可见，政府的宏观调控政策本意是为了促进房地产市场的健康发展，但是如果实施不当所起的效果可能恰恰相反。

第三，利用时间序列数据实证检验货币供应量等货币金融政策对房地产市场需求侧和供给侧的影响，从实证检验结果可知，货币供应量M2对房地产市场的需求侧和供给侧具有显著的正向影响，而且货币供应量M2与房地产市场需求侧具有长期协整关系，货币供应量M2还是房地产市场需求侧和供给侧的格兰杰因。由此可见房地产市场的发展与货币金融政策密切相关，宽松的货币政策有利于房地产市场的发展，但是政策制定者如果没有把握好货币政策的度，那么宽松的货币政策有可能会导致房地产市场的过热或者泡沫。

第7章 我国房地产市场发展的思路和政策建议

经过对房地产市场发展的运行环境和利益相关方的定性分析可知房地产市场的影响因素众多，在此基础上本书从基本面因素、微观主体因素、政策因素三个角度对房地产市场发展影响因素进行基本分析。为了从众多影响因素中识别出房地产市场发展的显著性影响因素，本书在房地产市场发展影响因素基本分析的基础上，利用分省面板数据，运用探索性计量分析方法分别从需求侧和供给侧识别影响房地产市场发展的显著因素。经过对房地产市场发展现状的描述统计分析可知我国房地产市场存在比较严重的区域分化现象，由此推论空间差异对我国房地产市场发展的影响较大，因此本书在影响因素计量识别的基础上，利用空间权重矩阵将空间因素分别引入需求侧模型和供给侧模型，进一步分析我国房地产市场发展需求侧和供给侧影响因素的空间自相关性和空间聚集效应。为了研究政府对房地产市场干预的影响，本书分别从财政政策和货币金融政策两个角度，运用分省面板数据和时间序列数据进行计量分析。

经过本书的深入研究，对我国房地产市场发展的影响因素有了较深入的认识，在此基础上，本书提出我国房地产市场发展的思路和政策建议。

7.1 主要研究结论

本小节根据本书各章的理论分析、影响因素基本分析和计量分析，总结本书研究得到的主要结论。

7.1.1 促进经济增长需要制度改革激发需求侧和供给侧的动力

通过对房地产市场发展研究相关理论的梳理发现，经济增长理论研究经济增长的驱动力，根据理论梳理发现，经济增长的驱动力包括劳动、资本、技术三方面。从这里可以看出实际上经济增长理论研究的是如何提高资源利用效率，提高生产率。由此可见所谓的经济增长理论并不能从根本上解决经济增长的问题，经济增长理论对经济增长动力的研究表明劳动、资本和技术是经济增长的动力，实际上对这三个动力因素，可以将其理解成为生产发展的动力，在这里可以命名为供给侧的"三驾马车"。而根据凯恩斯经济学发展出来的宏观经济学国民收入核算理论，其四部门模型包括四方面，即消费、投资、政府购买、净出口，将政府购买合并到消费和投资里面，剩下的三个部门即我们通常所理解的"三驾马车"，这"三驾马车"实际上都是需求方面的，所以应该命名为需求侧的"三驾马车"。所以无论是供给侧的"三驾马车"还是需求侧的"三驾马车"实际上都只是单边研究，他们的研究前提都是基于一个假设，即假设供给决定需求或者需求决定供给。因此，从以上理论分析可知，对房地产市场影响因素的研究应该从供给侧和需求侧两方面着手，两个侧面缺一不可。

在将经济增长动力区分为需求侧和供给侧两个层面之后，这并不意味着两个侧面的"三驾马车"就会自动地促进经济增长。通过对我国房地产市场发展历程和制度建设的系统梳理可知，我国房地产市场的发展始于房地产市场制度改革，在制度改革的促进下，我国房地产市场得到了快速的发展。由此可见制度改革就像"三驾马车"之上的"车锁"或者"油门"，需求侧"三驾马车"和供给侧"三驾马车"想要转化为经济增长需求侧的拉动力和供给侧的推动力，还需要与制度改革相配套。而制度改革作为释放经济增长动力的阀门，之所以能起到这个作用，主要是因为制度改革可以通过对消费者和生产者进行收入增加的激励从而激发他们的活力。

基于以上分析可知，经济增长的动力可以区分为需求侧动力和供给侧动力，而两个侧面的经济增长动力想要发挥作用还需要制度改革的配套。

7.1.2 促进经济稳定增长需要政府介入平衡需求侧和供给侧的动力

通过对我国房地产市场历史发展阶段的回顾可知，在制度改革的促进下，我国房地产市场需求侧和供给侧动力同时发力，使我国房地产市场得到了快速发展，但是同时也要看到在房地产市场快速发展过程中，房地产市场的波动性也在随之增加。波动性增加的原因通俗地讲可以认为是供需不均衡，从本质上来看实际上是经济增长需求侧动力和供给侧动力两者之间的不平衡。在这种情况下需要政府对房地产市场进行干预，平衡需求侧动力和供给侧动力，而且政府在平衡需求侧动力和供给侧动力的过程中需要高超的政策干预能力，否则反而可能会加剧市场的波动。

基于以上分析可知，经济增长需求侧"三驾马车"和供给侧"三驾马车"在制度改革的促进下开始发力，转化成为经济增长的动力。但是在需求侧动力和供给侧动力促进经济增长的过程中，有可能因为两个侧面动力的不平衡导致经济增长的波动，在这种情况下就需要政府的介入以平衡需求侧动力和供给侧动力，从而实现经济的平稳较快增长。

7.1.3 我国房地产市场发展需求侧的显著影响因素

根据第四章我国房地产市场发展影响因素的需求侧模型计量识别结果可知，我国住宅销售价格的增长速度、城镇居民收入水平、个人按揭贷款情况和人口规模四个指标对我国住宅销售面积具有显著影响。其中住宅销售价格的增长速度、城镇居民家庭可支配收入水平、个人按揭贷款情况三个因素对住宅销售面积的影响为正向，而人口规模对住宅销售面积的影响为负向。从各影响因素的回归系数的绝对值大小来看，人口规模的系数绝对值达到2.1471；城镇居民收入水平的影响系数为0.8963；个人按揭贷款规模的影响系数为0.1735；住宅销售价格增长速度的影响系数为0.0037。

住宅销售面积受到城镇居民家庭人均可支配收入的正向影响，这是因为有效需求需要购买欲望和购买能力同时具备，而居民的收入水平则决定着居民的购买能力，从现实情况来看城镇居民家庭人均可支配收入越高，其购房能力越强。个人按揭贷款规模对住宅销售面积存在正向影响，这说明房地产市场需求的增加受到银行对个人住房消费金融支持度的影响。住宅销售价格的增长率对住宅销售面积存在正向影响，这说明近年来我国居民购买住房的投资意图很明显，尤其是从计量识别的过程可以看到住宅销售价格在逐步回归过程中被剔除掉，而住宅销售价格的增长率被最终保留了下来，这进一步说明我国房地产市场的投机情况正在逐渐上升，房地产投资正在超越居住需求成为影响房地产市场需求的重要因素。

住宅销售面积受到人口规模的负向显著影响。这个结论与我们通常所理解的有点出入，可能的原因有两个大的方面，第一方面是数据的精度问题，因为使用的是省级数据的人口总规模，而各省（区、市）的房地产市场内部实际上就存在较大的差异性；第二方面如果数据和分析过程都没有问题，那么我们可以从需求理论出发对这个计量结果进行分析和理解：消费者的需求需要购买欲望和购买能力同时具备才能转化为有效需求，因此人口规模的增加可以理解为对住房需求的增加，但是并不代表购买能力的增加。结合现状进行分析，北京、上海等一线城市的人口规模持续增加，但是由于这些城市的住宅价格过高，很多增加的人口实际上并没有购买当地城市房屋的能力，因此，这些增加的购买需求实际上没有办法转化成为房地产市场上的有效需求。这在一定程度上也反映出了一线城市房价的过快上涨正在加剧我国居民收入分配的差距，尤其是城乡收入差距。

结合计量识别的过程可知在逐步回归分析中劳动人口比重和城镇人口比重两个指标均被剔除，而人口规模指标最终被保留下来。可能的原因有两方面：一是人口规模指标对劳动人口比重和城镇人口比重两个指标具有替代性；二是从另外一个侧面反映出了我国人口年龄结构的变化，因为劳动人口比重和城镇人口比重两个指标实际上反映了人口年龄结构中具有较强购买能力的那一部分人口，但是现在这两个指标被剔除掉，人口规模指标被保留下来，而且对住宅的销售面积存在负向的显著影响，这说明了我国人口拐点已经出现，而且老龄化程度正在加剧。

7.1.4　我国房地产市场发展供给侧的显著影响因素

根据第四章我国房地产市场发展影响因素的供给侧模型计量识别结果可知，我国住宅新开工面积的显著影响因素包括当年的住宅销售面积和上一年度的住宅销售面积、房地产开发企业资金来源小计的增长、房地产开发企业自筹资金比例、土地购置面积、土地购置价格六个因素，而且这六个因素对住宅新开工面积的影响均为正向。从各影响因素的回归系数的大小来看，住宅销售面积的影响系数最大，达到0.6248；土地购置面积的影响系数达到0.2869；房地产开发企业资金来源小计的增量，其影响系数达到0.2379；土地购置价格的影响系数达到0.1275；上一年度住宅销售面积的影响系数达到0.1896；房地产开发企业自筹资金比例的影响系数为0.0064。

当年的住宅销售面积和上一年的住宅销售面积对住宅的供给存在显著的正向影响，这说明房地产开发商在进行投资决策的时候会重点关注当年的住宅销售情况，以及上一年度的住宅销售情况。

土地购置面积和土地购置价格对住宅的供给存在显著的正向影响，其中土地购置面积对住宅供给的影响作用更大。这说明土地要素是房地产市场开发的前提条件，而且房地产市场的蓬勃发展为房地产开发商带来了丰厚的利润，土地购置价格是房地产开发商进行投资必须考虑的重要因素之一，但是其影响作用并没有住宅销售情况和土地购置面积对投资决策的影响作用大。

房地产开发企业资金来源小计的增量对房地产市场的供给同样具有正向的显著影响。这个结论说明房地产行业是资本密集型行业，社会资金流入房地产行业就会促进房地产市场供给的增加。另外，房地产开发企业的资金实力也会对房地产市场的供给产生显著的影响，房地产开发企业的资金实力越强，在房地产市场中的供给能力就越强。

7.1.5 我国房地产市场存在显著的空间差异和空间溢出效应

本书在第二章第四节对我国房地产市场区域差异进行了描述统计分析，在第五章第一节从需求侧和供给侧对我国房地产市场区域差异进一步进行分析。通过以上分析可知，我国房地产市场无论是需求侧还是供给侧均存在明显的空间差异，可能的原因是我国疆域辽阔，不同区域之间的经济、社会等发展水平存在较大的差异，而房地产市场的一个重要特点是房屋这种产品具有不可移动性，因此房屋的价值与其所在的城市区位优势和竞争力，以及房屋周围配套的各类医疗、教育、交通等资源紧密地联系在一起。由此可见空间因素已经成为我国房地产市场发展需求侧和供给侧的重要影响因素。在传统影响因素的研究基础上，需要将代表空间差异的空间因素纳入需求侧模型和供给侧模型进行深入分析。

本书在第五章第二节利用莫兰指数 I、吉尔里指数 C、Getis–Ord 指数 G 测算和检验了我国住宅销售面积和新开工面积的空间自相关性。根据检验结果可知，我国住宅销售面积的自然对数以及住宅新开工面积的自然对数两个指标均存在显著的空间正自相关。而且根据局部莫兰指数散点图的分布可知大部分省（区、市）的空间自相关性表现为高值与高值聚集或者低值与低值聚集。

本书的第五章第三节在第四章需求侧和供给侧影响因素计量识别的基础上，将空间因素纳入模型，分别从需求侧和供给侧建立空间杜宾模型（SDM 模型）进行空间计量分析。根据拟合结果发现我国住宅销售面积受周围区域的销售情况影响，影响方向为正，其空间相关系数为 0.2980；而我国住宅新开工面积不仅受周围区域的新开工面积的影响，其空间自相关系数为 0.4591，而且还受到周围区域销售面积的影响。这表明房地产市场不仅具有广泛的行业关联性，而且具有空间关联性，一个区域的房地产市场繁荣可以带动周围区域的房地产市场繁荣。这说明了房地产市场的外部性较强，可以通过空间溢出效应影响周围地区的房地产市场。

7.1.6 房产税的变动会引起房地产市场需求侧和供给侧的波动

房地产市场发展存在垄断性、信息不对称等市场失灵的情况，政府有必要对房地产市场发展进行干预。本书第六章第一节运用面板数据向量自回归模型（PVAR 模型）研究了宏观经济基本面（国内生产总值）和房产税对我国房地产市场需求侧和供给侧的影响。研究结果表明宏观经济基本面（国内生产总值）和房产税增量两个指标对房地产市场发展的需求侧和供给侧均存在正向的显著影响，其中两个指标对供给侧的影响系数均高于对需求侧的影响系数。对这个结论的解释可能是因为房产税在一定程度上促进了房价的上涨，房价的上涨给市场中的参与者带来的错觉是房地产市场火热，从而对房地产市场的投资更加活跃。

在 PVAR 模型平稳性检验的基础上，本书通过脉冲响应函数和方差分解研究房产税变动对房地产市场需求侧和供给侧的影响。研究结果表明税收变量的正向冲击首先会引起需求侧和供给侧的同向变化，然后影响由正转负，最后围绕0值上下波动直至消失。由此可见，房产税的变动实际上会加剧房地产市场需求侧和供给侧的波动。所以，政府的宏观调控政策本意是为了促进房地产市场的健康发展，但是如果实施不当所起的效果可能恰恰相反。

7.1.7 房地产市场需求侧和供给侧的变动在一定程度上是一种货币现象

本书第六章第二节利用时间序列数据分别建立房地产市场需求侧和供给侧与货币政策变量之间的时间序列模型，通过计量拟合之后可知广义货币供应量 M2 与房地产市场需求侧指标住宅销售面积，以及供给侧指标住宅新开工面积之间均存在显著的正向关系，而且广义货币供应量 M2 对需求侧的影响系数要高于对供给侧的影响系数。即广义货币供应量 M2 越大，房地产市场的需求和供给均越高。

通过对住宅销售面积和广义货币供应量 M2 进行 Johansen 协整检验，可知两个变量之间存在长期协整关系。另外，通过检验广义货币供应量 M2 与需求侧指标住宅销售面积，以及供给侧指标住宅新开工面积之间的格兰杰因果关系，可知货币供应量 M2 是需求侧代理变量住宅销售面积和供给侧代理变量住宅新开工面积的格兰杰因，反之不成立。

由以上分析结果可知，房地产市场的需求侧和供给侧都与货币金融政策密切相关，房地产市场需求侧和供给侧的增加在一定程度上可以说是一种货币现象。因此，宽松的货币政策有利于房地产市场的发展，但是政策制定者如果没有把握好货币政策的度，那么宽松的货币政策有可能会导致房地产市场的过热或者泡沫。

7.2　中国房地产市场未来发展思路

通过对房地产市场发展对经济增长和民生改善的重要性以及房地产市场发展历程的分析可知，房地产市场的繁荣与国民经济增长密切相关，房地产市场周期也受到经济周期的影响。同时房地产市场发展与人民居住条件的改善和生活水平的提高紧密联系。另外房地产市场发展的泡沫不仅会带来居民收入分配差距的扩大，而且会给金融系统带来较大的风险。因此，在上述研究基础上，结合理论提出我国房地产市场未来发展的两大思路。

7.2.1 转变通过房地产市场投资促进经济增长的思路

通过对经济增长理论的梳理和评述可知，经济增长的动力可以区分为需求侧动力和供给侧动力，其中需求侧动力包括消费、投资、出口，供给侧动力包括劳动、资本、技术。根据本书对房地产市场发展研究的几种基础理论进行梳理和评述，促进经济增长既需要从需求侧着手也需要从供给侧着手，两者缺一不可，不能仅仅从一个侧面进行。

通过房地产市场投资促进经济增长的思路则是以投资为主，根据上述分析可知这种思路仅仅从经济增长动力的需求侧一个侧面进行。而且中国房地产市场投资规模大，占用全社会的资本就会相应较多，尤其在房地产价格上升的同时，因为其高额利润率，会对实体经济的投资，尤其是对制造业的投资产生挤出效应。

中国目前面临的最大问题是切换经济增长动力，促进经济转型升级，而其中最核心的问题是将过去以投资为主的经济增长动力切换到以内生技术为主的经济增长新动力上，即以创新和知识促进经济增长。因此，对于中国经济来说，需要转变发展思路，在经济结构转型升级的时候，不能再将房地产市场投资作为促进中国经济增长的主要手段，因为如果房地产占有了太多的社会资源，那么用于创新等方面的资源就会相应减少，对经济的供给侧改革不利。对地方政府来说，需要紧随经济发展的规律和我国经济增长动力目前所处的阶段，转变发展思路，推动创新发展，将经济增长供给侧的动力由投资驱动逐渐转变为创新驱动，而在促进房地产市场健康发展上需要从供给侧和需求侧同时着手，不能将房地产市场投资和其他固定资产投资作为拉动经济增长的特效药。

根据最新公布的《中华人民共和国国民经济和社会发展第十三个五年规划纲要》[①]，实际上国家也已经充分认识到了这个问题，并将创新驱动发展作为十三五时期的主攻方向。而当前的中国经济新常态所表现出来的经济增速换挡则恰恰是中国经济增长动力切换过程中的表现，房地产以及固定资产投资

---

① http://www.china.com.cn/lianghui/news/2016-03/17/content_38053101.htm

在经济增长动力中占的重要性下降，新的创新驱动力正在培育发展。

7.2.2 房地产市场的功能定位需要重新回归民生改善

衣食住行是人民日常生活离不开的几个要素，衣和食关乎温饱和生存问题，而在温饱解决之后改善居住条件的愿望随之而来。对于中国人来说，拥有自己的住房几乎是所有人的愿望，无论是在古代还是现代。

根据7.1.1的研究结论可知促进经济增长不仅需要需求侧的动力和供给侧的动力，而且还需要通过制度改革，激发需求侧和供给侧的动力。而制度改革之所以能起到激发需求侧和供给侧动力的作用，主要是因为制度改革可以通过对消费者和生产者进行收入增加的激励从而激发他们的活力。

当房地产市场被赋予推动经济增长的使命之后，房地产市场的发展已经逐渐脱离了其改善居住条件的初衷，在向资本品和投资品转化。随着房地产资产在国民经济中的比重提高，房屋价值在居民家庭财富中的比重越来越高，房地产市场已经成为居民收入差距扩大的重要原因之一。居民家庭收入一般由三部分构成，一是工资收入，二是资产收入，三是转移收入。当房地产成为资本品和投资品，房地产价格泡沫会使资产收入在家庭收入构成中的占比越来越高，房地产市场的分化以及城乡二元结构都会造成贫富差距的扩大。在中国，房地产市场加剧收入差距的扩大，尤其体现在城乡收入差距上，由于土地政策和房地产政策在城市和农村的区别，农村土地和住房难以流转，因此农民也就不能享受房地产市场发展带来的财富效应。另外，房地产向资本品和投资品的转化，实际上变相地强调了资本在经济中的作用，弱化了劳动和知识的作用，改变社会风气，使投机盛行。房地产市场当前的这种状态不利于激发消费者和生产者从事生产的热情，房价的过快上涨使得社会资本流向房地产领域，对实体经济形成抑制。

中国经济当前处于新常态，实际上是在进行经济增长动力的切换，由投资驱动转为创新驱动。因此，对于房地产市场未来的发展，应有的思路是逐渐将房地产市场的功能重新回归到民生改善上，回归房地产市场发展改善人民居住条件的本质上。一方面因为资源的稀缺性，用于房地产市场的多了，那么用于创新驱动的就会少；二是房地产投资促进经济增长的作用在下降，继续增加投入实际上是在浪费资源。

7.3 中国房地产市场未来发展的政策建议

房地产市场发展对中国经济的作用目前来说还是非常重要的,尤其在经济增长动力切换过程中,经济增长新的供给侧动力创新驱动还在培育发展中,作为经济增长动力的房地产投资驱动就需要为新动力的培育争取时间,维持经济的稳定增长。而对于民生改善来说,房地产价格的过快上涨一方面会挤压居民的消费能力,不利于需求侧的消费驱动经济增长,另一方面会加大居民收入分配差距,尤其是城乡收入差距的扩大,进而削弱整个经济的消费能力。本书根据理论梳理和对房地产市场的定性、定量分析,提出中国房地产市场未来发展的具体政策建议。

7.3.1 政府要严格控制房地产市场价格的过快上涨

房地产市场价格不仅关系到经济增长,同时关系到民生改善。本书第四章对房地产市场发展影响因素的总体分析结果表明,房价的增长率对房地产市场发展的需求具有显著的正向影响,即房价过快上涨会导致对房屋需求增加,与此同时房屋当年和上一年的销售情况又会正向地影响房地产市场发展的供给。另外,房屋价格过快上涨带动需求量的增加实际上是通过投资和投机来完成的,与刚性需求和改善型需求关系不大,如此只会加大房地产市场的风险。因此想要实现房地产市场的稳健发展,政府需要严格控制房地产市场价格的过快上涨,有可能的话甚至需要适当降低房价,房地产商通过降低利润率吸引实际的刚性需求和改善型需求。

根据本书的研究结论可知货币供应量的增加和金融系统对房地产市场发展的金融支持都会带动房地产价格的提高,因此政府在控制房地产市场价格过快上涨时,可以通过货币供应量和金融系统对房地产市场发展的金融支持度这两个抓手进行控制。另外房地产开发商的自身资金实力是影响房地产市场发展供给的显著因素之一,同时房地产市场也具有垄断竞争的特性,为了避免房地产开发商盲目地扩大投资,政府可以对房地产行业的兼并进行适当的干预,提升房地产市场发展的竞争性。

为了控制房价的过快上涨,政府还可以通过强化保障房等中低端房地产的建设，从供给侧的角度抑制房地产市场价格的过快上涨。在经济增长动力切换过程中，政府可以通过强化保障房等中低端房地产的建设来实现经济增长和收入分配两方面的双赢。与强化保障房建设相对应的是控制中高端商品房的建设，这主要是因为中高端商品房相对于当前中国居民的收入水平来说还有一定差距，如果不加以控制会进一步加大供给和需求两方面的结构矛盾。对于中低端住宅的建设，政府和房地产开发商实际上可以合作，开发商适当地降低房屋销售价格，政府出面购买之后作为保障性住房再适当降低价格（实际上相当于给予购房者补贴）卖给刚需和改善型需求的购房者。在这个过程中开发商损失了部分利润，政府给予了购房者适当补贴，开发商和政府虽然都增加了支出，但是对开发商来说盘活了存量，加快了资金周转；对政府来说履行了政府保障民生，提高了人民生活水平，同时还降低了经济增长的风险，这实际上是一个三方受益的过程。如果开发商和政府都不能妥协，最后开发商可能面临资金链紧张的问题，政府面临经济增长的风险和社会矛盾的积累等问题。

7.3.2 政府需要对现行土地财政进行改革

根据本书的研究结论可知土地购置面积和土地购置价格均对房地产市场的供给侧具有显著的正向影响，由此可见地方政府的土地财政在一定程度上是房地产市场发展泡沫的重要原因之一。因此政府在促进房地产市场健康发展的过程中，需要审慎地使用土地财政。在通过扩大房地产投资推动房地产市场发展进而促进经济增长的过程中，政府通过出让土地使用权获得城市建设资金，这种方式如果能控制在适当范围内实际上是比较良性的。但是如果无节制地使用土地财政，则会推动土地价格和房地产价格上涨。当土地价格占楼面价格的比例较高时，消费者剩余被挤压，这种政策在住宅市场传导到最终的购房者环节时，商品住宅价格居高不下，实际上会削弱购房者的消费能力；在非住宅市场传导到最终的商业企业和工业企业等环节时，商业地产和工业地产价格高涨，将会压缩实体经济的利润，对实体经济造成严重的挤出效应。

从以上分析可知，地方政府的土地财政实际上是通过土地的独家供应参与房地产市场的收入分配，并且在分配中占据了很大比例，以至于透支了未来经济增长的潜力。因此，地方政府未来在土地财政的采用上要保持审慎态度，通过降低土地价格，将利润留存在实体企业，同时提高消费者的消费能力，才能形成整个经济的增长合力和良性循环。另外，为解决地方政府的土地财政问题，中央政府可以考虑将地域性强、不易移动的税种划归为地方税，给地方政府提供稳定的税收来源。

7.3.3 政府要从城市运营的角度发展房地产

通过分析我国房地产市场发展的现状可知我国房地产市场发展的区域分化较严重，由此推论空间因素可能对房地产市场发展的影响正在提升，因此本书第五章在房地产市场发展影响因素总体分析结论的基础上，进一步通过空间权重矩阵将空间因素引入模型进行计量分析，莫兰指数 I、吉尔里指数 C 和 Getis-Ord 指数 G 三种指数的测算结果均表明我国房地产市场发展的需求和供给均存在空间自相关性，进一步证实了我国房地产市场发展的区域分化情况。房地产市场之所以出现区域分化，主要的原因可能是不同区域之间的经济和社会发展水平存在较大差异导致的，而不同区域之间发展水平的差异有可能来自不同区域之间产业结构的差别，因此政府需要加快产业结构转型升级，促进不同区域之间的共同发展，缩小区域之间的差距。

另外，在普通商品市场的竞争中，产品的销售价格取决于产品的质量、品牌、附加价值等因素。而不同区域之间房地产市场的竞争，其产品的销售价格则取决于房屋所在地的基础设施条件和公共服务软实力。如果将房屋视为区县政府在经济发展过程中提供的一种商品，那么与房屋相关联的教育、医疗、交通便利等公共服务软实力则是这些商品的附加值，而城市的知名度和美誉度则就是当地房屋这种商品的品牌。提升房屋所在地的基础设施和公共服务能力，实际上就相当于提升房屋这个产品的附加价值。因此，对于未来房地产市场的发展，政府应该担当的责任实际上是做一个好的公共产品和服务提供者，以及好的城市运营者，更多的应该是从城市运营的角度发展当地的基础设施和公共服务软实力。

对于中央或省级政府来说，需要将优质的教育资源、医疗资源等进行疏散，不能过于集中于某一地。对于市级地方政府来说，要从城市形象、城市宜居等各方面着手，同时努力创造高质量的就业机会，增强城市对人的吸引力。

7.3.4 政府要审慎使用税收政策和货币政策对房地产市场进行干预

通过对房地产市场的特征和运行规律进行定性分析可知，房地产市场属于垄断竞争市场，在房地产的增量市场上垄断程度要高于竞争程度，同时房地产市场还存在信息不对称等市场失灵的情况。另外根据第五章空间计量结果可知房地产市场存在较强的外部性，这不仅包括广泛的行业关联性，而且还存在空间自相关性，一个区域的房地产市场可能会通过空间溢出效应影响周围区域的房地产市场。因此，政府有必要对房地产市场发展进行干预。

本书第六章用计量的方法研究了税收政策对房地产市场的影响，研究的结论表明税收对房地产市场发展的供给和需求均存在正向的影响；而且通过对 PVAR 模型进行脉冲响应函数分析可知对税收的正的外部冲击会带来房地产市场发展供给和需求的正向变动，随后影响会逐渐下降并由正转负，最后围绕零值上下波动直至消失，由此可见税收的变动实际上会带来房地产市场发展供给和需求的波动。另外，研究结论表明货币供应量 M2 对房地产市场需求侧和供给侧具有显著的正向影响，而且货币供应量 M2 与房地产市场需求侧具有长期协整关系，货币供应量 M2 还是房地产市场需求侧和供给侧的格兰杰因。由此可见，房地产市场的繁荣与货币金融政策密切相关，宽松的货币政策有利于房地产市场的发展，但是宽松的货币政策同样可以导致房地产市场过热或者泡沫的出现。

因此，政府有必要对房地产市场发展进行干预，但是一定要慎重地使用税收政策和货币政策，注意把握好政策实施的度。对于税收政策来说，政府要慎重地使用税收政策，一方面，税收政策对供给和需求均产生正向的影响，对供给和需求的影响系数虽然不同，但是差别并不大，因此税收政策的最终效果并不能确定；另一方面，税收政策变动会造成房地产市场供给和需求的波动，不利于房地产市场的稳定发展。对于货币金融政策来说，政府要慎重地使用货币政策，无论是宽松的货币政策，还是紧缩的货币政策。宽松的货币政策，一方面可以促进房地产市场的发展，同时也可以导致房地产市场的过热和泡沫；紧缩的货币政策一方面可以抑制房地产市场过热，同时也可能导致房地产市场下行的风险。

参考文献

[1] 郎丽华，周明生. 经济增速换挡期的体制改革与发展转型——第八届中国经济增长与周期论坛综述 [J]. 经济研究，2014, (10): 179-183.

[2] 彭文生. 渐行渐远的红利——寻找中国新平衡 [M]. 社会科学文献出版社，2013.

[3] 龚六堂，严成樑. 我国经济增长从投资驱动向创新驱动转型的政策选择 [J]. 中国高校社会科学，2014, (2): 102-113.

[4] Zhang H, Li L, Chen T, et al. Where will China's real estate market go under the economy's new normal?[J]. Cities, 2016, 55: 42-48.

[5] Dong L, Cheng C. Thinking on the New House Leasing Model ——A Case Study of the Supply and Demand of the Real Estate Market in a Second Tier City[J]. Journal of Jilin Financial Research, 2016.

[6] Sun W, Zhu A L, Wang Y. Econometric Analysis of Factors of Regional Differences in Real Estate Prices[J]. Taxation & Economy, 2011.

[7] Zhang D, Cai J, Liu J, et al. Real estate investments and financial stability: evidence from regional commercial banks in China[J]. European Journal of Finance, 2016: 1-25.

[8] 魏后凯，李景国，尚教蔚，等. 中国房地产发展报告 No.12(2015)[M]. 社会科学文献出版社，2015.

[9] 柴强. 2016 年房地产面临去库存压力，市场分化更明显 [C]. 2016.

[10] Englund P, Ioannides Y M. House Price Dynamics: An International Empirical

Perspective[J]. Journal of Housing Economics, 1997, 6(2): 119-136.

[11] Dipasquale D, Wheaton W C. Housing Market Dynamics and the Future of Housing Prices[J]. Journal of Urban Economics, 1994, 35(1): 1-27.

[12] 李玉梅. 我国房地产价格变动特征及其影响因素的实证研究 [D]. 吉林大学, 2012. 128.

[13] Fisher J D, Hudson-Wilson S, Wurtzebach C H. Equilibrium in Commercial Real Estate Markets: Linking Space and Capital Markets[J]. Journal of Portfolio Management, 1993, 19(4): 101-107.

[14] 王金明, 高铁梅. 对我国房地产市场需求和供给函数的动态分析 [J]. 中国软科学, 2004, (4): 69-74.

[15] 王胜, 卢盛荣. 供给、需求和外部冲击——中国房地产业发展驱动因素的实证分析 [J]. 中国土地科学, 2008, 22(8).

[16] 龚强, 许蔓. 政府与市场: 房地产市场的经济学 (笔谈)——中国房地产市场投资性需求分析 [J]. 浙江社会科学, 2010, (3): 2-6.

[17] 杨帆, 李宏谨, 李勇. 泡沫经济理论与中国房地产市场 [J]. 管理世界, 2005, (6): 64-75.

[18] 张红利. 基于均衡价格理论的房地产泡沫形成机理研究 [J]. 现代经济探讨, 2013, (6): 49-52.

[19] 冯燮刚. 中国房地产市场发展的理论分析 [J]. 经济学动态, 2008, (3): 55-61.

[20] 况伟大. 房地产相关产业与中国经济增长 [J]. 经济学动态, 2010, (2): 69-73.

[21] 杨朝军, 廖士光, 孙洁. 房地产业与国民经济协调发展的国际经验及启示 [J]. 统计研究, 2006, (9): 59-64.

[22] 印堃华, 赵传葆, 胡彬. 房地产业在上海经济发展中的支柱地位研究——房地产业增加值统计数据剖析及思考 [J]. 财经研究, 2000, (12): 44-50.

[23] 国家统计局综合司课题组. 关于房地产对国民经济影响的初步分析 [J]. 管理世界, 2005, (11): 30-33.

[24] 梁云芳, 高铁梅, 贺书平. 房地产市场与国民经济协调发展的实证分析 [J]. 中国社会科学, 2006, (3): 74-84.

[25] 易斌. 住房需求抑制还是土地供给调节: 房地产调控政策比较研究 [J].

财经研究 , 2015, 41(2): 66-75.

[26] Coulson N E, Kim M S. Residential Investment, Non-residential Investment and GDP[J]. Real Estate Economics, 2000, 28(2): 233-247.

[27] Gottlieb M. Long swings in urban development[M]. National Bureau of Economic Research : distributed by Columbia University Press, 1976. 26.

[28] Brown G T. Real Estate Cycles Alter the Valuation Perspective[J]. Appraisal Journal, 1984.

[29] Grebler L, Burns L S. Construction Cycles in the United States Since World War II *[J]. Real Estate Economics, 1982, 10(2): 123-151.

[30] 皮舜, 武康平 . 房地产市场发展和经济增长间的因果关系——对我国的实证分析 [J]. 管理评论 , 2004, 16(3): 8-12.

[31] 孔煜 . 我国房地产发展与经济增长关系的实证研究 [J]. 工业技术经济 , 2009, 28(5): 78-82.

[32] 况伟大 . 房地产投资、房地产信贷与中国经济增长 [J]. 经济理论与经济管理 , 2011, (1): 59-68.

[33] 陈湘州, 袁永发 . 房地产投资影响经济增长的区域性差异——基于省际面板数据的实证分析 [J]. 北京工商大学学报 (社会科学版), 2013, 28(6): 117-122.

[34] 潘涛, 李敏 . 政府支出、房地产投资与经济增长——基于省际面板数据的实证分析 [J]. 工业技术经济 , 2015, (3): 138-144.

[35] 许宪春, 贾海, 李皎, 等 . 房地产经济对中国国民经济增长的作用研究 [J]. 中国社会科学 , 2015, (1): 84-101.

[36] 高东胜, 冯涛 . 房地产价格与国民收入分配的互动关系——基于联立方程模型的实证研究 [J]. 财经科学 , 2011, (11): 44-52.

[37] 许家军, 葛扬 . 收入差距对我国房地产财富效应的影响 [J]. 现代经济探讨 , 2011, (3): 84-87.

[38] 张传勇 . 房价与收入分配的内生性及其互动关系 [J]. 统计研究 , 2014, 31(1): 63-69.

[39] 李娇, 向为民 . 房产税收入分配效应的实证检验——基于结构和整体

的视角 [J]. 当代财经 , 2013, (12): 28-35.

[40] 马国强, 李晶 . 房产税改革的目标与阶段性 [J]. 改革 , 2011, (2): 130-132.

[41] 刘民权, 孙波 . 商业地价形成机制、房地产泡沫及其治理 [J]. 金融研究 , 2009, (10): 22-37.

[42] 刘琳, 黄英 . 房地产泡沫测度系数研究 [J]. 价格理论与实践 , 2003, (3): 37-38.

[43] 洪开荣 . 房地产泡沫 : 形成、吸收与转化 [J]. 中国房地产金融 , 2001, (8).

[44] Bartik T J. Who benefits from state and local economic development policies? /[M]. W.E. Upjohn Institute for Employment Research, 1991. 457-459.

[45] Chen M C, Tsai I C, Chang C O. House prices and household income: Do they move apart? Evidence from Taiwan[J]. Habitat International, 2007, 31(2): 243-256.

[46] 徐中生 . 居民可支配收入与房地产价格的关系研究——基于省际面板的计量分析 [J]. 价值工程 , 2009, 28(7): 135-137.

[47] 梁斌 . 收入分配差距对房地产价格的影响研究——基于异质性 DSGE 模型的模拟分析 [J]. 金融与经济 , 2011, (6): 40-44.

[48] Skinner J. Housing Wealth and Aggregate Saving[J]. Regional Science & Urban Economics, 1989, 19(2): 305-324.

[49] Skinner J. The dynamic efficiency cost of not taxing housing[J]. Journal of Public Economics, 1990, 59(3): 397-417.

[50] Campbell J Y, Cocco J F. How do house prices affect consumption? Evidence from micro data[C]. 2004. 591-621.

[51] Case K E, Quigley J M, Shiller R J. Comparing Wealth Effects: The Stock Market Versus the Housing Market[J]. Cowles Foundation Discussion Papers, 2006, 5(1): 1235.

[52] 鞠方, 周建军, 吴佳 . 房价与股价波动引起财富效应的差异比较 [J]. 当代财经 , 2009, (5): 5-12.

[53] 颜色, 朱国钟 . "房奴效应" 还是 "财富效应"?——房价上涨对国民消费影响的一个理论分析 [J]. 管理世界 , 2013, (3): 34-47.

[54] 马国强, 李晶. 房产税改革的目标与阶段性 [J]. 改革, 2011, (2): 130-132.

[55] 范子英, 刘甲炎. 为买房而储蓄——兼论房产税改革的收入分配效应 [J]. 管理世界, 2015, (5): 18-27.

[56] 李永刚. 中国房价泡沫测度研究 [J]. 经济体制改革, 2014, (5): 111-114.

[57] 高波, 王辉龙, 李伟军. 预期、投机与中国城市房价泡沫 [J]. 金融研究, 2014, (2): 44-58.

[58] Peng R, Wheaton W C. Effects of restrictive land supply on housing in Hong Kong: an econometric analysis[J]. 2010, 5.

[59] Segal D, Srinivasan P. THE IMPACT OF SUBURBAN GROWTH RESTRICTIONS ON U.S. HOUSING PRICE INFLATION, 1975–1978[J]. Urban Geography, 2013, 6: 14-26.

[60] Cheshire P. The British housing market: contained and exploding[J]. Urban Policy & Research, 2004, 22(1): 13-22.

[61] Hannah L, Kim K, Mills E S. Land Use Controls and Housing Prices in Korea[J]. Urban Studies, 1993, 30(1): 147-156.

[62] Tse R Y C. Housing Price, Land Supply and Revenue from Land Sales[J]. Urban Studies, 1998, 35(8): 1377-1392.

[63] Hui C M, Ho S M, Ho K H. Land value capture mechanisms in Hong Kong and Singapore: A comparative analysis[J]. Journal of Property Investment & Finance, 2004, 22(1): 76-100.

[64] Lai N, Wang K. Land-Supply Restrictions, Developer Strategies and Housing Policies: The Case in Hong Kong[J]. International Real Estate Review, 1999, 2(1): 143-159.

[65] 况伟大. 房价与地价关系研究: 模型及中国数据检验 [J]. 财贸经济, 2005, (11): 56-63.

[66] 宋勃, 高波. 房价与地价关系的因果检验:1998-2006[J]. 当代经济科学, 2007, 29(1): 72-77.

[67] 王良健, 颜蕾, 李中华, 等. 土地供应计划对房价的传导机制研究 [J]. 自然资源学报, 2015, (11): 1823-1833.

[68] 朱媛玲. 我国房地产市场价格区域差异的计量研究 [D]. 吉林大学, 2012. 126.

[69] Liang Q, Cao H. Property prices and bank lending in China[J]. Journal of Asian Economics, 2007, 18(1): 63-75.

[70] Anundsen A K, Jansen E S. Self-reinforcing effects between housing prices and credit[J]. Discussion Papers, 2013, 22(3): 192-212.

[71] Adams Z, Füss R. Macroeconomic determinants of international housing markets[J]. Journal of Housing Economics, 2010, 19(1): 38-50.

[72] 孔煜. 房价波动、银行信贷与经济增长 [J]. 财经理论与实践, 2009, 30(5): 12-16.

[73] 李健飞, 史晨昱. 我国银行信贷对房地产价格波动的影响 [J]. 上海财经大学学报, 2005, 7(2): 26-32.

[74] 肖本华. 我国的信贷扩张与房地产价格 [J]. 山西财经大学学报, 2008, 30(1): 27-31.

[75] 梁斌. 银行信贷首付约束与中国房地产价格研究 [J]. 国际金融研究, 2011, (3): 4-10.

[76] Yan S, Ge X J, Wu Q. Government intervention in land market and its impacts on land supply and new housing supply: Evidence from major Chinese markets[J]. Habitat International, 2014, 44: 517-527.

[77] Zhang H. Effects of Urban Land Supply Policy on Real Estate in China: An Econometric Analysis[J]. Journal of Real Estate Literature, 2008, 16(1): 55-72.

[78] Goulder L H. Tax policy, housing prices, and housing investment ☆ [J]. Regional Science & Urban Economics, 1989, 19(2): 281-304.

[79] Hendershott P H, Won Y. Introducing risky housing and endogenous tenure choice into a portfolio-based general equilibrium model[J]. Journal of Public Economics, 1992, 48(3): 293-316.

[80] Skinner J. The dynamic efficiency cost of not taxing housing[J]. Journal of Public Economics, 1990, 59(3): 397-417.

[81] 蔡继明, 韩建方. 我国房地产市场调控走出困局的途径 [J]. 经济纵横, 2011, (8): 27-30.

[82] 陈建东，程树磊，姚涛. 住房供求、地方政府行为与房地产市场调控有效性研究 [J]. 经济理论与经济管理, 2014, (9): 72-84.

[83] 宋芳. 论我国国有土地使用权出让合同的性质 [D]. 对外经济贸易大学, 2006.

[84] 朱朝阳，全佳，徐亮. 居者有其屋——城市不同层次居住房地产问题探索 [C]. 2002.

[85] 葛亮，徐邓耀. 房地产增量市场与房地产存量市场的互动机理分析 [J]. 统计与决策, 2007, (6): 107-109.

[86] 保罗·里科尔，李琼英. 论约翰·罗尔斯的《正义论》: 纯程序性的正义论是否可能?[J]. 国际社会科学杂志: 中文版, 1991, (4): 123-134.

[87] 诺奇克. 无政府、国家和乌托邦 [M]. 中国社会科学出版社, 2008.

[88] 奥肯著，王奔洲译. 平等与效率: 重大抉择 [M]. 华夏出版社, 2010.

[89] 张问敏. 关于收入差距与工资体制改革问题的争论 [J]. 经济研究参考, 2005, (29): 23-33.

[90] 洪银兴. 构建和谐社会要坚持统筹公平与效率的改革观 [J]. 中国党政干部论坛, 2005, (3): 19-22.

[91] 刘国光. 进一步重视社会公平问题 [J]. 经济学动态, 2005, (4): 4-8.

[92] 杨承训. 初次分配兼顾效率与公平的科学依据 [J]. 红旗文稿, 2008, (6): 6-8.

[93] 景天魁. 寻求公平与效率的均衡 [J]. 求是, 2005, (23): 20-23.

[94] 钟坚. 效率兼公平: 中国改革与发展模式的再抉择 [J]. 产经评论, 2005, (z1): 7-11.

[95] 亚当·斯密. 国富论 [M]. 人民日报出版社, 2009.

[96] 李嘉图. 经济学及赋税之原理 [M]. 上海三联书店, 2008.

[97] 罗文英. 对索罗经济增长模型稳态零增长率的再思考 [J]. 当代财经, 2013, (7): 16-22.

[98] 杨天宇. 马克思的有效需求理论研究 [J]. 当代经济研究, 2001, (4): 57-61.

[99] 熊俊. 要素投入、全要素生产率与中国经济增长的动力 [M]. 中国财政经济出版社, 2008.

[100] 王瑶. 对马歇尔和庞巴维克价值决定理论的比较研究 [J]. 经济学动态,

2012, (8): 147-157.

[101] 彭升，曾长秋. 论和谐社会完善分配制度的三个环节 [J]. 中南大学学报 (社会科学版), 2009, 15(2): 184-189.

[102] 冯浩华. 略论社会主义简单再生产与扩大再生产 [J]. 经济研究 , 1980, (11): 65-70.

[103] 罗季荣. 关于马克思再生产理论的基本原理 [J]. 厦门大学学报哲学社会科学版 , 1980, (3): 9-29.

[104] 杨天宇. 马克思的有效需求理论研究 [J]. 当代经济研究 , 2001, (4): 57-61.

[105] 张建君，Zhangjian-Jun. 凯恩斯与马克思国民收入理论的比较研究 [J]. 经济理论与经济管理 , 2006, V(2): 12-19.

[106] 林里夫. 论社会主义的生产目的 [J]. 经济研究 , 1984, (2): 52-57.

[107] 张爱国. "为消费而生产"是人类社会的一条共有经济规律 [J]. 求是学刊 , 1980, (3): 93-98.

[108] 肖殿荒，张皓. 按照马克思社会再生产理论理解凯恩斯的国民收入理论——兼论启动我国消费和投资的对策 [J]. 消费经济 , 2004, 20(2): 57-60.

[109] 郭继严. 经济总量分析理论的比较研究：马克思与凯恩斯 - 萨缪尔森 [J]. 社会科学战线 , 1988, (2): 10-18.

[110] 李广平. 论马克思再生产理论和凯恩斯总量均衡理论的相通性 [J]. 江汉论坛 , 2007, (1): 78-83.

[111] 朱钟棣. 国外学者对马克思扩大再生产理论的研究 [J]. 上海财经大学学报哲学社会科学版 , 2005, 7(2): 66-72.

[112] 王志伟. 李嘉图和马尔萨斯关于经济危机论战的意义、后果及影响 [J]. 经济科学 , 1985, (2): 73-76.

[113] 李琳. 经济危机问题研究 [D]. 吉林大学 , 2012.

[114] 郝修贵，郝建明. 凯恩斯的有效需求不足理论及其借鉴 [J]. 北方论丛 , 2000, (6): 40-42.

[115] 贾康，徐林，李万寿，等. 新供给经济学理论基础的比较与分析 [J]. 产业经济评论 , 2013, (5): 8-14.

[116] 李稻葵. 滞胀风险呼唤以改革为核心的新供给学派 [J]. 新财富, 2008, (8): 42-44.

[117] 戚克梅. 试论房地产市场的双重属性 [J]. 理论视野, 2013, (2): 74-76.

[118] 罗节礼. 评西方微观经济学的市场结构理论——兼论我国的市场结构类型和计划经济与市场调节有机结合的形式 [J]. 四川大学学报 (哲学社会科学版), 1991, (4): 22-27.

[119] 杜木恒. 房地产市场的垄断竞争与理性发展 [J]. 环渤海经济瞭望, 2003, (5): 8-11.

[120] 贾生华, 黄添天. 北京市新建商品房供给弹性研究——基于存量—流量模型的分析 [J]. 价格理论与实践, 2012, (10): 43-44.

[121] 孙炜. 房地产外部性及其治理评析 [J]. 宁夏社会科学, 2011, (1): 61-63.

[122] 陈彦斌, 邱哲圣. 高房价如何影响居民储蓄率和财产不平等 [J]. 经济研究, 2011, (10): 25-38.

[123] 林琦. 虚拟经济对实体经济的支持作用与挤出效应分析——以江苏省常州市为例 [J]. 商场现代化, 2014, (14): 188-189.

[124] 胡海峰, 罗惠良. 美国次贷危机成因研究述评 [J]. 证券市场导报, 2008, (12): 24-32.

[125] 朱丽丽. 不对称信息下房地产开发商与消费者的博弈分析 [D]. 山东建筑大学, 2010.

[126] 付燕. 房地产市场信息不对称问题研究 [D]. 对外经济贸易大学, 2004.

[127] 王霞. 单中心城市郊区化的地价增长模式 —— 以北京市为例 [J]. 中国房地产估价与经纪, 2009, (6): 20-27.

[128] 邵雪清. 城市轨道交通对房地产价格的影响效应 [D]. 浙江大学, 2011.

[129] 张媛媛. 我国人口及土地城市化对房地产存量的影响研究 [D]. 东北财经大学, 2016.

[130] 周志春, 李征, 毛捷. 房地产业周期与经济周期的互动关系研究——来自中国的经验证据 [J]. 南京大学学报 (哲学·人文科学·社会科学), 2010, 47(6): 47-57.

[131] 黄浩. 我国房地产周期实证研究 [D]. 厦门大学, 2003.

[132] 钟少颖, 王蕊, 陈锐. 货币政策, 市场预期与房地产价格 [J]. 管理评论, 2016, (5).

[133] 孔煜. 市场预期与房地产价格波动 [J]. 中央财经大学学报, 2009, (2): 80-85.

[134] Chan K F, Treepongkaruna S, Brooks R, et al. Asset market linkages: Evidence from financial, commodity and real estate assets[J]. Journal of Banking & Finance, 2011, 35(6): 1415-1426.

[135] 张中华, 朱新蓉, 唐文进. 房地产与资本市场 [M]. 中国金融出版社, 2015.

[136] 刘洪玉. 房地产市场周期运动规律分析 [J]. 中国房地产, 1999, (8): 24-26.

[137] 宗跃光, 孟辛琳, 方洁. 房地产市场周期理论与实践 [J]. 中国房地产, 1997, (10): 34-36.

[138] 刘金娥. 我国房地产市场泡沫的成因分析 [J]. 山西财经大学学报, 2010, (2): 62-67.

[139] 赵文. 我国房地产市场泡沫现象分析 [J]. 南开经济研究, 2003, (2): 60-62.

[140] 田荣, 姜琳. 我国房地产泡沫的治理对策 [J]. 科技创新导报, 2007, (14): 170.

[141] 向阳. 房地产泡沫形成机理分析 [J]. 西南民族大学学报 (自然科学版), 2005, 31(1): 26-29.

[142] 张春轶. 探析房地产泡沫经济的危害与应对策略 [J]. 中国房地产业, 2015, (Z2).

[143] 李丹. 金融支持与房地产泡沫关系研究 [D]. 西南财经大学, 2007.

[144] 窦尔翔, 李洪涛, 李昕旸. 中国房地产价格泡沫形成因素分析 [J]. 中国社会科学院研究生院学报, 2007, (1): 40-45.

[145] 陈秀磊. 我国房地产上市公司董事会特征与公司经营绩效的相关性研究 [D]. 西南财经大学, 2012.

[146] 高恩辉. 资产选择、房地产价格波动与金融稳定 [D]. 南开大学, 2009.

[147] 欧清华. 过度投机的房地产终归走向泡沫化 [J]. 中国社会科学网.

[148] 王婷. 日本泡沫经济的破灭对中国房地产经济的启示 [J]. 中国集体经济, 2015, (7): 121-122.

[149] 张琦. 关于中国土地市场化的思考 [J]. 经济研究参考, 2006, (83): 32-39.

[150] 张琦. 提高我国土地市场化程度及消除区域差异的思考与建议 [J]. 经

济研究参考, 2006, (95): 39.

[151] 张琦. 我国土地利用与经济发展相关度的区域差异比较 —— 以百强县区域分布为例 [J]. 青海社会科学, 2007, (1): 16-21.

[152] 冯长春. 中国土地储备制度探讨 [J]. 农业工程学报, 2008, (s1): 247-249.

[153] 董藩, 刘建霞. 我国住房价格与租金背离的行为解释 [J]. 改革, 2010, (2): 23-28.

[154] 蔡国庆. 我国房地产业对房地产金融风险的影响分析 [D]. 上海师范大学, 2015.

[155] 沈建忠. 估价师考试指定教材——房地产基本制度与政策 [M]. 中国建筑工业出版社, 2010.

[156] 黄先海, 徐圣. 中国劳动收入比重下降成因分析 —— 基于劳动节约型技术进步的视角 [J]. 经济研究, 2009, (7): 34-44.

[157] 周其仁. 中国现在是一个超级国家公司 [J]. It 时代周刊, 2014, (22): 15.

[158] 张五常. 中国的经济制度 [M]. 中信出版社, 2009.

[159] 刘洪玉. 房地产投资经营与管理 [M]. 中国物价出版社, 1995.

[160] 何元斌. 开发商与地方政府、消费者在房地产市场中的博弈分析 [J]. 北京工商大学学报 (社会科学版), 2006, 21(3): 98-102.

[161] 王知. 房地产企业获取土地使用权收益的博弈分析 [J]. 财经界: 学术版, 2012, (9): 269-270.

[162] 师展. 地方政府土地出让行为及其市场影响研究 [D]. 清华大学, 2012.

[163] 曹春明. 土地垄断供给制度下的政府行为、房价与城市经济 [D]. 浙江大学, 2004.

[164] 米勒斯美, 刘洪玉. 房地产开发: 原理与程序 (第三版)[M]. 中信出版社, 2003.

[165] 韦宗辉. 谈谈国民生产总值指标的计算 [J]. 学术论坛, 1985, (5): 44-45.

[166] 金碚. 中国经济发展新常态研究 [J]. 中国工业经济, 2015, (1): 5-18.

[167] 杜丽群, 张晓云. 新常态下中国房地产市场面临的问题与对策 [J]. 学习与探索, 2016, (6).

[168] 唐静. 人口因素对我国住宅需求影响的实证研究 [D]. 湖南大学, 2010.

[169] 陈澎 . 人口年龄结构对住宅需求的影响分析 [D]. 南京大学 , 2013.

[170] 刘立峰 . 对新型城镇化进程中若干问题的思考 [J]. 宏观经济研究 , 2013, (5): 3-6.

[171] 陈波 , 何子顺 . 贫困地区城镇化进程的第三条路径——"去乡村化"——以甘肃省为例 [J]. 中国统计 , 2011, (11): 48-49.

[172] 尹伯成 . 新型城镇化与未来经济发展 [J]. 中国地产市场 , 2014, (8): 26-27.

[173] 尹伯成 , 黄海天 . 新型城镇化背景下房地产业的发展和调控 [J]. 学习与探索 , 2013, (4): 81-85.

[174] 侯力 . 从"城乡二元结构"到"城市二元结构"及其影响 [J]. 人口学刊 , 2007, (2): 32-36.

[175] 王建武 . 对我国节约集约用地问题的几点思考 [J]. 中国国土资源报 .

[176] 陆韬 . "大城市病"的空间治理 [D]. 华东师范大学 , 2013.

[177] 李玥 . 恩格尔系数在实际应用中的问题与现象剖析 [J]. 统计与决策 , 2007, (9): 66-67.

[178] 白重恩 . 收入分配对经济转型的影响 [J]. 小康·财智 , 2012, (12): 18.

[179] 白重恩 , 钱震杰 . 谁在挤占居民的收入——中国国民收入分配格局分析 [J]. 中国经济学 , 2009, (5): 99-115.

[180] 白重恩 . 收入分配制度改革亟待深化 [J]. 浙江经济 , 2012, (22): 4.

[181] 李秀兰 . 对我国居民收入分配差距问题的探讨 [J]. 理论导刊 , 2001, (5).

[182] 李晓西 , 张琦 . 中国区域收入差距分析及政策建议 [J]. 改革 , 2005, (2): 47-55.

[183] 秦军 . 开发商如何通过招标、拍卖方式获取土地 [C]. 2002.

[184] 冯长春 , 张剑锋 , 杨子江 . 承接产业转移背景下区域土地利用空间协调评估 [J]. 中国人口·资源与环境 , 2015, (5): 144-151.

[185] 张娟锋 , 虞晓芬 . 土地资源配置体制与供给模式对房地产市场影响的路径分析 [J]. 中国软科学 , 2011, (5): 29-36.

[186] 张琦 , 李杰 . 论我国农村集体用地使用权入市流转 [J]. 中国统计 , 2007, (3): 50-52.

[187] 周其仁 . 打通城乡合法土地交易之势不可阻挡 [J]. 中国西部 , 2014, (7): 46-47.

[188] 张琦 . 中国农村土地制度改革与体系建设模式 [M]. 中国财政经济出

版社 , 1994.

[189] 张琦，李杰 . 论我国农村集体用地使用权入市流转 [J]. 中国统计 , 2007, (3): 50-52.

[190] Ling D C, Naranjo A, Scheick B. Credit Availability and Asset Pricing Dynamics in Illiquid Markets: Evidence from Commercial Real Estate Markets[J]. Journal of Money Credit & Banking, 2016, 48(7): 1321-1362.

[191] Hui E C M, Chan K K K. Foreign direct investment in China's real estate market[J]. Habitat International, 2014, 43: 231-239.

[192] 徐剑刚，唐国兴 . 有效汇率指数及其应用 [J]. 数量经济技术经济研究 , 1999, (11): 61-63.

[193] 厉以宁 . 新常态和中国经济的走势 [J]. 特区实践与理论 , 2015, (6).

[194] 厉以宁 . 新常态就是按经济规律办事 [J]. 农村工作通讯 , 2015, (1): 20-23.

[195] 高鸿业 . 西方经济学 第二版 [M]. 中国人民大学出版社 , 2003.

[196] 曹秋菊 . 我国房地产业与金融业关系的协整分析 [J]. 求索 , 2011, (9): 26-28.

[197] 高钦容 . 应用逐步回归分析方法研究经济问题的探索 [J]. 财经问题研究 , 1986, (4): 86-90.

[198] 张晓峒 . 计量经济学基础 (第 3 版)[M]. 南开大学出版社 , 2007.

[199] 陈强 . 高级计量经济学及 Stata 应用 [M]. 高等教育出版社 , 2014.

[200] Xiu-Ping X U. On the Causes and Countermeasures of Regional Differences in Real Estate Market[J]. Journal of Zhejiang Business Technology Institute, 2011.

[201] Abrigo M R M, Love I. Estimation of panel vector autoregression in Stata[J]. Working Papers, 2016, 16: 778-804.

[202] 吴敬琏 . 靠投资拉动不可取 [J]. 资本市场 , 2015, (4): 8.

[203] 冯长春，陈怡，刘保奎 . 中低收入家庭住房解决途径研究 [J]. 建筑经济 , 2009, (5): 11-15.

后　记

　　我对房地产市场的研究始于2013年，那年我刚考上北京师范大学的博士研究生，然后在我的导师张琦教授的指导下开始接触房地产市场。我做的第一份关于房地产市场的研究是每个季度跟踪监测并分析我国房地产市场的运行情况，每个季度撰写一份房地产市场跟踪分析报告并向导师汇报，这项工作持续了一年半，我认为这项看似简单的研究工作训练了我对房地产市场的敏感性，也为我后期的房地产市场研究打下了坚实的基础。

　　在导师的长期训练下，我开始独立执行房地产课题研究。2014年我在导师的指导下申请到了国家统计局的一个重点课题，这个课题是关于我国房地产市场数据分析的一项研究，导师为了锻炼我，让我担任该课题的执行负责人，这是我第一次担任一项课题的负责人。在这个课题之后，我对房地产市场的研究也算是略有心得了，这主要表现在偶尔也能在媳妇面前忽悠两句，不过说实话自己心里还是感觉不踏实啊，因为我忽悠的这些话，连我自己都不敢作为我家的房地产投资决策参考。

　　在武侠小说里面，我们经常看到返璞归真的"扫地僧"使用的招式居然是看似最简单的入门招式，大道至简！所以，为了能进一步把我自己都忽悠到相信自己，于是我决定从最基础的开始研究，因为最基础的就是最重要的。然后，就有了这个选题和这本书。

一般来说，在茶余饭后如果我们谈起了关于房地产市场影响因素的话题，我想无论是小区里的大爷大妈还是各路精英，应该都能唾沫横飞地说出个子丑寅卯来。由此可见这确实是一个很基础的研究，但是我想说的是往往最基础的问题是最难回答好的。比如，经过大费周折的数据收集、非常复杂的计量论证之后，我愕然发现得到的结论居然就是我们日常熟知的那些影响因素，比如房地产具有金融和实体的双重属性，商品房的供给和需求都与房价的增长率成正比，说得通俗一点就是"追涨杀跌"。这个时候的心情也许可以用"意不意外、惊不惊喜"这八个字来形容，总之就是心情很复杂！

不过在心情复杂之余，我真的很庆幸我做了这么一项基础性的研究。通过这项研究，我确实比较系统而准确地搞明白了房地产市场的影响因素，对房地产市场的认识也达到了一个新的更高层面，并以此为切入点，将以前学习的各种经济学理论相互联系起来并形成了自己的一套宏观经济分析框架和思路。比如本书在前面的理论部分系统梳理经济增长、社会再生产等理论间关系之后，对经济增长动力和促进经济增长的关键点进行了重新阐述和理解。区分经济增长需求侧动力和供给侧动力，认为实现经济持续稳定增长的关键点在于社会再生产四个环节的相互衔接和良性循环，而供给侧和需求侧仅分别对应社会再生产的生产环节和消费环节，因此要使社会再生产四个环节形成闭环并良性循环，还需要考虑分配环节和交换环节。此外，本书后面的实证章节是一些看起来很复杂的计量，如果对具体的计量不感兴趣的话，我建议跳过那些枯燥的数字和公式，直接翻到每个章节的最后一小节看看小结就可以了。如果是正在准备硕士或者博士学位论文的学弟学妹们，本书实证部分那些看上去云山雾绕的计量方法，我觉得还是可以借鉴一下的。

这是我出版的第一本学术著作，于我而言意义非凡，我要在此感谢在本书的研究、写作和出版过程中为我提供过帮助的各位贵人。

在本书的研究和写作过程中，我很荣幸地得到了很多专家和学者的学术指导：我的导师张琦教授；北京师范大学的胡必亮教授、王玉海教授、韩晶教授、林卫斌教授、潘浩然教授、张生玲教授；中国人民大学的杨万东教授；中国银行国际金融研究所原副所长、中国银行总行研究员王元龙教授；北京市鸿儒金融教育基金会理事长许均华教授。当然，本书的不足、错误和遗漏都由我自己负责。

对于本书的顺利出版，我要感谢人民日报社的殷鹏博士及人民日报出版社的领导和编辑老师们。

我还要感谢我现在的工作单位和各位领导——国家发展和改革委员会经济体制与管理研究所，所领导为我们营造了宽松的研究氛围，并针对青年科研人员制定成长计划和资助政策，真的很感激！

最后，特别感谢家人对我的工作始终如一地支持和理解！

陈伟伟

2018年8月10日